KB160462

동해안지역 반촌의
사회구조와 문화

영남대학교 민족문화연구소 편

景仁文化社

이 연구는 2004년도 한국학술진흥재단의 재정지원(과제번호 KRF-2004-072-BS2042)으로 이루어진 것이다.

간행사

조선 중기 이후 우리 사회에 널리 확산된 양반 종족마을(반촌)은 상민이나 천민들이 주로 모여 사는 마을(민촌)들과는 상이한 특유의 사회구조와 생활문화를 형성해 왔다. 많은 관인과 저명 학자를 배출한 신분적 우월성과 부계 중심의 혈연적 배타성을 바탕으로 형성된 반촌은 노비노동력과 토지자본을 기반으로 유지 발전되어 왔다. 그러므로 반촌은 경제적 생산력이 뒷받침되고 이를 바탕으로 많은 관인과 학자들을 배출할 수 있었던 내륙의 농촌지역에 주로 분포되어 있다. 지금까지 반촌에 관한 연구가 주로 내륙 농촌지역의 저명한 종족마을을 중심으로 이루어져 온 이유도 바로 여기에 있다.

백두대간이 해안 가까이에서 남북으로 뻗어내려 농경지가 매우 협소할 수밖에 없는 동해안지역에서는 반촌을 형성하고 유지할 수 있는 여건이 매우 취약하여 반촌이 별로 발달하지 못하였다.

그럼에도 불구하고 경북 동북부에 위치한 영해지역에서는 바다에 가까이 위치해 있으면서도 많은 관인과 저명 학자를 배출한 명문 종족을 중심으로 유수한 반촌을 형성하여 그들의 사회적 위세를 오랜 세월 동안 유지 존속시켜 왔다. 영해지역은 일찍이 소안동으로 자처할 만큼 자신들의 학통과 예속에 대한 문화적 긍지가 매우 높은 곳이었으며, 그 중에서도 영해면 괴시1리 호지말과 원구1리 원구마을, 창수면 인량2리 웃나라골은 각기 특성을 달리하면서도 유교적 전통이 강하고 많은 문화유산을 보유하고 있는 마을들이다. 우리나라의 반촌이 내륙 농촌지역을 중심으로 발달되어온 일반적 경향에 비추어 매우 특이한 현상이라 아니 할 수 없다.

바다와 인접해 있으면서도 영해지방에서 반촌이 발전할 수 있었던 것은 지리적으로 가깝고 내왕이 빈번했던 안동, 영양 등지로부터 융성했던 유교문화를 쉽게 받아들일 수 있었고, 동해바다와 영해평야로부터 공급되는 풍부한 물산이 반촌문화를 유지 발전시키는 물적 토대가 되었기 때문인 것으로 보인다. 그러나 다른 한 편으로는 바다와 가까운 위치에 자리잡고 있어서 일상생활 과정에 해안의 어촌마을과도 빈번하게 교류하였을 것으로 보이며, 내륙의 유교문화와 상이한 어촌의 해안문화도 이 지역의 반촌문화에 적지 않게 영향을 미쳤을 것으로 짐작된다.

영해지역 반촌이 지니고 있는 이러한 지리적 여건과 문화적 배경은 그 속에 살고 있는 사람들의 생활에도 반영되어 가족과 친족생활, 민간신앙과 세시풍속, 언어생활, 마을조직과 주민들의 사회관계 등에 나름의 특징을 지니고 있을 것으로 보인다.

이 연구는 영해지역의 저명한 반촌으로 평가되는 세 마을의 조사연구를 통해서 이 지역의 반촌들이 지니고 있는 문화적 특징을 찾아보고자 하는 목적에서 시도되었으며, 이 책은 2년여에 걸친 필자들의 최종 연구보고서이다.

이 보고서는 5부로 구성되어 있다. 제1부 <조사대상 지역개관(이창기)>에서는 영해지역의 역사문화적 배경과 주요 종족의 입촌과정을 살펴보고 조사대상이 된 세 마을의 사회경제적 특성을 정리하였다. 제2부 <종족마을(이창기)>에서는 세 종족이 오랜 세월 공존하고 있는 원구마을을 대상으로 혼인연대가 마을 통합에 어떻게 작용하고 있는지 살펴보고, 마을의 종족구성에 따라서 마을조직의 결합양상에 어떠한 차이가 있는지 검토하였다. 제3부 <민속과 관광(이창언)>에서는 동해안 지역의 거의 모든 마을에 존속하고 있는 동제의 지속과 변화양상을 조감하고 역사문화자원을 관광자원으로 어떻게 활용할 것인지 모색해 보았다. 제4부 <반촌언어(전혜숙)>에서는 1970년대 말에 최명옥 교수에 의해 조사된 바가 있는 괴시리(호지말과 관어대)의 언어현상을 재검토하고 반촌언어가 세대간에 어떤 변화를 겪고 있는지 살펴보았다. 제5장 <반촌의 변화(김태원)>에서는 인구이동을 중심으로 세 마을의 인구변화를 분석하고, 세계화 추세 속에서 반촌주민들이 어떻게 적응하고 있으며 그들의 가치관이 어떻게 변화하고 있는지 점검하였다.

전공을 달리하는 네 명의 연구원이 각기 따로 발표한 논문들을 한 자리에 묶다보니까 더러 중복된 부분도 있고 전체적으로 체계가 부족하여 학제적 연구로서의 성과를 충분히 거두지 못한 아쉬움이 남는다. 이 점은 연구원들의 노력과 능력의 한계를 드러내는 것이지만 앞으로의 연구에 중요한 디딤돌로 삼고자 한다.

이 연구는 한국학술진흥재단의 2004년도 기초학문육성지원사업(인문사회분야) 국내외지역연구의 일환으로 이루어졌다. 재정을 지원해 준 한국학술진흥재단에 깊은 감사를 드린다. 또한 여러 가지 번거로움을 무릅쓰고 저희들의 조사연구를 위해 물심양면으로 협조를 아끼지 않으신 현지의 관계 기관과 주민 여러분들께도 이 자리를 빌려 고마움을 전한다.

아울러 시종일관 행정적 지원을 아끼지 않았고, 이 보고서를 민족문화연구총서로 발간해 준 영남대학교 민족문화연구소와 어려운 여건에도 불구하고 흔쾌히 출판을 허락하고 예쁜 모습으로 단장해 준 경인문화사의 사장님과 편집실 여러분들께도 감사를 드린다.

이렇게 많은 분들의 후원과 격려에 힘입어 이 연구가 진행되었지만 그럼에도 불구하고 미진한 부분들이 적지 않으리라 짐작된다. 이는 전적으로 필자들의 능력의 한계에 기인한 것임을 밝히며 독자 여러분들의 질정을 기다린다.

2008년 8월
공동연구자를 대표하여
이창기 씀

차 례

제1부

조사대상 지역개관_이창기

제1장

영해지역의 역사문화적 배경과
주요 종족의 입촌과정

I. 영해지역의 역사문화적 배경

본 연구의 대상이 되는 영해지역은 경상북도 영덕군의 일부를 이루고 있는 영해면, 축산면, 창수면, 병곡면 일원이다. 영덕군은 경상북도의 동쪽에 위치하여 동해안에 연해있는 지역으로서, 남쪽으로 포항시, 북쪽으로 울진군, 서북쪽으로 영양군, 서남쪽으로 청송군과 접해있다. 총 면적 741㎢에 2006년말 현재 주민등록상으로 인구 46,460명(남자 21,984명, 여자 24,476명)이 거주하고 있다. 영덕군은 1읍 8면으로 구성되어 행정적으로 하나의 자치단위를 이루고 있으나 주민들의 생활과정은 영덕읍을 중심으로 강구면, 남정면, 달산면, 지품면이 하나의 생활권을 이루고(元盈德), 영해면을 중심으로 축산면, 창수면, 병곡면이 또 하나의 생활권을 이루어(元寧海) 두 개의 권역으로 나누어져 있다. 이는 영덕지역과 영해지역 사이에 해발 510m의 국사봉 줄기가 가로놓여 두 지역을 지리적으로 갈라놓았기 때문이기도 하지만 역사적으로 통합과 분리를 거듭하여 사회문화적으로도 상당한 차이를 보이고 있다.

영덕군은 태백산에서 남으로 흐르는 낙동정맥이 영양군, 청송군과 경계를 이루어 서고동저의 지형을 형성하고, 북쪽에는 칠보산(810m)·등운산(767m) 자락이 울진군과, 남쪽에는 동대산(791m)·내연산(710m)이 포항시와 경계를 이루고 있다. 군내에도 낙동정맥에서 동으로 뻗은 크고 작은 산줄기들이 산재하여 산지가 많고, 해안은 단조롭지만 경사가 심하여 곳곳에 가파른 절벽을 이루고 있다.

이러한 지형 하에서는 긴 강과 하천이 발달하기 어려운 조건이 되지만 등운산과 울치(울령)에서 발원하여 창수면과 영해면을 가로지르는 송천과 달산면, 지품면, 영덕읍, 강구면을 관통하는 오십천이 비교적 넓은 평야지대를 형성하여 이 지역의 문화를 발전시키는 경제력의 원천이 되었다.

영해지역(원영해)은 삼한시대에 우시국于尸國이란 소국이 터전을 일구었던 지역으로 알려져 있으나 서라벌(경주지역)을 중심으로 성장한 사로국(신라)이 세력을 확장함에 따라 신라에 복속되어 우시군으로 부르다가 통일신라 경덕왕 16년(757)에 지방제도를 정비하고 종래의 토착식 지명을 한자식으로 바꿀 때 유린군有隣郡으로 고쳐 부르게 되었다(이완섭 2004). 이 지역은 한 때 고구려의 세력권에 편입되기도 하였으나 그 기간이 그렇게 길지는 않았던 것으로 보인다.

고려초 중앙집권적인 행정체제를 구축하기 위하여 지방행정제도를 개편하면서(태조 23년:940) 유린군은 주州로 승격되어 예주禮州라 고쳐 부르게 되었고, 현종 9년(1018)에는 방어사를 파견하여 동해안 일대를 방어하는 중요한 역할을 담당하도록 하였다. 이때 예주방어사가 관할하는 지역은 영덕군盈德郡, 보성부甫城府(지금의 청송군 일부 지역), 영양군英陽郡, 평해군平海郡, 청부현靑鳧縣(지금의 영양군 일부 지역), 송생현松生縣(지금의 청송군 일부 지역) 등 1부, 3군, 2현에 걸쳐 있어서 오늘날의 영덕군 지역뿐만 아니라 영양군, 청송군, 울진군의 일부 지역에 이르는 넓은 지역을 포괄하고 있었다. 이로써 영해지역은 동해안 일대의 행정, 문화, 경제, 군사의 중심지가 되었다. 고려초에 예주라 불리던 영해지역은 고종 46년(1259)에 위사공신衛社功臣 박송비朴松庇의 고향이라 하여 덕원소도호부德元小都護府로 승격되었으며, 충선왕 2년(1310)에 여러 지방의 행정구역을 정비하면서 영해부寧海府로 개편하여 부사영府使營을 두게 되었다. 영해는 붉은 해가 처음 떠오르는 곳이라 하여 단양丹陽이란 별칭으로 부르기도 하였다.

조선시대에 들어와서 전국을 8도로 나누고 그 아래에 부, 대도호부, 목, 도호부, 군, 현으로 지방행정 구역을 개편할 때(태종 13년:1413) 영해는 도호부로서 종3품의 도호부사가 파견되어 인근의 여러 지역을 관할하였다. 그러나 주현主縣을 정비하고 속현屬縣과 부곡部曲을 대대적으로 주현화함에 따라 영덕현, 진보현, 청송군, 평해군 등이 독립해 가고『세종실록 지리지』(1432)의 영해도호부조에는 영양현과 청기현靑己縣(지금의 영양군 일부 지역)이 속현으로, 석보石保와 수비首比가 임내 부곡으로 남게 되었다. 조선초기의 이러한 체제는 17세기 이후 영양현과 청기현이 영해부로부터 점차 분리되어 나가는 등 다소의 변경은 있었지만 대체로 조선 말기까지 그대로 지속되다가 1895년 행정구역 개편시에 영해부와 영덕현은 각각 영해군과 영덕군으로 독립되었다. 그러나 1914년 일제에 의해서 행정구역이 다시 개편될 때 영해는 면으로 강등되어 영덕군에 편입되었다(영덕군 2002a:159-166).

한편 영덕지역(원영덕)은 삼한시대에 야시홀也尸忽이란 소국이 자리잡고 있었다고 하는데 신라가 강성함에 따라 영해지역과 함께 신라에 복속되어 야시홀군이 되었다가 경덕왕 16년에 야성군野城郡으로 고쳐 부르게 되었다. 이 지역도 한 때 고구려의 변방으로 편입되기도 하였다.

고려조에 들어와서 유린군이 예주로 개편될 때(940) 야성군도 영덕군으로 군명을 고치게 되었으나, 현종 9년(1018) 예주방어사의 관할 구역이 되면서 영덕군은 관장官長이 파견되지 않는 예주의 속현이 되었다. 영덕군에 지방관을 두게 된 것은 이보다 훨씬 후의 일로서 예종 1년(1106)에 감무監務를 파견하였고, 인종대에는 현령을 두게 되었다(이완섭 2004, 영덕군 2002a:161, 영덕문화원 2004:19-20).

고려말과 조선초에 걸쳐 왜구를 비롯한 외적의 침입이 빈번해지자 조선 조정에서는 종래의 도 단위 병마절제사를 폐하는 대신 도내에 2~4개의 진鎭을 설치하여 첨절제사僉節制使를 두고 좌우익에 해당하는 군현을 배속시켜 비상시에 첨절제사가 이들을 지휘하도록 하는 거진 중심의 군사제도로 개편하였다. 이러한 방침에 따라 태조 6년(1397)에 영해부에 진을 설치하고 첨절제사僉節制使(영해부사 겸임)를 두어 영덕현령과 청하현감을 좌우익으로 삼아 비상시 외적을 물리치도록 하였다. 영덕현령이 비상시에 첨절제사인 영해부사의 지휘를 받도록 한 것이다. 영덕현은 바닷가에 위치하고 있다하여 태조 15년(1415)에 지군사知郡事를 두었다가 세조 12년(1466)에 다시 고쳐 현령을 두었다. 이러한 체제는 조선 말기까지 큰 변동없이 지속되었다(이완섭 2004, 영덕군 2002a:166-167, 영덕문화원 2004:19-20).

이와 같이 영해지역은 1914년 일제에 의해서 행정구역이 다시 개편될 때 면으로 강등되어 영덕군에 편입될 때까지 오랜 세월 동안 동해안의 정치군사적 중심지로서 중요한 기능을 담당해 왔으며, 이러한 영해지역의 역사적 위상은 문화적으로도 영덕, 청송, 영양, 평해 등의 주변지역에 커다란 영향을 미쳤을 것으로 보인다.

앞에서 살펴본 바와 같이 영해지역은 오랜 역사 과정을 통해서 동해안을 방어하는 군사요충지로서 중시되었다. 고려 후기와 조선 초기에 걸쳐서 잦은 왜구의 침입이 영해지역을 궁마지향弓馬之鄕으로 인식하게

한 것이다. 그래서 이 시기의 인물들 중에는 무관 출신이 많고 다른 지
역에 비해 무과급제자를 많이 배출하였다(남훈 2004:199).

무를 숭상하던 영해지역에도 일찍이 유학이 전래되어 문풍을 진작시
컸다. 영해도호부의 사록司錄으로 부임한 우탁禹卓, 호지말의 함창김씨
가문에 장가든 가정 이곡稼亭 李穀과 목은 이색牧隱 李穡 부자, 공민왕의
세자 사부가 된 대흥백씨 득관조 담암 백문보淡庵 白文寶, 영해에서 귀양
살이를 한 양촌 권근陽村 權近 등이 고려말에 영해지역과 인연을 맺어
유학을 전파한 주요 인물들이다.

영해지역의 문풍은 조선 중기 이후 퇴계의 학통을 이어받은 많은 유
학자들이 학문에 진력하여 다수의 과거급제자를 배출함으로써 명성을
더욱 크게 떨치게 되었다.

퇴계의 학문을 영해지역에 전수한 인물로는 퇴계의 제자인 유일재 김
언기惟一齋 金彦璣(1520~1588)를 들 수 있다. 그는 영해향교의 교수로 부임하
여 백인국白仁國, 백현룡白見龍, 박의장朴毅長, 남의록南義祿 등에게 유학을
전수하고 영해의 사족들을 퇴계의 문하로 연결하는 통로를 마련하였다.

영해지역의 유학은 17세기 중엽에 이르러 더욱 성숙된다. 특히 존재
이휘일存齋 李徽逸과 갈암 이현일葛菴 李玄逸 형제는 퇴계 이황退溪 李滉-
학봉 김성일鶴峯 金誠一-경당 장흥효敬堂 張興孝로 이어지는 퇴계의 학맥
을 계승한 영남 유학의 대표자로서 명성이 높았다.

이 시기에 영해지방은 토착 성씨들이 점차 퇴조하고 새로이 이주해
온 재령이씨, 무안박씨, 영양남씨, 대흥백씨, 안동권씨[1] 등이 영해평야

---

1) 『세종실록』 「지리지」에 영해부의 토성土姓으로 박朴·김金·황黃·이李·임
林·신申의 6성을 기록하고 있다. 영해박씨寧海朴氏, 수안김씨遂安金氏 혹은
함창김씨咸昌金氏, 평해황씨平海黃氏, 한산이씨韓山李氏, 평산신씨平山申氏(이 지
역에서는 영해신씨라고도 한다), 평택임씨平澤林氏를 지칭한 것이 아닌가 한다. 그
러나 17세기 이후 토성들의 세가 크게 약화되고 외래 성씨인 안동권씨安東
權氏, 영양남씨英陽南氏, 무안박씨務安朴氏, 대흥백씨大興白氏, 재령이씨載寧李
氏 등이 이 지역의 5대 성씨로서 자리잡게 되었다.

와 동해안의 풍부한 물산을 바탕으로 강력한 사회경제적 기반을 구축하고 영남학파의 일원으로 정치사회적 활동을 전개해 나갔으며(이수건 2001, 이수환 2003), 안동권과 중첩적인 혼인관계를 맺는 동시에 향촌내 여러 곳에 집성촌을 이루어 동해안 지역에서는 보기 드물게 유수한 반촌을 형성 발전시켰다. 이로부터 영해지방을 소안동小安東이라 부르게 되었다.

이러한 역사적 과정과 문화적 배경이 영덕과 영해를 각기 정체정을 지닌 독자적 생활영역으로 의식하게 한 것으로 보인다.

오늘날도 영해지역 주민들은 이 고장을 원영덕과 구별하여 원영해라 부르고 있으며, 예향禮鄕, 문향, 양반고을로서의 긍지를 지니고 있다. 군청, 경찰서, 법원지원, 농협 등의 관공서가 영덕읍에 소재하고 있음에도 불구하고 행정업무 이외에는 영덕읍에 크게 의존하지 아니하고 영해면 소재지인 성내리를 중심으로 독자적인 생활권을 이루어 사회경제적인 일상생활을 영위하고 있다.

II. 주요 종족의 입촌과정

영해지역은 동해안의 군사요충지로서 일찍부터 방어사 등 외관이 설치되어 사족들의 왕래가 잦았고, 조선시대의 왕위찬탈과 빈번한 사화에 연루된 기성 사족들의 이주가 많아져 해읍으로서는 드물게 재지사족이 폭넓게 자리잡게 되었다(이수환 2003:172-173). 이들은 풍부한 물산을 바탕으로 경제적 기반을 구축하여 향촌사회에서 지배력을 확고히 하면서 17세기 이후 향내 여러 곳에 저명한 반촌을 성장시켰다.

본 연구에서는 이들 저명 반촌들 가운데 서로 성격을 달리하고 있는 다음 세 마을을 연구대상으로 선정하였다.

창수면 인량2리 웃나라골
영해면 원구1리 원구마을
영해면 괴시1리 호지말

이 자리에서는 본 연구의 대상이 되고 있는 세 마을에 세거하고 있는
주요 성씨들의 입촌과정과 중요한 인물들의 사회적 위상, 그리고 마을
을 구성하고 있는 성씨들의 분포를 살펴보고자 한다. 영해지역의 여러
성씨들이 인량을 최초의 입향지로 삼거나 인량을 거쳐서 지역사회에 뿌
리를 내리고 있기 때문에 인량부터 논의하기로 한다.

1. 웃나라골

창수면 인량리는 영해면 소재지에서 영양으로 통하는 918번 지방도
를 따라 약 2km 가다가 원구마을 입구에서 우회전하여 북쪽으로 약
2km 더 들어간 지점에 위치하고 있다. 인량리는 남북으로 가로지르는
조그만 개울을 경계로 하여 동쪽의 인량1리(아랫나라골)와 서쪽의 인량2
리(웃나라골)로 구분되는데 본 연구의 대상이 된 마을은 인량2리 웃나라
골이다(이후 인량2리만을 지칭할 때는 웃나라골이라 부르기로 한다).[2]

인량(웃나라골과 아랫나라골)은 영해지역의 열두 종족의 입향지이며, 여덟
종가가 터를 잡은 곳으로 유명하다. 영해지역 5대 성씨로 불리는 안동
권씨, 재령이씨, 영양남씨, 대흥백씨, 무안박씨를 비롯하여 함양박씨, 영
해박씨, 평산신씨, 영천이씨, 야성정씨(야성은 영덕의 고명이다), 일선(신산)김

---

2) 과거 기록에는 웃나라골과 아랫나라골을 구분하지 않고 인량으로만 기록
   하여 여기에서도 인량1리 와 인량2리를 함께 다루었다. 여기에 참고한 주
   요 자료는 다음과 같다.
   영덕군,『盈德郡鄕土史』, 1992 ; 영덕군,『盈德郡誌(下)』, 2002 ; 남훈,『寧
   海遺錄』, 2004.

씨, 신안주씨 등이 이 마을을 거쳐서 영해지역에 입향한 것으로 전해지
고 있다. 여러 자료들을 종합하여 인량리로 입향한 열두 종족의 입촌과
정을 간단하게 정리하면 다음과 같다.

대흥백씨大興白氏는 영해 5대 성씨 중 영해지역에 가장 먼저 입향한
성씨인데, 영해지방에 처음 입향한 이는 고려말 승평목사昇平牧使, 전리
사판서典理司判書를 지낸 백견白堅과 그의 장남 백문보白文寶이다. 백견은
영해박씨인 시중평장사侍中平章事 박감朴瑊의 사위가 되어 병곡면 각리에
정착하였다가 수재로 창수면 인량리로 이거하였다고 한다. 백견의 아들
백문보는 광주목사廣州牧使, 전리사판서典理司判書를 거쳐 공민왕의 세자
우禑의 사부가 된 인물로서 대흥백씨의 득관조得貫祖이다. 이때부터 백
견의 5대손 계성繼性, 계원繼元, 계근繼根에 이르기까지 인량리를 중심으
로 터전을 일구었다.

안동권씨의 영해입향조는 권책權策인데 단종복위 사건에 연루되어 일
족이 모두 화를 당할 때 13세의 나이로 홀로 영해에 유배되어 인량에
정착하게 되었다고 한다. 권책 이후 안동권씨는 오래 동안 숨어 살다시
피 하다가 숙종대에 이르러 신원伸寃되었는데, 3대 독자로 이어오다가
권책의 현손대에 5개파로 분파되어 인량, 가산, 옥금, 관어대, 송천, 거
무역 등에 집성촌을 이루고 많은 인재를 배출하였다.

영양남씨의 영해 입향조는 세종조에 감찰어사監察御使, 용담현령龍潭縣
令을 지낸 남수南須이다. 남수는 울진에서 태어났으나 인량에 거주하고
있던 대흥백씨 백승白昇의 여식과 혼인하여 인량에 정착하였다. 남수의
후손들은 인량, 원구, 괴시, 가산, 옥금, 묘곡, 거무역, 칠성 등지에 집성
촌을 이루고 세거하면서 많은 인재를 배출하였다.

재령이씨載寧李氏의 영해 입향조는 울진현령을 지낸 이애李璦이다. 이
애는 성종 때 중부인 이중현李仲賢이 영해부사로 부임할 때 16세의 나이
로 책방으로 따라왔다가 당시 영해 대성인 진성백씨 전서공 백원정白元
貞의 따님과 혼인하여 인량에 정착하게 되었다. 그의 후손들 중에는 뛰

어난 학자들이 많이 배출되어 손자 운악 이함雲嶽 李涵, 증손 석계 이시명石溪 李時明, 현손 존재 이휘일存齋 李徽逸, 갈암 이현일葛菴 李玄逸 등 3대 4명이 불천위로 봉해지는 영예를 얻었다. 그의 종택 충효당忠孝堂은 국가지정 중요민속자료 제168호로 지정되어 있다.

무안박씨務安朴氏의 영해 입향조는 증 사복시정贈 司僕寺正 박지몽朴之蒙이다. 박지몽은 일찍이 부모를 여의고 백부 박이朴頤가 영덕 현령으로 부임할 때 따라와서 이 지역 토성인 야성박씨野城朴氏 박종문朴宗文의 여식과 혼인하여 인량리에 정착하였다. 박지몽은 연산조 권신인 임사홍의 고종사촌인데 임사홍의 전횡이 장차 자신에게 화를 불러올 것으로 염려하여 원지에 정착하였다고 한다. 박지몽이 인량에 터를 잡은 후 자손이 번성하고 훌륭한 인물이 많이 배출되어 영해지방의 5대 성씨로 평가받게 되었으나 그 자손들이 인량을 떠나 원구, 도곡, 갈천, 인천리, 삼계리 등지에 세거한 것으로 보아 인량에서 오래 거주하지는 않은 듯하다.

일선김씨一善金氏(善山金氏)의 영해 입향조는 김석金碩인데 최초 영해 목골에 입향하였다가 후손 김익중金益重이 인량에 처음 거주하게 되었다. 김익중은 무과에 급제하고 선전관, 우수영 진관, 전행첨사를 역임하고 이인좌의 난에 공을 세워 揚武原從功臣으로 책록되었으며 증직으로 병조참의를 제수받았다. 종택이 경상북도 민속자료 제61호로 지정되어 있다.

함양박씨咸陽朴氏의 영해 입향조는 부사직 박종산副司直 朴從山인데 성주에서 인량으로 이거하여 영해박씨 박성간朴成侃의 딸과 혼인하였다. 아들 경보景輔, 손자 순수舜壽, 증손자 언룡彦龍 4형제가 모두 효행으로 읍지에 기록되어 있으며, 마을에 소택정小澤亭, 원모재遠慕齋가 있다.

야성박씨野城朴氏의 인량 입향조는 도사都事 박종문朴宗文 장군이다. 당시 영해지역의 호족인 야성박씨의 막강한 세도를 조정에서 염려하여 이를 처리하라는 특임을 받고 영해지역에 파견되어 왔다가 박씨 실세들을 살상하지 아니하고 울령 밖으로 이거시킨 후 인량에 정착하였다고 전한다. 이로 인해 영해지역에 야성박씨 거주자가 드물게 되었다고 한다. 박종문은 이시애의 난에 충절이 있어 고을 사람들이 향현사鄕賢祠를 세워 야성정씨 정담鄭湛 장군과 함께 제향하였다.

평산신씨平山申氏(영해신씨 또는 단양신씨라고도 한다)의 인량 입향조는 고려 말에 문과에 급제하고 예빈시 판례 태복정禮賓寺 判禮 太僕正을 역임한 신득청申得淸이다. 공민왕에게 올린 시정건의가 받아들여지지 않자 벼슬을 버리고 인량리로 이거하였다가 고려가 망하자 대진 앞바다에 투신 자결하였다고 한다. 후손들이 한 때 인량을 떠났다가 다시 세거하고 있는데 종택 만괴헌晩槐軒이 경상북도 문화재자료 제209호로 지정되어 있다.

영천이씨永川李氏의 영해 입향조는 이사민李士敏이다. 퇴계 문인인 병절교위 이영승의 아들인데 조부가 영해부사로 재임하고 있을 때 재령이씨 입향조인 이애의 손녀와 혼인하여 예안에서 인량으로 이거하였다. 종택인 삼벽당三碧堂이 경상북도 문화재자료 제458호로 지정되어 있다.

야성정씨野城鄭氏의 영해 입향조는 진사 정진鄭溍인데 무안박씨 박붕朴鵬의 여식과 혼인하여 평해에서 인량으로 이거하였다. 그의 후손 정담鄭湛은 무과에 급제하고 임진란 때 김제군수로서 곰재熊嶺에서 전사하여 병조참판에 증직되었다. 고을 사람들이 향현사鄕賢祠를 세워 박종문 장군과 함께 제향하였다. 숙종조에 내린 정려비가 마을 앞에 세워져 있으며 경상북도 문화재자료 제380호로 지정되어 있다.

신안주씨新安朱氏의 인량리 입향과정은 상세히 고증할 수 없으나 9대째 살고 있는 종택(재령이씨 가옥을 현 종손의 9대조가 매입)이 마을에 있으며, 종택소장의 고문서 7점이 경상북도 유형문화제 제347호로 지정되어 있다.

이처럼 인량리는 영해지역에 거주하고 있는 여러 가문들이 입향하여 시거한 특이한 전통을 지니고 있다. 이러한 전통은 오늘날까지도 이어져서 여러 종족의 종택과 종가터가 남아있으며, 주민들도 여러 성씨로 구성되어 있다.

일제시대인 1930년의 인량리(仁上과 仁下)의 호구 총수를 보면 재령이

씨 35호(180명), 영양남씨 30호(158명), 안동권씨 25호(130명), 영천이씨 20
호(108명), 대흥백씨 8호(46명), 기타 44호(125명)로 총 162호에 747명이 거
주하고 있는 것으로 기록되어 있다(朝鮮總督府, 1935:826). 이 기록은 웃나
라골과 아랫나라골을 합한 것이지만 여러 성씨가 혼재하고 있음을 보여
주고 있다. 1992년에 발간 된 『영덕군 향토사』(p.564)에는 재령이씨 20
호, 안동권씨 24호, 영천이씨 12호, 영양남씨 12호, 함양박씨 24호, 일
선김씨 20호, 평산신씨 9호, 영해박씨 7호, 무안박씨 6호, 파평윤씨 5호
(인량1리와 2리를 합한 기록이며, 기타 성씨는 집계하지 않았다)로 성씨구성과 가구
수에는 변동이 있지만 여전히 여러 성씨가 함께 거주하고 있는 모습을
보여주고 있다.

여러 종족이 공존하고 있는 모습은 최근에도 여전히 나타나고 있다.
필자가 조사한 2004년 말의 웃나라골 거주자의 성씨 분포를 보면 함양
박씨 14호, 재령이씨 13호, 안동권씨 10호, 평산신씨 10호, 신안주씨 4
호, 파평윤씨 3호, 나주임씨 3호, 영양남씨 2호, 평해황씨 2호, 영천이씨
2호, 기타 10호(미상 3호 포함)으로 총 73호에 147명이 거주하고 있다.

이런 점에서 웃나라골은 반촌이면서도 전형적인 각성촌락의 성격을
지니고 있다. 대체로 한국의 반촌은 한 성씨나 두 성씨가 지배적인 종
족촌락을 형성하고 있는 일반적인 경향에 비추어 보면 웃나라골은 특이
한 사례에 속한다고 할 수 있다.

2. 원구마을

원구마을은 영해면 소재지에서 영양방면으로 통하는 918번 지방도로
변에 위치하고 있는 자연촌락이다. 이 마을은 영양남씨 종사랑 남준南畯
(1474~1550)이 개척하였다고 하나 남준의 후손들은 6대를 거주하다가 다
른 지역으로 모두 이주한 것으로 알려지고 있으며, 그 후 진성이씨 영

모당 이선도永慕堂 李善道(1544~?)가 안동에서 처가를 따라 창수면 신기동을 거쳐 원구리로 이주하였다고 하나 그 후손들도 마을을 떠나고 지금 이 마을에 진성이씨는 아무도 살지 않는다(영덕군 1992:458). 현재 이 마을에는 15세기 말에서 16세기 중엽에 입촌한 영양남씨, 무안박씨, 대흥백씨들이 세거하고 있다.

영양남씨英陽南氏로서 원구에 처음 입촌한 이는 영해 입향조 남수南須의 손자인 남비南秕와 그의 아들 남한립南漢粒 부자로 알려지고 있다. 영양남씨대동보에 의하면 남비는 1507년에 무과에 급제하여 훈련원 참군訓鍊院 參軍을 역임하였고 충무위 부사직을 제수받은 것으로 기록되어 있다(원구리 영양남씨들은 남비를 사직공이라 부른다). 이로 미루어보면 남비 부자는 1500년을 전후한 시기에 원구리로 이주하지 않았을까 짐작된다. 오늘날 원구에 거주하고 있는 영양남씨는 모두 이들의 후손이다.

남한립의 증손인 난고 남경훈蘭皐 南慶薰(1572~1612)이 임진왜란과 정유재란에 의병장으로 공을 세우고 그의 학덕과 효행이 널리 알려져 지역 유림에서 불천위로 모시게 하였다.[3] 그의 후손들 중에서 8명의 문과 급제자를 위시하여 많은 학자들이 배출되었고 150여 책에 달하는 많은 저술을 남겨 원구의 영양남씨는 지역사회에서 확고한 위치를 확보하게 되었다. 난고 종택은 경상북도 민속자료 제29호로 지정되었으며, 전적 고문서 등 <난고종가문서> 일습은 경상북도 유형문화재 148호로 지정되었다(영덕군 2002b:148, 남훈 2004:90-95).

무안박씨務安朴氏로서 원구에 처음 입촌한 이는 1500년대 초반 영해 입향조 박지몽의 차남 양기良基로 알려져 있으나(남훈 2004:89) 삼남 영기榮基의 자녀들이 원구에서 태어났다고 하는 것으로 보아 형제가 함께 이거한 것으로 보인다. 그러나 양기의 후손들은 원구를 떠나 8km 정도

---

3) 영해지역에는 일곱 분의 불천위가 있다. 雲嶽 李涵, 石溪 李時明, 存齋 李徽逸, 葛菴 李玄逸(이상 載寧李氏), 司僕寺正 朴之蒙, 武毅公 朴毅長(이상 務安朴氏), 그리고 蘭皐 南慶薰(英陽南氏)이다.

떨어진 남천 상류의 대동으로 이거하여 원구에는 양기의 후손들이 남아 있지 않다. 원구에는 영기의 사남 경수당 박세순慶壽堂 朴世淳(1539~1612)의 자손들이 대대로 세거하였다

박세순은 임진왜란 때 800석의 사재를 군량미로 조달하여 승전에 크게 기여한 공으로 선무원종공신宣撫原從功臣 2등에 녹훈되었으며, 절충장군 첨지지중추부사 겸 오위장折衝將軍 僉知知中樞府事 兼 五衛將을 역임하고 사후에 공조참의에 추증되었다. 원구 무안박씨의 종택인 경수당은 1997년에 경상북도 유형문화재 297호로 지정되어 있다(권순일 1992, 영덕군 2002b:147, 남훈 2004:96).

대흥백씨大興白氏로서 원구에 처음 입촌한 이는 영해 입향조 백문보白文寶의 8세손인 백인국白仁國(1530~1613)으로 1566년에 인량에서 원구로 이주한 것으로 알려져 있다(영덕군 1992:458). 그는 퇴계의 학통을 이어받아 영해지역에 성리학을 펼치는데 크게 기여한 인물로서 퇴계의 제자인 유일재 김언기惟一齋 金彦璣의 문하에서 수학하고 6읍 교수를 역임하였다. 임란시에는 선무원종공신 3등에 올라 내자시 직장內資寺 直長의 관직을 제수 받았다. 그의 후손들 중에 뛰어난 인물들이 많이 배출되어 영해지역의 대표적인 가문으로 평가받게 되었다(남훈 2004:97-98).

이처럼 원구는 조상의 사회적 위세가 매우 높고 모두 지역사회로부터 명문가문으로 평가받는 세 종족이 500년 가까이 세거하고 있는 마을이다. 이러한 전통은 근세에까지 이어져서 1930년의 자료에도 영양남씨 40호(212명), 무안박씨 45호(245명), 대흥백씨 31호(154명), 기타 타성 35호(108명)로 세 종족이 나란히 한 마을에 공존하고 있으며(朝鮮總督府 1935:825), 1987년에도 성씨별 주거분포가 영양남씨 43호, 무안박씨 39호, 대흥백씨 42호로 거의 비슷하게 나타나고 있다. 필자가 조사한 2004년 말에도 영양남씨 28호, 무안박씨 23호, 대흥백씨 21호, 타성 34호로 나타났다.

3. 호지말

영해면 괴시리는 행정적으로 1리(호지말), 2리(관어대), 3리(교동)로 구성되어 있으나 본 연구의 대상이 되는 마을은 괴시1리 호지말(濠池村)이다.

호지말은 고려말(1360년경)에 함창김씨咸昌金氏가 입주하여 세거하였다고 하며, 16세기 명종 연간에 수안김씨遂安金氏와 영해신씨寧海申氏가 입주하였고, 1630년경에 영양남씨英陽南氏가 입주하여 이후 영양남씨의 집성촌이 되었다.

호지말 영양남씨의 입촌조에 대해서는 두 가지 설이 있다. 영해 입향조 남수南須의 7세손인 남벌南橃(1576~1636)이 자녀들을 솔거해서 호지말로 이거했다는 설과 남벌의 차남 두원斗遠(1610~1674)이 처음 거주하였다는 설이 있다. 영양남씨의 입촌시기가 1630년이 확실하다면 남벌이 생존 중인 시기이고, 장남 두건斗建(1604~1651)의 자손들이 마을에 거주한 것으로 보아 남벌이 자녀들을 거느리고 입주한 것으로 보는 것이 보다 사실에 가까운 것이 아닌가 한다. 그러나 장남 두건의 자손들은 번성하지 못하여 마을에 거주하는 이는 몇 집 되지 않는다. 호지말에 거주하는 영양남씨는 대부분 차남 두원의 자손들이다.

호지말 영양남씨의 중심인물은 두원의 장남 남붕익南鵬翼(1641~1687)이다. 붕익은 1672년 문과에 급제하고 영산현감과 예조좌랑을 역임하였다. 마을 뒤 계곡에 입천정卄川亭을 짓고 현존하는 영양남씨 괴시파 종택(경상북도 민속자료 제75호)을 건축하였다. 남붕익 이후 호지말 영양남씨에는 생원이나 진사과에 급제한 인물은 몇 명 있지만 문과급제자는 더 이상 배출되지 못하였다. 남붕익이 유일한 문과 급제자이다.

일반적으로 한국의 종족집단은 정치적 위세(관직), 학문적 성취(명현), 도덕적 품격(충신, 효자, 열녀)이 두드러진 현조顯祖가 있을 때 결합력이 공고해지고 사회적으로 높은 평가를 받는다. 그런데 호지말 영양남씨는 이

지역의 다른 저명 반촌에 비해서 조상의 위세가 그렇게 강하지 않은데도 지역사회의 대표적 반촌으로 평가받고 있다. 이러한 평가는 넓은 영해평야를 바탕으로 구축한 튼실한 경제력을 바탕으로 명문가와 지속적으로 혼인을 맺음으로써 가능했던 것이 아닌가 한다. 과거 호지말 영양남씨들의 경제력을 보여주는 30여 동의 고가옥들이 아직도 마을 중심부에 남아있어서 호지말은 영해지역의 대표적인 전통마을로 평가되고 있다.

17세기 초중엽에 호지말에 이주한 영양남씨는 이 지역의 토착세력(土姓)이나 먼저 정착해서 기반을 다진 5대 성씨들과 혼인망을 넓히고 멀리 안동, 영양 등지의 명문가와 통혼하면서 18세기 중엽 이후 영양남씨가 주도하는 종족마을을 형성한다.

영양남씨가 주도하는 호지말의 모습은 근대에까지도 이어지고 있어서 1930년 조사에 의하면 139가구 중 영양남씨가 72가구(432명), 타성이 67가구(275명)로 나타나고 있다(朝鮮總督府 1935:830). 전체 마을 호수의 절반 이상을 영양남씨가 점하고 있는 것이다. 그러나 60년대 이후 도시화 과정에서 영양남씨들이 많이 이촌하고 대신 타성들이 많이 이주해 와서 90년대 말에는 158가구 중 영양남씨는 61가구, 타성이 97가구로 영양남씨의 비중이 현저하게 줄어들었으며(이세나 1999:53), 2004년말 필자의 조사에 의하면 126가구 중 영양남씨는 37가구(타성 89가구)로 더욱 감소하였다.[4] 이렇게 타성이 다수를 점하게 되면서 마을생활에도 다소의 변화가 나타나고 있지만 이들의 대부분은 외부에서 유입된 가구들이고, 또 일부 토착주민들이 있다고 하더라도 과거 영양남씨들과 연고를 가진 자들이기 때문에 마을생활에 주도적인 영향을 미치지는 못한다.[5]

---

4) 2000년부터 2007년까지 진행되는 유교문화권 개발사업의 일환으로 호지말의 전통가옥을 전면적으로 해체 복원하는 공사가 진행 중이어서 영양남씨가 더욱 많이 마을을 떠난 것으로 보인다.

5) 호지말에 외지인의 유입이 많은 것은 시가지화한 면소재지에 인접해 있기 때문이다.

참고문헌

권순일, 『務安朴氏寧海派研究』, 1992.

남 훈(南渾), 『寧海遺錄』, 2004.

영덕군, 『盈德郡 鄕土史』, 1992.

영덕군, 『盈德郡誌(上)』, 2002a.

영덕군, 『盈德郡誌(下)』, 2002b.

영덕문화원, 『영덕의 지명유래』, 2004.

이수건, 「密菴 李栽 家門과 嶺南學派」 『密菴 李栽 研究』, 영남대학교출판부, 2001.

이수환, 「조선후기 영해지역 재지사족의 향촌지배」 『울릉도・독도・동해안 주민의 생활구조와 그 변천 발전』, 영남대학교출판부, 2003.

이완섭, 「영덕군의 연혁과 성리학의 융성」 『영덕문화의 원류』, 영덕군, 2004.

朝鮮總督府, 『朝鮮の 聚落(後篇)』, 1935.

『世宗實錄』, 地理誌(寧海都護府條).

조사대상 마을의 사회경제적 특성

영해지역의 저명한 반촌으로는 본 연구의 대상이 된 세 마을을 위시하여 무의공 박의장의 후손이 세거하는 축산면 도곡리, 안동권씨의 집성촌인 영해면 괴시2리 관어대와 병곡면 송천리 등 지역내 곳곳에 산재하고 있지만 본 연구에서는 창수면 인량2리 웃나라골과 영해면 원구1리 원구마을, 영해면 괴시1리 호지말을 중요한 연구대상으로 선택하였다. 이 자리에서는 세 마을의 사회경제적 특성을 살펴보기로 한다.

1. 웃나라골(창수면 인량2리)

1) 마을개황

창수면 인량리는 영해면 소재지에서 영양으로 통하는 918번 지방도를 따라 약 2km 가다가 원구마을 입구에서 우회전하여 북쪽으로 약 2km 더 들어간 지점에 위치하고 있다. 멀리 등운산에서 뻗어내린 산자락이 마을을 감싸고, 마을 앞에는 창수면의 깊은 계곡에서 발원하여 동해로 흘러들어가는 송천 주변에 넓은 들(인량들)이 펼쳐져 있어서 전형적

인 배산임수의 남향 마을이다. 이러한 마을의 입지가 일찍부터 사람들
이 삶의 터전을 일구어 오게 한 것으로 보인다. 인량리는 남북으로 가
로지르는 조그만 개울을 경계로 하여 동쪽의 인량1리(아랫나라골)와 서쪽
의 인량2리(웃나라골)로 구분되는데 본 연구의 대상이 된 마을은 인량2리
웃나라골이다.

　인량은 삼한시대에 우시국于尸國이라는 부족국가의 도읍지여서 나라
골, 국동國洞으로 부르게 되었다는 설이 있으나, 마을 뒷산의 지형이 마
치 학이 날개를 펴고 날아갈듯 한 형국과 같다하여 조선초에는 비개동
飛蓋洞, 조선중엽에는 익동翼洞으로 부르다가 광해 2년(1610)에 예부터 명
현이 많이 배출되는 마을이라 하여 인량仁良으로 명명하게 되었다고 한
다. 그러나 주민들은 '나라골', '나래골'이란 지명에 익숙해 있다(영덕군
1992:564, 2002b:688, 영덕문화원 2004:556, 남훈 2004:109).

2) 성별/연령별 인구구성

　웃나라골에는 2004년말 현재 143명의 인구가 거주하고 있다. 이 중
남자는 62명, 여자는 81명으로 성비는 77로 나타나고 있다. 세 마을 중
에서 성비가 가장 낮은 구조를 보이고 있다. 웃나라골의 성비가 이처럼
낮게 나타나는 것은 15세 미만의 소년인구의 비중이 낮고 65세 이상의
노년인구 비중이 매우 높은 연령별 인구구성에 크게 영향을 받은 것으
로 보인다. 웃나라골의 소년인구는 단 3명(2.1%)에 지나지 않는다. 그 대
신 노년인구의 비율은 전체 인구의 절반에 해당하는 49.6%에 이르고
있다. 남녀 평균수명의 차이로 인해서 대체로 고령층에서는 여성인구가
많은 구조를 보이는 것이 일반적인 경향인데 웃나라골은 그 비율이 현
격하게 높기 때문에 마을 전체의 성비가 매우 낮게 나타나는 것이다.

　세 마을의 연령별 인구구성을 비교해 보면 마을의 지리적 입지와 밀
접하게 관련되어 있음을 볼 수 있다. 시가지화한 면소재지에 인접해 있

는 호지말은 생산연령인구의 비율이 59.3%로 가장 높게 나타나는데 비해 면소재지에서 가장 멀리 떨어진 웃나라골은 생산연령인구가 46.9%로 가장 낮은 비율을 보이고 있다. 두 마을의 중간에 위치한 원구마을은 생산연령인구도 50.0%로 중간 수준을 유지하고 있다. 이와는 반대로 노인인구의 비중은 면소재지에서 가장 멀리 떨어진 웃나라골이 가장 높은 비율인 49.6%를 기록하고 있는데 비해 원구마을은 36.5%, 호지말은 28.8%로 면소재지와의 거리에 반비례하고 있다. 도시화한 지역과 멀리 떨어져 있을 경우에는 도시적 직업에 종사하는 인구가 거주하기 불편한 점 때문일 것이다. 이러한 특징은 직업구성에서도 뚜렷하게 나타나고 있다.

〈표 1〉 웃나라골의 인구구성

연령구분	남	여	계	
0~4	1	0	1	
5~9	1	1	2	3(2.1)
10~14	0	0	0	
15~19	2	2	4	
20~24	2	4	6	
25~29	0	1	1	
30~34	1	1	2	
35~39	3	1	4	67(46.9)
40~44	3	2	5	
45~49	3	2	5	
50~54	7	8	15	
55~59	3	5	8	
60~64	9	8	17	
65~69	9	15	24	
70~74	7	12	19	71(49.6)
75~79	6	6	12	
80이상	5	11	16	
미상	0	2	2	2(1.4)
계	62	81	143	

3) 가구와 가구주

옷나라골에는 2004년말 현재 70가구가 거주하고 있다. 이 중 남자가구주는 52명, 여자가구주는 18명으로 세 마을 중에서 여자가구주의 비율이 가장 낮다. 가구주의 성씨분포를 보면 옷나라골이 전형적인 각성마을임이 드러난다. 10가구 이상 거주하고 있는 성씨로서는 함양박씨가 14가구로 가장 많고, 재령이씨 13가구, 평산신씨 10가구, 안동권씨 10가구로 이 네 성씨가 마을 전체의 2/3를 점하고 있다. 네 성씨 이외에 신안주씨 4가구, 파평윤씨 3가구, 나주임씨 3가구, 영양남씨 2가구, 평해황씨 2가구, 영천이씨 2가구가 거주하고 있고, 한 가구만 거주하고 있는 성씨도 7사례가 있다.[1]

〈표 2〉 옷나라골 가구주의 성씨분포

성씨	남	여	계
함양박씨	11	3	14
재령이씨	10	3	13
평산신씨	8	2	10
안동권씨	7	3	10
신안주씨	1	3	4
파평윤씨	3	0	3
나주임씨	1	2	3
영양남씨	2	0	2
평해황씨	2	0	2
영천이씨	1	1	2
기타	6	1	7
계	52	18	70

---

1) 여자가구주는 남편의 성에 따라 가문을 분류하였다.

가구주의 연령분포를 보면 30대 1명과 40대 5명이 있지만 대부분 50대 이상에 분포되어 있어서 다른 마을에 비해 가구주의 연령이 고령화되어 있다. 특히 여성가구주는 전체 18명 중 13명이 70대 이상이다.

〈표 3〉 웃나라골 가구주의 연령분포

연령	남	여	계
20대	0	0	0
30대	1	0	1
40대	5	0	5
50대	10	2	12
60대	18	3	21
70대	13	8	21
80이상	5	5	10
계	52	18	70

웃나라골 가구주의 직업분포를 보면 호지말이나 원구마을에 비해서 매우 단순한 구성을 보이고 있다. 무직자 10명을 제외하면 대부분이 농업에 종사하고 있고, 비농업적인 직업에 종사하는 가구주는 3명에 불과하다. 이들은 레미콘운전기사와 트렉타운전기사 그리고 마을교회의 목사 1명 등이다. 공무원이나 교사, 회사원, 자영업자 등은 한 명도 보이지 않는다. 농업을 영위하면서 일용직으로 노동을 제공하는 2명과 초등학교 등하교시 수종차량을 운전하는 운전기사 2명 등 겸업자가 4명이 있다. 비농업적 가구주가 매우 적은 것은 도시화된 면소재지로부터 비교적 멀리 떨어져 있는 지리적 여건이 크게 작용하고 있는 것으로 보인다.

웃나라골에서도 가구주 가운데 무직자가 비교적 많은 비율을 차지하고 있어서 전체 70가구 중 15%에 해당하는 10가구가 무직자로 나타나고 있다. 그러나 호지말의 30%, 원구마을의 34%에 비하면 매우 낮은 수준이다. 면소재지로부터 비교적 멀리 떨어져 있고 교통이 불편하기 때문에 무직자의 거주가 적은 것으로 보인다. 이들 중 남자 2명은 공직

에서 은퇴하여 연금으로 생활하는 자이고, 남자 1명과 여자 3명은 기초
생활보호자로서 정부의 지원금으로 생활하고 있다. 나머지 남자 2명과
여자 2명은 자녀들의 지원에 의존하고 있다.

〈표 4〉 웃나라골 가구주의 직업분포

직업	남자가구주	여자가구주	계
공무원	-	-	-
교 사	-	-	-
회사원	-	-	-
자영업	-	-	-
농 업	44	13	57
기능공	2	-	-
노 동	-	-	-
신앙인	1	-	1
무 직	5	5	10
미 상	-	-	-
계	52	18	70

4) 농업가구의 영농규모

웃나라골은 주로 농업을 영위하고 있지만 영농규모는 원구마을에 비
해 영세한 모습을 보이고 있다. 다른 직업을 가지고 농업을 겸업하는 4
가구를 포함해서 농업을 영위는 57가구의 영농규모를 보면 70% 이상
이(42가구) 3,000평 미만의 작은 규모이고 중농에 해당하는 3,000평～
5,000평 정도를 경작하는 농가(14가구)는 20%를 약간 상회하는 정도에
지나지 않는다. 5,000평 이상을 경작하는 농가는 과수원 5,000평과 논
1,000평을 경작하는 단 한 가구뿐이다. 웃나라골의 영농규모가 비교적
영세한 것은 과수를 재배하는 농가가 적기 때문이다. 원구마을에서는
55가구 중 19가구가 과수를 재배하고 있었고, 이들 중 다수가 3,000평
이상을 경작하고 있었는데 웃나라골에서는 57가구 중 과수재배자는 11

가구에 불과하였고 이들 중 6가구가 3,000평 이상을 경영하고 있었다. 과수는 주로 복숭아와 사과를 재배하고 있다.

〈표 5〉 웃나라골의 영농규모

영농규모	남자가구주	여자가구주	계
1,000평 미만	8	8	16
2,000평 미만	8(1)	4	12(1)
3,000평 미만	14(2)	0	14(2)
5,000평 미만	13(1)	1	14(1)
10,000평 미만	1	0	1
10,000평 이상	0	0	0
계	44(4)	13	57(4)

* ( )안의 숫자는 다른 직업에 종사하면서 농사를 겸업하는 농가의 농지규모이다.
* 농지규모는 소유규모와 경작규모가 다를 수 있다. 여기에서 영농규모는 자기토지와 임차토지를 합한 실제 경작규모를 중심으로 정리하였으며, 논과 밭의 면적을 합한 규모이다. 농지를 소유하고 있지만 임대해주고 소작료로 생활하는 가구는 비농가로 간주하였다.

5) 가구주의 거주역사

웃나라골에도 외지에서 유입된 가구주가 적지 않다. 전체 가구주 70 명 중 15명이 결혼 후에 웃나라골로 이주하였다. 약 20%에 이른다. 이들 중 3명은 이 마을에서 출생했지만 객지 생활을 하다가 결혼 후 입촌한 경우이고, 2명은 결혼 후 외가마을을 찾아 입주하였으며, 1명은 입양으로 이 마을에 정착하게 되었다. 마을에 있는 인량교회에 시무하는 목사 1명과 인접한 아랫나라골에서 이주한 여성 가구주 1명도 포함되어 있다. 나머지 이주자들은 농사를 짓기 위해서 인근지역에서 이주해 온 자들이다.

2. 원구마을(영해면 원구1리)

1) 마을개황

원구는 영해면 소재지에서 영양방면으로 통하는 도로변에 위치하고 있는 자연촌락이다. 창수면 골짜기에서 흘러 마을 북쪽을 돌아나가는 서천과 대리에서 발원하여 묘곡저수지를 거쳐 마을 남쪽 용당산을 끼고 흐르는 남천이 마을 앞에서 합류하여 넓은 들을 형성하고 있다. 이 마을은 둔덕진 곳에 있는 넓은 들이란 의미에서 원두들, 원구元邱, 원파元坡 등으로 불렸다.

이 마을은 조선 성종 연간인 15세기 후반에 영양남씨가 입주하고, 16세기 초에 무안박씨, 16세기 중엽에 대흥백씨가 입촌하여 오늘날까지 세 성씨가 나란히 세거하고 있다. 영양남씨 종택에서 소장하고 있던 고문서 일습과 무안박씨 종택이 경상북도 유형문화재로 지정되어 있고, 영양남씨 종택은 경상북도 민속자료로 지정되어 있다. 대흥백씨 종택은 오래 전에 대형화재로 소실되어 별당만 남아있다(영덕군 1992:458, 2002b:676, 영덕문화원 2004:466, 남훈 2004:86-88).

2) 성별/연령별 인구구성

원구마을에는 2004년말 현재 244명의 인구가 거주하고 있다. 이 중 남자는 117명, 여자는 127명으로 성비는 92로 나타나고 있다. 여자가 다소 많기는 하지만 웃나라골이나 호지말에 비해서 성비가 어느 정도 균형을 이루고 있다. 그러나 연령계급별에 따라 커다란 차이를 보이고 있다. 15세 미만의 소년인구층에서는 남자 23명에 여자 10명으로 남자가 여자의 배가 넘는다. 이러한 경향은 20대 후반까지 지속되고 있다. 30대에서 50대까지는 성비가 거의 균형을 이루고 있다. 그러나 65세 이상의 고령층에서는 남자 26명에 여자 63명으로 여자인구가 남자의 배를 넘고 있다.

〈표 6〉 원구마을의 인구구성

연령구분	남	여	계	
0~4	4	4	8	
5~9	12	3	15	33(13.5)
10~14	7	3	10	
15~19	9	2	11	
20~24	7	0	7	
25~29	2	1	3	
30~34	4	7	11	
35~39	11	4	15	
40~44	5	8	13	122(50.0)
45~49	6	5	11	
50~54	9	9	18	
55~59	5	3	8	
60~64	10	15	25	
65~69	9	22	31	
70~74	11	8	19	89(36.5)
75~79	3	16	19	
80이상	3	17	20	
계	117	127	244	

이들의 성별/연령별 분포를 보면 노인인구의 비중이 매우 높고 소년인구의 비중이 매우 높은 것은 호지말과 유사한 경향을 보이고 있으나 다음 〈표 6〉에서 보는 바와 같이 노인인구의 비율이 호지말보다 높고 생산연령인구는 다소 낮게 나타나고 있다. 이러한 차이는 두 마을의 지리적 입지가 영향을 미친 것으로 보인다. 즉 호지말은 도시화된 면소재지에 인접해 있어서 생산연령인구가 다소 높게 나타났지만 원구마을은 면소재지로부터 약 2km 정도 떨어져 있어서 도시적 직업에 종사하는 인구가 호지말에 비해 적기 때문이다. 이러한 특징은 직업구성에서 더

뚜렷하게 나타나고 있다.

3) 가구와 가구주

원구마을에는 2004년말 현재 106가구가 거주하고 있다. 이 중 남자
가구주는 69명, 여자가구주는 37명으로 역시 여자가구주의 비율이 매우
높은 비율을 보이고 있다. 106가구 가운데 영양남씨는 28가구, 무안박
씨 23가구, 대흥백씨 21가구, 타성 34가구로 세 성씨가 균형을 이루고
있다.

〈표 7〉 원구마을 가구주의 성씨분포

성씨	남	여	계
영양남씨	13	15	28
무안박씨	16	7	23
대흥백씨	14	7	21
타성	26	8	34
계	69	37	106

가구주의 연령분포를 보면 30대에서 80대까지 고루 분포되어 있다.
그러나 남자가구주와 여자가구주의 연령분포는 크게 다른 모습을 보여
주고 있다. 남자가구주는 60대가 가장 많지만 30대부터 70대에 이르기
까지 고루 분포되어 있으나 여성가구주는 거의 60대 이상에 집중되어
있으며, 이들 중 다수는 여성 단독가구주들이다.

〈표 8〉 원구마을 가구주의 연령분포

연령	남	여	계
20대	—	—	—
30대	10	—	10
40대	11	1	12
50대	14	2	16

60대	19	7	26
70대	12	16	28
80이상	3	11	14
계	69	37	106

원구마을 가구주의 직업분포를 보면 호지말과 다소 다른 양상을 보이고 있다(<표 9>). 농업이 가장 많고 무직자도 많은 비중을 차지하고 있지만 회사원, 자영업 등 도시적 성격을 가진 직업에 종사하는 가구주의 수가 매우 적게 나타나고 있다. 공무원과 교사는 한 명도 없다. 그럼에도 기능공이나 노동에 종사하는 가구주가 적지 않은 것은 오토바이와 같은 교통수단을 이용해서 주변 공사장에 쉽게 출퇴근할 수 있기 때문이다.

〈표 9〉 원구마을 가구주의 직업분포

직업	남자가구주	여자가구주	계
공무원	—	—	—
교 사	—	—	—
회사원	2	—	2
자영업	3	1	4
농 업	41	6	47
기능공	5	—	5
노 동	8	2	10
신앙인	1	—	1
무 직	8	28	36
미 상	1	—	1
계	69	37	106

전체 106가구 중 무직이 36가구로 매우 많은 비율을 점하고 있다. 이들은 도시로 전출한 자녀들의 송금에 의존하거나 기초생활보호자로서 정부의 지원금으로 생활하는 자들이다. 원구마을에는 기초생활보호자가 특히 많아서 18명이나 된다. 이 중 남자가구주는 2명뿐이고 나머지 16

명은 모두 여성가구주들이다. 여성가구주의 절반 이상이 기초생활보호
자인 것이다.

4) 농업가구의 영농규모

다른 직업을 가지고 농업을 겸업하는 8가구를 포함해서 농업을 영위
는 55가구의 영농규모를 보면 호지말에 비해서는 영농규모가 다소 크
게 나타나고 있다. 약 절반 정도는 3,000평 미만을 경작하고 있지만 중
농에 해당하는 3,000평~5,000평도 12가구나 되고, 5,000평 이상도 15
가구나 된다. 10,000평 이상의 대규모 영농자도 4가구나 있다. 영농규
모가 이렇게 크게 나타나는 것은 도시적 직업에 종사하기가 어렵고 농
업에 크게 의존하고 있다는 것을 의미하지만 과수를 재배하는 농가가
많은 것이 주된 요인이 되고 있는 듯하다. 과수재배자는 3,000평 이상
을 경작하는 농가에 집중되어있는데 과수를 전업으로 하는 농가도 있지
만 대개는 벼농사를 겸하고 있다. 주로 복숭아를 재배한다. 전체 농가
55가구 중 19가구가 과수를 재배하고 있다. 1가구는 6,000평의 비닐하
우스에 여러 가지 채소를 재배하고 있다. 직업분포와 영농규모를 보면
원구마을은 농업적 특성이 강한 마을이다.

〈표 10〉 원구마을의 영농규모

영농규모	남자가구주	여자가구주	계
1,000평 미만	4(3)	1	5(3)
2,000평 미만	13(4)	4(1)	17(5)
3,000평 미만	4	2	6
3,000~5,000평	12		12
5,000~10,000평	11		11
10,000평 이상	4		4
계	48(7)	7(1)	55(8)

* 통계작성의 기준은 <표 5> 참조.

5) 가구주의 거주역사

원구마을에도 외지에서 유입된 가구가 적지 않지만 호지말에 비해서는 훨씬 적다. 혼인 후 이 마을에 들어와 정착한 가구는 모두 19가구인데 영양남씨 집안이 4가구, 대흥백씨 집안이 2가구, 무안박씨 집안이 2가구, 그 외 타성이 11가구이다. 타성이 다수를 점한다. 호지말에 비해서 유입인구가 매우 적은 것은 읍내(영해면 소재지)로부터 2km 이상 떨어져 있기 때문이다.

3. 호지말(영해면 괴시1리)

1) 마을개황

영해면 괴시리는 행정적으로 1리(호지말), 2리(관어대), 3리(교동)로 구성되어 있으나 본 연구의 대상이 되는 마을은 괴시1리 호지말(濠池村)이다.

이 마을을 호지촌이라 부르게 된 것은 마을 앞 넓은 평야를 관통하여 동해로 흘러드는 송천 주위에 많은 늪이 있었기 때문이라 한다. 지금은 제방을 정비하여 늪의 흔적은 찾아볼 수 없다.

이 마을은 목은 이색牧隱 李穡이 태어난 출생지로서 유명한데 고려말에 이색이 중국에 사신으로 다녀와서 자기의 고향인 호지말이 중국의 괴시촌과 닮았다고 하여 이때부터 괴시라 부르게 되었다고 한다.

호지말은 고려말(1260년경)에 함창김씨가 입주하여 세거하였다고 하며, 16세기 명종 연간에 수안김씨와 영해신씨가 입주하였고, 1630년경에 영양남씨가 입주하여 이후 영양남씨의 집성촌이 되었다(영덕군 1992:431, 2002b:672, 영덕문화원 2004:438, 남훈 2004:75).

현재 이 마을에는 경상북도 민속자료와 문화재자료로 지정된 고가옥들이 많이 남아있어서 전통마을을 답사하고자 하는 관광객들의 발길이

끊이지 않고 있으며, 2002년부터 대대적인 정비작업에 착수하여 거의
마무리 단계에 있다.

2) 성별/연령별 인구구성

호지말에는 2004년말 현재 278명의 인구가 거주하고 있다. 이 중 남
자는 125명, 여자는 153명으로 여자가 매우 많은 구조를 이루고 있다.
이들의 성별/연령별 분포는 다음 <표 11>과 같다.

〈표 11〉 호지말의 인구구성

연령구분	남	여	계	
0~4	4	2	6	
5~9	3	8	11	33(11.9)
10~14	8	8	16	
15~19	9	6	15	
20~24	11	6	17	
25~29	4	3	7	
30~34	3	4	7	
35~39	8	8	16	165(59.3)
40~44	9	8	17	
45~49	10	13	23	
50~54	12	11	23	
55~59	11	8	19	
60~64	7	15	22	
65~69	11	14	25	
70~74	7	22	30	80(28.8)
75~79	4	7	11	
80이상	4	10	14	
계	125	153	278(100.0)	

호지말의 성비(여성인구 100에 대한 남성인구의 비)는 81.7로 매우 낮게 나
타나고 있다. 특히 65세 이상 고령층에서는 49.1로 남성이 여성의 절반
에도 미치지 못하고 있다.

연령별 구성에 있어서도 소년인구와 생산연령인구의 구성비가 매우 낮고 노인인구의 비율이 매우 높게 나타나고 있다. 2004년말 현재 전국의 소년인구가 약 20%를 점하고 있는데 호지말에서는 12%에 불과하며, 생산연령인구도 전국이 70%를 상회하는데 호지말은 60%에도 미치지 못하고 있다. 반면에 노인인구는 전국이 8.7%인데 호지말은 30%에 육박하고 있다. 인구의 노령화가 극히 심화된 인구구조를 보여주고 있다.

3) 가구와 가구주

호지말에는 2004년말 현재 126가구가 거주하고 있다. 이 중 남자가구주는 83가구, 여자가구주는 43가구로 여자가구주의 비율이 매우 높다. 126가구 가운데 영양남씨는 37가구(남자가구주 21, 여자가구주 16)로서 전체의 29%에 지나지 않는다.

〈표 12〉 호지말 가구주의 성씨분포

성씨	남	여	계
영양남씨	21	16	37
타성	62	27	89
계	83	43	126

타성은 89가구(남자가구주 62명, 여자가구주 27명)로서 수적으로는 다수를 점하고 있으나 이들 대부분이 외지에서 유입된 가구들일 뿐만 아니라 일부 토착주민들이 있다고 하더라도 이들은 과거 영양남씨 집안에 예속되어 있던 신분적 배경을 지니고 있어서 마을생활에서 별 영향을 미치지 못한다.

가구주의 연령분포를 보면 30대에서 80대까지 고루 분포되어 있다. 그러나 남자가구주와 여자가구주의 연령분포는 크게 다른 모습을 보여주고 있다. 남자가구주는 50대가 가장 많지만 30대부터 70대에 이르기

까지 고루 분포되어 있으나 여성가구주는 거의 60대 이상에 집중되어
있으며, 이들 중 다수는 여성 단독가구주들이다.

〈표 13〉 호지말 가구주의 연령분포

연령	남	여	계
20대	1	0	1
30대	10	1	11
40대	18	2	20
50대	23	3	26
60대	17	14	31
70대	10	15	25
80이상	4	8	12
계	83	43	126

가구주의 직업분포를 보면 호지말의 특성이 좀 더 뚜렷하게 나타난
다(<표 14>). 전체 126가구 중 무직이 38가구로 가장 많다. 이들은 도시
로 전출한 자녀들의 송금에 의존하거나 기초생활보호자로서 정부의 지
원금으로 생활하는 자들이다. 농촌지역임에도 농업을 영위하는 가구는
37가구(29.4%)에 지나지 않는다.

〈표 14〉 호지말 가구주의 직업분포

직업	남자가구주	여자가구주	계
공무원	2		2
교 사	2		2
회사원	5		5
자영업	15	3	18
농 업	26	11	37
기능공	3		3
노 동	16		16
신앙인	1	3	4
무 직	12	26	38
미 상	1		1
계	83	43	126

　반면에 자영업(18가구)이나 노동(16가구)에 종사하는 가구주가 많아서
직업분포에 있어서는 도시적 특색을 많이 지니고 있다. 도시적 성격을
지니고 있는 영해면 소재지에 인접해 있기 때문이다. 자영업은 매우 다
양하다. 개사육, 고물상, 물수건제조판매, 중국음식점, 이발소, 콩나물재
배, 통닭집, 옷가게, 생선가게, 공구수리업, 화물차나 포크레인 영업, 주
점이나 노점상 등이다. 미술학원운영과 사법서사도 자영업에 포함시켰
다. 신앙인은 사찰 주인, 승려, 무당을 포함시켰다. 회사원은 병원직원,
수협직원, 버스기사, 시외버스영업소장 등이다.

4) 농업가구의 영농규모

　다른 직업을 가지고 농업을 겸업하는 6가구를 포함해서 농업을 영위
는 가구의 영농규모를 보면 대개 3,000평 미만의 소농들이다. 중농으로
볼 수 있는 3,000평 이상의 경작자는 3가구에 불과하다. 이들은 대부분
벼농사를 주로 하거나 비닐하우스에 채소를 재배하고 있다. 과수나 특
용작물을 재배하는 농가는 거의 보이지 않는다. 양봉을 전문으로 하는
농가가 1가구 있을 뿐이다.

〈표 15〉 호지말의 영농규모

영농규모	남자가구주	여자가구주	계
1,000평 미만	7(3)	6	13(3)
2,000평 미만	9(3)	1	10(3)
3,000평 미만	7	3	10
3,000~5,000평	3		3
양봉		1	1
계	26(3)	11	37(6)

* 통계작성의 기준은 <표 5> 참조.

5) 가구주의 거주역사

가구주들의 거주 역사를 보면 현재 이 마을에 살고 있는 타성 주민들의 다수가 외지에서 유입된 인구임이 여실히 드러나고 있다. 영양남씨 남자가구주 21명 중 20명은 이 마을에서 태어난 사람들이다. 나머지 1명은 이 마을 출신이 아니고 결혼 후 이주해 온 사람이다. 영양남씨 집안의 여자가구주 16명 중 15명은 이 마을로 시집와서 계속 거주하고 있는 사람들이다. 1명은 다른 마을로 출가했다가 친정마을에 와서 거주하고 있는 영양남씨 딸네이다. 집성촌을 이루고 있던 영양남씨들은 거의 전부가 토착주민들이라 할 수 있다.

남씨 이외의 성씨들은 대부분 결혼 후에 이 마을로 이주한 사람들이다. 이 마을에서 태어났거나 결혼 전에 이 마을에 이주한 가구주는 89명 중 남자가구주 11명과 여자가구주 9명 등 20명에 지나지 않는다. 과거 영양남씨들 집에 예속되어 있던 많은 사람들은 거의 다 이 마을을 떠난 것으로 보인다.

호지말에 외지에서 이주한 주민이 이렇게 많은 것은 가구주의 직업에서 살펴본 바와 같이 도시적 성격을 강하게 띠고 있는 면소재지에 인접해 있기 때문인 것으로 보인다. 오랜 세월 집성촌을 이루어 온 영양남씨가 매우 적은 것은 이촌자들이 매우 많다는 것을 의미하기도 하지만 2002년부터 시작된 전통마을 정화사업의 영향도 크게 작용하고 있는 듯하다. 많은 고가가옥을 해체해서 복원하는 대규모 공사가 수년째 진행되고 있어서 최근에 마을을 떠난 사람들이 많은 것이다. 이 정화사업은 지금 마무리 단계에 있다.

참고문헌

남　훈(南渾), 『寧海遺錄』, 2004.

영덕군, 『盈德郡 鄕土史』, 1992.

영덕군, 『盈德郡誌(上)』, 2002a.

영덕군, 『盈德郡誌(下)』, 2002b.

영덕문화원, 『영덕의 지명유래』, 2004.

제2부

종족마을_이창기

三姓 종족마을의 혼인연대

I. 서 론

한국의 종족집단은 부계 조상의 혈통을 계승하였다고 인식하는 가계
계승의식을 정신적 기초로 하여 조직화되었기 때문에 혈통의 순수성을
강조하고 비부계나 비혈연자를 경원시하는 혈연적 배타성을 강하게 지
니고 있다. 또한 가계계승은 혈통의 계승뿐만 아니라 조상의 사회적 지
위의 계승과 신분의 세습이라는 의미를 내포하고 있어서 타 종족에 비
해 자신들의 신분적 지위가 우월하다는 점을 과시하고자 하는 특성을
지닌다(최재석 1966). 이러한 혈연적 배타성血緣的 排他性과 신분적 우월감
身分的 優越感은 배타적 족결합의식排他的 族結合意識으로 표출된다(이창기
1991). 배타적 족결합의식은 안으로는 종족집단의 결속을 다지는 정신적
기초가 되지만 밖으로는 타 종족과 경쟁하고 타성을 배척하는 심리적
기제로 작용하여 심각한 갈등을 유발하기도 한다.

종족집단 간의 대립과 갈등은 한 마을에 신분적 지위가 비슷한 여러
성씨들이 장기간 공존하기 어렵게 만든다. 두 성씨나 세 성씨가 한마을
에 함께 거주하는 경우가 있다하더라도 시간이 지나면 세력이 강한 어

느 한 성씨가 마을을 석권하게 되고, 세력이 약한 성씨들은 점차 마을에서 밀려나게 마련이다. 그래서 대부분의 종족마을은 한 성씨가 지배적인 지위를 점하는 집성촌을 이루게 된다. 두 성씨나 세 성씨가 한 마을에 장기간 세거하는 경우가 있기는 하지만 이 경우에는 대개 서로 첨예하게 대립하거나 심각한 갈등을 경험하게 된다.[1]

그런데 영덕군 영해면 원구마을에는 지역사회에서 대표적인 양반 가문으로 인정받는 영양남씨英陽南氏, 무안박씨務安朴氏, 대흥백씨大興白氏가 종족집단의 정체성을 유지하면서도 수백 년 간 나란히 공존하고 있어서 주목된다. 이 세 성씨는 마을에 입주한 시기도 비슷하고, 조상의 위세나 경제적 지위도 서로 우열을 가리기 어려울 정도로 비슷하며, 마을 내에 거주하고 있는 주민의 수도 거의 비슷하다. 그런데도 특별한 마찰이나 갈등 없이 오랜 세월 동안 한 마을에서 세거하고 있을 뿐만 아니라 마을의 중요한 공동체의례로 행해진 동제나 줄다리기에서 세 종족집단이 긴밀하게 협동하여 마을의 통합에 기여하는 모습도 찾아볼 수 있다. 배타적 족결합의식을 바탕으로 자신들의 사회적 위세를 대외적으로 과시하고자 하는 한국 종족집단의 일반적 특성에 비추어 보면 원구마을의 세 종족집단이 장기간에 걸쳐 공존하면서 마을의 통합을 지속하고 있는 것은 매우 특이한 사례에 속한다.

영해지방의 대표적인 양반가문으로 인정받는 세 성씨가 자신들의 신분적 정체성을 유지하면서 한마을에서 500년 동안이나 공존할 수 있었던 요인은 무엇인가? 이 점은 한국의 종족마을을 이해하는데 매우 흥미로운 화두가 아닐 수 없으며, 종족집단의 기본 속성을 규명하는데 매우 중요한 과제가 될 것이다.

배타적 족결합을 특성으로 하는 종족집단이 장기간 공존하려면 배타

---

1) 양동의 여강이씨와 월성손씨의 갈등이 대표적인 예라 할 수 있다(여영부 1971, 최재석 1975:505-512, 강신표 외 1979, 이창기 1990).

적 족결합을 뛰어넘는 강한 연대가 형성되지 않으면 안 된다. 배타적 족
결합을 넘어서는 종족간의 연대로서는 여러 가지를 상정해 볼 수 있다.

생활의 기반이 되는 물적 토대를 유지하고 확장하기 위해서 경제력이
강성한 가문들 사이에 상호의존관계를 형성할 수도 있을 것이다. 정치권
력을 유지하기 위해서 정치적 이해를 같이하는 가문들 사이에 결합이 이
루어질 수도 있을 것이다. 때로는 정치권력을 유지하는데 필요한 재정을
지원하고 그 대신 경제적 이익을 보장받는 정경유착의 형태로 가문간의
결합이 이루어질 수도 있을 것이다. 그러나 이러한 정치적, 경제적 요인
들은 좁은 지역사회에서는 중요한 요인으로 부각되기 어려운 점이 있다.
실제로 원구마을의 세 종족집단 사이에서도 정치적 요인이나 경제적 요
인을 바탕으로 긴밀하게 결합하는 모습은 발견되지 않는다.

유학을 학습하고 과거科擧를 거쳐 관계에 출사하는 조선사회에서는 동
일한 스승 밑에서 수학한 학통의 공유가 사회적 유대를 강화시키는 중요
한 요인이 될 수도 있다. 영해지역은 고려 이래로 동해안을 방어하는 군
사요충지로서 무武가 성한 무향이었으나, 16~17세기 이후 유학이 보급
되면서 퇴계 이황退溪 李滉과 그의 제자인 학봉 김성일鶴峯 金誠一의 학맥
을 잇는 문향으로 성장하여 많은 관인과 유학자를 배출하였다. 이런 점
에서 영해지방은 학통이나 학맥의 동질성을 유지하였다고 볼 수 있다.[2]
그러나 이러한 학통의 동질성은 영해지역 전반에 공통되는 요소로서 원
구마을의 세 성씨의 유대강화에 특별히 작용하는 것은 아니었다.

좁은 지역사회, 특히 마을과 같은 소규모 공동체에서는 혼인을 통한
유대가 종족 상호간의 결합을 촉진하는 보다 실제적인 결합요인이 되지
않을까 한다. 한국의 종족집단이 부계혈통을 중시하여 사돈관계나 인척
관계가 상대적으로 소원하지만 정서적인 면에서는 부계혈연에 버금가

---

2) 영남사림파의 형성과 영해지역 성리학의 계보에 대해서는 이수건(1979, 2001),
　조강희(1996), 이동환(2001), 이수환(2003) 참조.

는 긴밀한 유대관계를 형성한다. 특히 중요한 조상들(종손이나 현조 등)의 혼인은 그 자손들이 서로 내외손관계로 의식하여 특별한 유대감을 가지게 한다.

혼인을 통해서 종족집단 간에 특별한 유대관계가 형성되는 모습은 전남 화순군 쌍봉리의 제주양씨와 하동정씨 사이에서도 찾아볼 수 있고(박정석 2006), 영덕군 인량리의 재령이씨와 원구마을 무안박씨 사이에 결성된 양촌계兩村契³⁾도 대표적인 사례로 꼽을 수 있다.

이 장에서는 바로 이러한 인식을 바탕으로 경북 영덕군 영해면의 원구마을에 약 500년 동안 큰 마찰 없이 세거하고 있는 영양남씨英陽南氏, 무안박씨務安朴氏, 대흥백씨大興白氏의 유대관계를 혼인을 중심으로 살펴보고자 한다.

II. 세 성씨의 원구마을 정착과정과 종족정체성

배타적 족결합의식은 자신들의 신분적 지위가 높다고 인식할수록 강하게 나타나며, 마찰과 갈등이 발생할 가능성도 그만큼 커지게 된다. 따라서 신분적 위세가 강하지 않은 한미한 종족들 사이에서는 경쟁의식이나 갈등의 소지가 상대적으로 낮아질 수 있다. 그러나 원구마을의 영양남씨, 무안박씨, 대흥백씨는 15세기 말에서 16세기 중엽에 걸쳐 차례차례 이 마을에 입촌하여 약 500년 동안 이 마을에 세거하면서 이 지역의 어느 가문에도 뒤지지 않을 출중한 인물들을 배출한 명문 종족이다. 원

---

3) 퇴계의 학맥을 이은 영해의 대표적 유학자인 이휘일과 이현일 형제(양가로는 사촌)가 나란히 원구마을 무안박씨 종손(경수당 박세순의 손자) 박륵의 사위가 되었다. 이를 계기로 인량리의 재령이씨와 원구마을의 무안박씨가 양촌계를 결성하고 두 종족의 성원들 상호간에는 일상생활에서 마치 한 가문의 족친처럼 긴밀한 관계를 유지하고 있다.

구마을은 문과, 무과, 생원, 진사 등 각종 과거급제자와 학행으로 이름
난 인물들을 영해지역에서 가장 많이 배출한 마을로 손꼽히고 있다. 주
민들은 이러한 조상의 위세를 바탕으로 자신의 가문과 마을에 대한 강
한 긍지를 지니고 있다.

종족집단은 조상의 혈통을 계승한 집단일 뿐만 아니라 조상의 사회적
지위를 세습한 집단이기 때문에 저명한 인물을 공동 조상으로 하는 종족
성원들은 숭조의식崇祖意識과 동조의식同祖意識이 강하고 신분적 우월감도
매우 강하여 족결합을 더욱 촉진시키게 되는 것이다(이창기 1991).

이 자리에서는 세 종족의 원구마을 정착과정을 살펴보고 종족 성원
들이 자랑으로 삼고 있는 중요한 인물들을 통해서 종족정체성의 일면을
검토해 보고자 한다. 이들의 정착과정에 대해서는 제1장에서 이미 언급
한 바가 있어서 다소 중복되는 부분이 있지만 세 종족간의 혼인관계를
조감하기 위하여 좀 더 자세하게 살펴보기로 한다.

1. 영양남씨英陽南氏

영해지역의 영양남씨는 중시조 영양군 남홍보南洪輔의 8세손 남수南須
(1395~?)가 울진에서 영해의 인량리로 이거 함으로써 이 지역에 터를 잡
게 된다. 남수는 1395년(태조 4)에 울진에서 태어나 사헌부 감찰어사, 용
담현령을 역임하였으나 단종이 폐위되자 벼슬을 버리고 낙향하여 영양
남씨의 80%를 차지하는 송정공파(松亭은 남수의 호)의 파조가 되었다(남훈
2004:212-214). 남수가 영해로 이거한 정확한 연대는 알 수 없으나 당시
인량(현 창수면 인량리)에 터전을 잡고 있던 대흥백씨 백승(입향조 백문보의 손
자)의 딸과 혼인한 것으로 보아 혼인 후 처향(인량리)으로 이주한 것으로
보인다. 아들과 딸을 차별하지 아니하고 재산을 균분하는 상속제도와
혼인 후 처가에서 장기간 거주하는 서류부가壻留婦家의 혼인 풍습에 따

라 물질적 토대가 튼실한 처가쪽에서 생활하게 되는 것은 당시의 일반적 관행이었다. 정착시조가 대흥백씨와 혼인함으로써 영양남씨와 대흥백씨는 혼인을 통해서 깊은 유대를 맺게 된다.

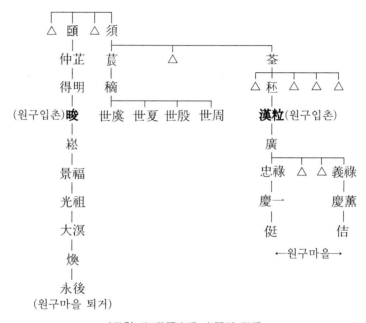

〈그림 1〉 英陽南氏 家門의 世系

인량리에서 원구마을로 처음 이주한 영양남씨는 남수의 손자인 남비南秕와 그의 아들 남한립南漢粒 부자이다. 영양남씨대동보에 남한립이 부친 사직공을 모시고 처음 원구마을에 거주하였다(陪司直公始居元皇里)고 기록되어 있다. 그러나 이들의 생몰연대나 이주과정에 대한 설명이 없어서 원구마을에 입촌한 시기를 정확하게 확인할 수는 없다. 다만 남비가 1507년(중종원년)에 무과에 급제한 것으로 미루어 보아 1500년을 전후하여 원구마을에 정착하지 않았을까 짐작된다. 오늘날 원구마을에 거주하고 있는 영양남씨는 모두 이들의 후손이다.

남비의 아들 남한립은 무안박씨 영해 입향조인 박지몽의 딸과 혼인하여 영양남씨와 무안박씨 사이의 혼인망을 형성한다. 남비의 조부인 입향조 남수가 인량리에 거주하였고, 박지몽 또한 인량리에 터를 잡아 정착하였으므로 양가는 한 마을에서 익히 잘 아는 사이였을 것으로 보인다. 남한립의 원구마을 입촌이 박지몽의 딸과 혼인하기 전인지 혼인한 후인지는 확인할 수 없으나 남한립이 원구마을에 입촌한 얼마 후에 처남인 良基와 榮基가 원구마을로 이거한 정황으로 미루어 보아 이들의 원구마을 입촌에는 양가 사이의 혼인이 어떠한 형태로든 영향을 미치지 않았을까 짐작된다. 원구마을과 인량리는 원구들을 사이에 두고 약 2km 떨어져 마주보고 있는 마을이다.

세 성씨 중에서 원구마을에 제일 먼저 정착한 영양남씨는 입촌조 남비의 현손인 난고 남경훈蘭皐 南慶薰(1572~1612)을 중심 조상으로 하고 있다. 난고는 1572년 원구마을에서 태어나 임진란에 부친 판관공 남의록과 함께 의병을 일으켜 최초의 영해 의병장이 되었으며, 경주성과 영천성 탈환전, 문경 당교전투, 팔공산회맹, 화왕산성진회맹 등에 참여하여 공을 세웠다. 이 공으로 의록은 선무원종공신에 책록되었으며, 1603년에 무과에 급제하여 군기시 판관을 역임하였다.

난고는 1606년 성균 진사가 되었으나 출사하지 아니하고 교학에 전념하여 『사례해의四禮解義』 2책과 시문집인 『난고선생유고蘭皐先生遺稿』 1책을 남겼다. 부친이 영해부사의 학정을 탄핵하다가 옥에 갇히자 순찰사에게 무죄방면을 주장하고 아버지 대신 감옥살이를 하였다. 이 사건은 결국 무죄로 판명되어 영해부사가 파직되었으나 난고는 옥중에서 병을 얻어 1612년에 사거하였다. 난고의 이러한 충절과 효행, 학덕을 높이 기려 1756년 유림에서 광산서원光山書院과 경덕사景德祠를 세우고 불천위不遷位로 모시게 하였다. 그의 후손들 중에서 문과에 8명, 생원과 진사에 20명 등 28명의 과거 급제자가 배출되었으며, 49명이 150여 책의 저술을 남겼다. 난고 종택은 1982년에 경상북도 민속자료 제29호로 지

정되었으며, 전적 고문서 등 <난고종가문서> 일습은 경상북도 유형문
화재 148호로 지정되었다(영덕군 2002:146, 남훈 2004:90-95). 종택에는 종손[4]
남응시南應時 옹이 거주하고 있었으나 2007년에 향년 85세로 작고하여
차종손 남석규 씨가 대구에서 수시 왕래하면서 관리하고 있다.

남비 부자가 원구마을에 정착하던 비슷한 시기에 영해지역 영양남씨
의 정착 시조 남수의 종증손(仲兄 南頤의 증손)인 남준南畯(1474~1550)이 원
구마을에 들어와서 한동안 거주한 것으로 알려지고 있다(영덕군 1992:458
2002:678, 남훈 2004:89). 여기에 대해서는 구체적인 기록이 남아있지 않아
남비 부자보다 먼저 입촌한 것인지 아니면 그 이후에 입촌한 것인지,
또한 원구마을에 얼마 동안 거주하였는지에 대해서는 정확하게 알 수가
없다. 다만 남준의 후손들이 대흥백씨 집안과 빈번하게 혼인하였고 묘
소가 인근지역에 산재한 것으로 보아 적어도 6~7대 동안 이 지역에 거
주한 것은 사실인 듯하다.

2. 무안박씨務安朴氏

무안박씨의 영해 입향시조는 증 사복시정贈 司僕寺正 박지몽朴之蒙
(1445~?)으로서 백부가 영덕현감으로 부임할 때 따라와서 이 지역의 토
성인 야성박씨 박종문의 여식과 혼인하여 인량리에 정착하였다고 한다.

원구마을에는 1500년대 초반에 박지몽의 차남 양기良基가 처음 입주
한 것으로 알려져 있다(영덕군 1992:458, 2002:679, 남훈 2004:89). 이때 지몽의
삼남 영기榮基도 함께 원구마을로 이거한 것으로 보인다. 그러나 오늘날
까지 원구마을에 거주하고 있는 무안박씨들은 영기의 사남 경수당 박세
순의 자손들이다. 양기의 후손들과 영기의 다른 자녀들의 후손들은 일
찍이 원구마을을 떠났다.

---

4) 이 지역에서는 불천위를 모신 종손을 종군宗君이라 부른다.

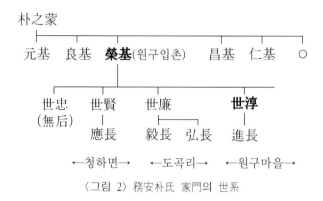

〈그림 2〉 務安朴氏 家門의 世系

양기의 후손들은 원구마을을 떠나 8km 정도 떨어진 남천 상류의 대동으로 이거하였고, 영기의 장남 세충은 후손이 없으며, 차남 세현의 후손들은 영일군 청하면 지역으로 이거하였다. 삼남 세렴은 무과에 급제하여 연일현감, 의주판관을 지냈으며 사후 병조판서에 추증되었다. 특히 그의 장남 의장毅長은 임란 때 경주성 탈환에 혁혁한 공을 세워 선무원종공신宣撫原從功臣 1등에 서훈되었고, 사후 무의武毅의 시호를 받고 호조판서에 증직되었으며 불천위로 봉해졌다. 박의장의 후손들은 원구마을에서 약 6km 떨어진 축산면 도곡리에 정착하여 영해지역의 대표적인 반촌을 이루었다.

원구마을에는 영기의 사남 경수당 박세순慶壽堂 朴世淳(1539~1612)의 자손들이 대대로 세거하였다. 박세순은 이재에 뛰어나 영해, 경주, 안강 등지에 많은 토지를 소유하였으며, 30대에 만석꾼의 부명을 얻었다고 전한다. 그는 이러한 경제력을 바탕으로 원구에 99간의 대저택(慶壽堂)을 건축하였고, 임란 당시에는 군자감정으로서 경주판관이었던 조카 의장을 도와 800석의 군량미를 조달하여 승전에 크게 기여하였으며 이 공으로 선무원종공신宣撫原從功臣 2등에 녹훈되었다. 절충장군 첨지지중추부사 겸 오위장折衝將軍 僉知知中樞府事 兼 五衛將을 역임하였으며 사후 공조참의에 추증되었다. 박세순이 1570년에 건축한 경수당은 중간에 대화재로 소실되고 지금의 건물은 1713년에 다시 건축한 것인데 1997년에 경상북도 유형문화재 297호로 지정되었다(권순일 1992:47-50, 영덕군 2002:147, 남훈 2004:96). 종손은 외지로 이거하고 현재는 족친이 거주하면서 관리하고 있다.

3. 대흥백씨大興白氏

대흥백씨로서 영해지방에 처음 입향한 이는 고려말 승평목사昇平牧使, 전리사판서典理司判書를 지낸 대흥군大興君 백견白堅과 그의 장남 백문보白文寶(1303~1374)이다. 백문보는 광주목사廣州牧使, 전리사판서典理司判書를 거쳐 공민왕의 세자 우禑의 사부가 된 인물이다.

대흥백씨로서 원구마을에 처음 입촌한 이는 백문보의 8세손인 족한당 백인국足閒堂 白仁國(1530~1613)으로 1556년에 이주한 것으로 알려져 있다(영덕군 1992:458, 남훈 2004:97). 인국이 원구로 이거하게 된 과정은 명확하지 않으나 임진란 때에 많은 군량미와 함께 아들 민수를 곽재우 장군 진영인 화왕산성으로 보낸 것으로 보아 누대에 걸쳐 세거하였던 인량리와 원구마을 부근에 조업의 기반이 튼실하였던 것으로 보인다. 인량리와 원구마을은 넓은 들을 사이에 두고 마주보고 있는 마을이다.

대흥백씨의 원구마을 입촌조인 백인국은 퇴계의 학통을 이어받아 영해지역에 성리학을 펼치는데 크게 기여한 인물이다. 퇴계의 제자인 유일재 김언기惟一齋 金彦璣의 문하에서 수학하고 학봉 김성일鶴峯 金誠一, 운악 이함雲嶽 李涵, 무의공 박의장武毅公 朴毅長, 성헌 백현룡省軒 白見龍 등과 학문적으로 교유하면서 6읍 교수를 역임하였다. 임란시에는 향인을 솔병하여 축산포의 왜적을 방어했고, 독자인 민수民秀(1558~1612)에게 유서를 쓰게 하여 병량과 함께 화왕산성 곽재우 진영으로 보내 참전케하였다. 민수는 이 공으로 선무원종공신 3등에 올라 내자시 지장內資寺

直長의 관직을 제수 받았다(남훈 2004:97). 인국의 딸은 원구마을 영양남씨 종손인 남경일에게 출가하였다.

인국의 손자 원발源發(1597~1671)은 원구마을 영양남씨의 중심인물인 남경훈의 문하에서 수학하고 그의 사위가 되어 양 가문의 유대를 더욱 긴밀하게 다졌다. 원발의 아들 5형제(必興, 世興, 震興, 賓興, 致興)가 모두 현달하여 그 명성이 향당에 회자되자 지역사회에서는 세칭 5흥가五興家라 부르게 되었다(남훈 2004:97-98). 영양남씨 문중에서도 이들 5형제가 남씨 문중의 외손임을 큰 자랑으로 삼고 있다.

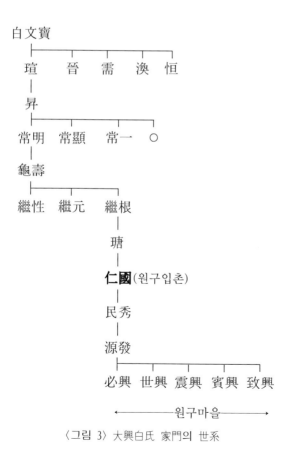

〈그림 3〉 大興白氏 家門의 世系

이처럼 원구마을 세 종족의 중심 조상들은 임진란에 적극적으로 참전하여 공신으로 책록되는 공통점을 지니고 있고, 그 후손들 중에서도 끊이지 않고 인재가 배출되었다. 이러한 조상들의 충절과 학덕에 대해서 각 종족의 성원들은 매우 높은 긍지를 지니고 있으며, 신분적 정체성을 더욱 확고히 하고 대외적으로 드러내기 위해 꾸준히 노력하고 있다.

원구마을의 세 성씨들은 경제적인 기반도 매우 튼실했던 것으로 보인다. 무안박씨의 중심인물인 박세순은 임란시 800석의 군량미를 조달하고 99칸의 대저택을 건축하여 대대로 유지할 정도로 많은 재산을 보유하고 있었다. 대흥백씨도 입촌조인 백인국이 임란시에 많은 군량미와 함께 아들 민수를 곽재우 장군 진영으로 보냈고, 그의 후손 중에는 4~5대 천석을 유지하기도 하였다. 진사 백기동(1822~1898)은 이 재산을 기반으로 99칸의 대저택을 건축하였으나 대화재로 모두 소실되고 현재는 별당채인 해산정(海山亭, 지금은 尚義堂으로 당호를 바꾸었다)만 남아있다. 영양남씨는 박씨나 백씨에 비해 재산상태가 다소 약하기는 하지만 대대로 300석을 유지하면서 대묘와 별묘를 갖춘 규모있는 종택과 2층 누정인 난고정을 보유하고 있다.

세 성씨들은 조상의 신분적 위세가 모두 출중하고 경제적 기반이 튼실했을 뿐만 아니라 마을 내에 거주하는 성원의 수도 균형을 이루고 있었다. 일제시기 이전의 정확한 거주민 통계는 찾을 수 없지만 1930년대의 자료에 의하면 영양남씨 40호, 무안박씨 45호, 대흥백씨 31호, 기타 35호로 구성되어 있으며(朝鮮總督府 1935:825), 1987년에는 영양남씨 43가구, 무안박씨 39가구, 대흥백씨 42가구, 기타 30가구로 나타나고 있다(영덕군 1992:458). 2004년 말 필자의 조사에서는 각각 13가구, 14가구, 16가구, 26가구로 가구수가 많이 줄어들기는 하였지만 세 성씨가 비슷하게 거주하고 있다. 일제시대 이전에도 원구마을에 거주하는 세 성씨의 가구수는 비슷하였던 것으로 전해지고 있다.

III. 세 성씨의 혼인관계

조상의 위세가 강하고, 경제적 기반이 튼실하며, 마을에 거주하는 성원의 수가 비슷한 명망있는 종족이 한 마을에 장기간 세거하게 되면 종족 상호간에 경쟁과 대립, 갈등과 마찰이 발생할 가능성이 그만큼 높아지게 마련이다. 그럼에도 원구마을의 세 종족이 약 500년 동안 공존할 수 있었던 배후에는 혼인을 통한 유대가 크게 작용하고 있는 것으로 보인다.

씨족내혼제가 엄격하게 지켜지는 사회에서는 자기가 소속한 씨족집단 외부에서 배우자를 맞아들여야 하기 때문에 혼인은 혈연성을 뛰어넘어 가문과 가문을 결합시키는 중요한 기제가 된다. 일성종족마을이 보편화되는 조선중기 이후에는 촌락 내에서 배우자를 구하기에는 대상이 극히 한정되기 때문에 혼인을 통한 연대는 마을의 범위를 넘어서게 되지만 원구마을과 같이 한 마을에 사회적 위세가 비슷한 세 종족이 공존하고 있고, 이들 사이에 빈번하게 혼인이 교환된다면 혼인을 통한 연대는 배타적인 성향을 가지는 종족집단 간의 갈등을 완화시키면서 마을의 통합에 직접적으로 기여하게 될 것이다.

전통사회에서 혼인은 개인과 개인의 결합이 아니라 가문과 가문의 결합이라는 의식이 강했기 때문에 혼인관계는 혈연적 유대를 넘어서 사회를 통합시키는 중요한 요인으로 크게 작용한다. 때로는 정치적 목적이나 경제적 이익을 공동으로 추구하기 위해서 정략적으로 혼인을 맺기도 했지만 그러한 의도가 전제되지 않더라도 특정한 가문과 가문 사이에서 혼인이 반복적으로 이루어진다면 그들 사이에 사회적 유대가 강화되는 것은 자연스러운 일일 것이다.

종족집단 간의 갈등을 완화시키고 마을통합을 강화시키는 데는 마을 내의 성씨들간의 혼인만이 기여하는 것은 아닐 것이다. 인근마을과 혼인하더라도 그 대상이 마을에 거주하는 종족과 같은 성씨라면 마을 안에서 혼인하는 경우와 유사한 기능이 있으리라 생각된다. 우리 사회 의 혈연성은 지연성을 뛰어 넘는 특징이 있기 때문에 비록 다른 마을 에서 거주하던 자라 하더라도 혈연적으로 거리가 멀지 않다면 촌락내 혼에 질 바가 없다고 생각된다. 그래서 본 논문에서는 촌락내혼뿐만 아니라 인근마을과 혼인하더라도 성씨가 같은 경우에는 함께 살펴보 기로 한다.

영해지방에 세거하고 있는 여러 성씨들의 족보를 검토해 보면 통혼 하는 성씨들이 극히 제한되어 있다는 것을 알 수 있다. 대체로 조선 중 기 이후 영해지역 5대 성씨로 간주되었던 영양남씨, 대흥백씨, 무안박 씨, 재령이씨, 안동권씨와 이들이 영해지역에 터를 잡기 이전부터 세거 하였던 토성들 즉 평산신씨(영해신씨), 영해박씨, 평해황씨 사이에서 혼인 이 빈번하게 이루어지고 있다.

원구마을에 세거하고 있는 세 성씨들도 대체로 이들 5대 성씨나 영 해지역 토성들과 혼인하고 있었다. 그 중에서도 세 성씨들 상호간에 빈 번하게 혼인하여 특별한 연대를 형성하고 있다.

원구마을 세 성씨들 간의 혼인연대는 영양남씨를 중심으로 형성되고 있다. 영양남씨와 무안박씨, 영양남씨와 대흥백씨 사이에 혼인이 빈번 하게 교환되고 있는 것이다. 무안박씨와 대흥백씨 사이에는 상대적으로 혼인빈도가 낮지만 영양남씨를 통해서 간접적으로 연결된다. 직접 혼인 을 교환한 사례가 많지 않더라도 두 가문은 처가의 외가 또는 외가의 외가로 연결되는 것이다.

무안박씨와 대흥백씨가 영양남씨와 빈번하게 혼인하게 된 데에는 두 집안이 영양남씨와의 혼인을 통해서 원구마을에 입촌하게 되는 입촌과 정과 밀접한 관련이 있는 것으로 보인다. 영양남씨로서 처음 원구마을 에 입촌한 남한립이 무안박씨와 혼인하고 뒤이어 처남인 박양기와 박영기 형제가 원구마을로 이거한 과정이나, 대흥백씨로서 원구마을에 처음 입촌한 백인국이 영양남씨와 혼인하고 그의 딸과 손자가 영양남씨와 혼인한 정황들이 이를 뒷받침한다. 입촌초기의 이러한 혼인유대가 후대에까지 이어져서 원구의 무안박씨와 대흥백씨는 영양남씨 집안을 '선호하는 혼인 대상' 즉 길반吉班으로 인식하게 된 것이다.

혼인을 통한 세 성씨간의 이러한 연대는 원구마을에 입촌하는 초기부터 17세기 중엽까지 특히 두드러지게 나타나지만 자손들이 늘어나고 주거지가 확산되는 17세기 중엽 이후에도, 빈도가 다소 떨어지기는 하지만, 지속되고 있음이 족보에 드러나고 있다.

이 자리에서는 영양남씨를 중심으로 형성된 영양남씨와 무안박씨, 영양남씨와 대흥백씨의 혼인관계를 각 문중의 족보 기록을 바탕으로 자세히 살펴보고 무안박씨와 대흥백씨의 간접적인 혼인관계(연비친척관계)도 함께 검토하기로 한다. 입촌 초기부터 근대까지 모두 살펴보는 것은 너무 복잡하여 이해를 어렵게 할 수 있을 뿐만 아니라 지면도 제한되어 있어서 세 성씨의 혼인연대를 가장 잘 나타내고 있는 입촌 초기부터 17세기 중엽까지 시기를 한정하여 논의하고자 한다.

1. 무안박씨와 영양남씨의 혼인관계

무안박씨 영해 입향조인 박지몽(1445~?)은 영양남씨 입향조인 남수의 증손녀를 둘째 며느리(차남 良基의 처)로 맞아들이고, 딸을 남수의 증손자 漢粒에게 출가시킴으로써 영양남씨 가문과 혼인을 통해서 긴밀한 관계를 형성한다. 양기의 처와 남한립은 6촌 남매간으로 매우 가까운 혈족인데 혼인 후 친남매의 배우자(처남댁과 시매부 사이)가 됨으로써 더욱 밀접한 관계를 형성한다. 박양기는 무안박씨로서 원구마을에 처음 입촌한 자이고 남한립 또한 아버지를 모시고 원구마을에 처음 입촌한 것으로 보아 이들 두 집안의 원구마을 입촌 과정에 이들의 혼인이 직간접으로 관련되어 있는 것으로 보인다.

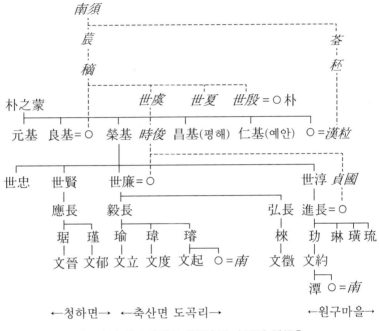

〈그림 4〉務安朴氏와 英陽南氏 家門의 婚姻①

박지몽의 삼남 영기(1483~?)도 며느리(삼남 세렴의 처)와 손부(사남 세순의 아들 진장의 처)를 영양남씨 집안에서 맞아들였다. 세렴(1535~1593)의 처는 백모(양기의 처)의 친정 조카(시준)의 딸이며, 진장의 처는 백모(세렴의 처)의 친정질녀이다. 고모 혹은 대고모(왕고모·고모할머니)가 시백모가 된 것이다.

이처럼 원구마을에 정착한 무안박씨는 3대에 걸쳐서 영양남씨 집안과 네 차례나 혼인을 거듭하고 있는데 이들의 혈연의 거리도 각 집안에서 6촌 이내의 가까운 사이들이다. 가까운 혈족이 혼인 후에도 가까운 인척이 됨으로써 양가의 관계는 매우 밀접하게 연결되고 있는 것이다.

영기의 손자대 이후에는 영양남씨와의 혼인이 다소 뜸하지만 현손과 5
대손 중에서 영양남씨가로 출가한 사례가 두 사례(증손 璿의 사위, 현손 文約
의 사위) 더 나타나고 있다.

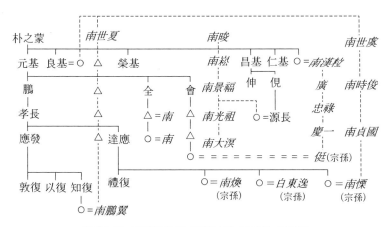

〈그림 5〉 무안박씨와 영양남씨 가문의 혼인②

박지몽의 장남 元基와 사남 昌基의 후손들 중에서도 영양남씨와 혼
인한 사례가 여러 건 나타난다(<그림 5>). 원기의 차남 仝(1514~1558)은
며느리를 영양남씨 집안에서 맞아들이고 손녀를 영양남씨 집안으로 출
가시켰다. 삼남 會의 증손녀도 영양남씨 南佺(1597~1676)과 혼인하였다.
南佺은 남한립의 현손으로 원구마을 영양남씨의 종손이다(난고 남경훈의
차남인데 당숙 남경일에게 입양). 특히 원기의 증손 達應은 세 딸 중 두 명을
영양남씨 집안으로, 한 명은 대흥백씨 집안으로 출가시켰는데 모두 해
당 집안의 종부가 되었다. 南煥(1605~?)은 원구마을에 6대를 거주하다
타지로 이거한 南畯의 5대종손이고, 南憬(1571~1640)은 영양남씨 영해
입향조인 南須의 대종손이며, 白東逸(1600~?)은 영해 대흥백씨의 대종
손이다. 가계계승을 중시하는 조선 중기에 여식을 종부로 출가시킨다는
것은 여느 혼인보다 특별히 중요한 의미를 지니는 것이다. 元基의 현손

知復도 영양남씨(南鵬翼: 1641~1687, 호지말 영양남씨의 중심인물)를 사위로 삼았다. 박지몽의 사남 昌基의 손자 源長(1554~1645)도 원구마을 영양남씨 남경복(남준의 손자)의 사위가 되었다.

이후 무안박씨와 영양남씨 사이의 혼인은 빈도가 다소 떨어지고 있다. 양가 사이의 혼인이 다소 줄어드는 것은 당시의 사회 상황과 양가의 사회적 배경이 영향을 미치고 있는 것으로 보인다. 임진과 병자의 양란이 수습되고 영해지역이 군사요충지로서의 의미가 약화되면서 17세기 후반부터 영해지역은 퇴계학풍을 계승한 문향으로서 부각되기 시작한다(이수건 2001, 이수환 2003). 이러한 시대적 분위기가 무반으로서 명성을 가진 무안박씨 가문과 학문을 숭상하며 다수의 문과급제자를 배출한 영양남씨 집안 사이에 혼인이 줄어든 요인이 되지 않았을까 짐작된다. 그러나 비록 혼인빈도가 다소 줄어들기는 하였지만 윗대에서 빈번하게 이루어진 거듭된 혼인은 오래도록 양가의 관계를 긴밀하게 유지시키는 중요한 바탕이 되었을 것으로 보인다.

2. 대흥백씨와 영양남씨의 혼인관계

대흥백씨와 영양남씨의 혼인관계를 보면 영해입향조인 백문보의 손자 승휴이 영양남씨 영해입향조인 남수를 사위로 맞아들여 영양남씨와 혼인관계를 형성한다. 영양남씨의 입장에서 보면 입향조가 대흥백씨와 혼인하고 울진에서 영해지방으로 이주하게 됨으로써 대흥백씨는 특별한 인연을 가진 가문으로 인식되었을 것이다. 백승이 영양남씨를 사위로 맞아들인 이후 4대 동안 대흥백씨와 영양남씨 사이에는 혼인이 없었으나 백승의 현손 대에 와서 사촌간인 琥, 琛, 瑭이 다시 원구마을 영양남씨와 혼인으로 깊은 인연을 맺게 된다.

백승의 현손 琥는 두 딸을 영양남씨에게 출가시키고, 琛은 남준의 딸을 며느리로 맞아들이며, 瑃은 남준의 외손녀를 며느리로 맞아들인다.

白琥의 사위 南景福은 원구마을에 정착한 南晙의 장손자이며, 南廣은 현존 영양남씨의 원구마을 입촌조인 南秤의 장손자이다. 琛의 며느리는 남경복의 고모인데 고모가 혼인 후 6촌 처남의 아내가 된 것이다. 이때부터 대흥백씨와 영양남씨는 빈번하게 혼인을 교환한다. 특히 남준의 현손인 南大溟(1578~1638)은 딸과 손녀를 대흥백씨 집안으로 출가시켰는데 딸은 白源發의 장남 必興(1627~1687)의 처가 되고, 손녀는 백원발의 삼남 震興(1632~1701)의 처가 되어 고모와 질녀 사이인 이들은 혼인 후 동서가 된다. 겹사돈혼인의 대표적인 사례라 할 수 있다. 백진흥은 남씨부인이 사망한 후 다시 영양남씨(호지말에 입촌한 南斗建의 딸)를 후취로 맞아들인다. 백필홍의 장남 白晛(1650~1728)도 영양남씨(南國煥)를 사위로 맞았고, 백세홍의 삼남 昕(1661~1741)도 영양남씨와 혼인하였다. 이러한 연비친척 간의 혼인은 원구마을 입촌조인 白仁國의 딸과 손자에서도 발견된다. 백인국의 딸은 남광의 장손자 南慶一(1570~1648)에게 출가하여 원구마을 영양남씨의 종부가 되고, 손자 源發(1597~1671)은 남경일의 사촌인 蘭皐 南慶薰(1572~1612)의 딸과 혼인한다. 친정 조카가 혼인 후 종질서(5촌 조카사위)가 되는 것이다.

입촌조 백인국의 장손인 백원발이 당대에 지역사회에서 학덕과 충절로 명망이 높던 난고에게서 학문을 배우고 그의 사위가 됨으로써 원구마을 대흥백씨와 영양남씨는 특별한 연고가 구축된다. 백원발과 영양남씨 사이에서 태어난 난고의 외손자 5형제(必興, 世興, 震興, 賓興, 致興)는 세칭 五興家라 부를 만큼 지역사회에서 모두 출중한 인물로 부각된 인재들이다. 영양남씨들은 이들이 남씨의 외손임을 큰 자랑으로 여겨 양가문의 관계를 더욱 확고하게 하였다. 원구마을의 대흥백씨와 영양남씨 사이의 이러한 혼인관계는 이후에도 지속되어서 두 가문 사이의 혼인은 최근까지도 빈번하게 이루어지고 있다.

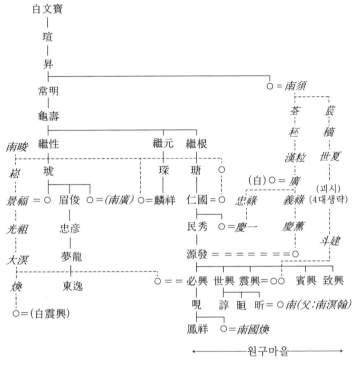

〈그림 6〉 대흥백씨와 영양남씨 가문의 혼인

원구마을 대흥백씨의 입촌과정에서도 영양남씨 집안과 혼인으로 긴밀하게 연결되고 있음을 알 수 있다. 1566년에 원구마을에 입촌하였다고 하는 백인국(1530~1613)은 이미 원구마을에 터를 잡고 있던 남준의 외손녀와 혼인하였는데 그의 연령과 입촌시기를 견주어 보면 혼인 후 처외가로 입촌하였을 가능성이 높다. 입촌 후에는 남준과 계보를 달리하는 영양남씨 집안(남수의 자손)의 종손인 남경일을 사위로 삼고, 남경일의 사촌동생인 남경훈의 딸을 손자며느리로 맞아들인다. 입촌 초기에 이렇게 혼인이 중첩된 데에다 남경훈의 외손자 5형제가 지역사회에 문명을 떨치게 됨으로써 대흥백씨와 영양남씨는 서로를 '선호하는 혼반'

즉 길반吉班으로 의식하게 된 것으로 보인다. 서로를 길반으로 생각하는 이러한 의식은 현재에도 이 마을에 거주하는 두 가문의 성원들에게 강하게 남아 있다.

3. 무안박씨와 대흥백씨의 간접적 혼인관계

앞에서 살펴 본 바와 같이 원구마을 세 성씨들 사이의 혼인은 영양남씨를 중심으로 해서 무안박씨와 영양남씨, 대흥백씨와 영양남씨 사이에 혼인이 빈번하게 이루어졌다. 무안박씨와 대흥백씨 사이에는 상대적으로 혼인의 빈도가 떨어진다. 이 사실만으로 보면 양가 사이가 다소 소원한 것으로 보일 수도 있다. 그러나 박씨와 백씨 집안이 직접적으로 혼인이 빈번하게 교환된 것은 아니라 하더라도 영양남씨를 매개로 해서 외가의 외가, 처가의 외가, 또는 시가의 외가로 긴밀하게 연결되고 있다. 원구마을에 처음 정착한 남준과 남비의 종가 혼인관계에서 이러한 모습이 두드러지게 나타나고 있다.

<그림 7>의 朴a는 박지몽의 사남 창기의 손자(源長)로 남준의 손녀와 혼인하였는데 맏처남댁이 대흥백씨이고 처고모부 또한 대흥백씨이다. 처가의 가까운 인척으로 대흥백씨와 연결되고 있다.

朴b는 남준의 종손宗孫 남환과 혼인하였는데 시매부와 사위가 대흥백씨이다. 박씨부인은 딸을 백씨집안으로 출가시킴으로써 대흥백씨와 안팎 사돈관계를 맺은 것이다.

朴c는 남비의 아들 남한립의 부인인데 며느리를 대흥백씨 집안에서 맞아들임으로써 무안박씨 부인과 대흥백씨 부인이 고부간이 되며, 역시 안팎 사돈으로 양가가 연결된다.

朴d는 남비의 종손인 남정南侹의 아내인데 시어머니가 대흥백씨이고 6촌시매부가 대흥백씨이다. 남정이 당숙 앞으로 입양되었기 때문에 생가로 따지면 친시매부가 되는 것이다.

이와 같이 무안박씨와 대흥백씨는 직접 혼인한 사례가 많지는 않지만 영양남씨를 통해서 연비친척聯臂親戚으로 연결된다. 한 세대 아래의 자녀들 입장에서는 외가의 인척들이 되는 것이다. 영양남씨를 통해서 무안박씨와 대흥백씨가 연비관계로 연결되는 사례는 남준과 남비의 종가뿐만 아니라 방계자손들 중에서도 여러 건이 발견된다. 관찰의 범위를 형제자매 관계에 한정하지 않고 4촌, 6촌, 8촌으로 확대한다면 더 많은 사례들이 관찰될 것이다.

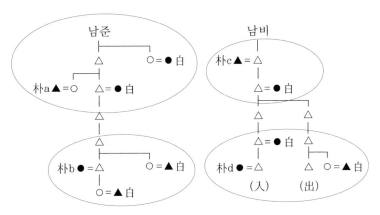

〈그림 7〉務安朴氏와 大興白氏의 間接 婚姻關係

IV. 동제와 줄다리기에서 나타나는 종족간의 경쟁과 협동

원구마을의 세 종족집단이 조상의 위세를 바탕으로 신분적 정체성을 확고히 하고 있으면서도 갈등이나 마찰 없이 서로 긴밀하게 협동하는 모습을 보여주고 있다.

원구마을의 주민들은 타 문중에 대해 언급할 때는 매우 조심스럽고 신중한 태도를 견지한다. 과도한 경쟁의식이나 신분적 우월감이 표출되지 않도록 매우 자제하는 모습이 역력하다. 거슬러 올라가면 중요한 조상들이 혼인으로 맺어져 서로가 내외손의 관계에 있기 때문에 상대방에 대한 비하나 폄하는 곧 자신을 격하시키는 결과를 가져오게 되는 것이다. 주민들은 이를 두고 '누워서 침 뱉기'라 표현하고 있다. 생활 과정에서 개별적인 갈등이나 마찰이 전혀 없는 것은 아니지만 이러한 갈등이 집단적인 갈등으로 비화되지 않고 쉽게 조정될 수 있는 것은 누적된 혼인으로 형성된 긴밀한 유대가 크게 작용하고 있는 것으로 보인다.

원구마을 세 성씨의 유대관계는 마을 공동제의인 동제의 제관구성에서 찾아볼 수 있다.[5] 원구마을의 동제에서는 세 명의 제관祭官과 한 명의 도가都家를 선임해서 제물의 준비와 제의의 봉행 등 구체적인 업무를 전담시키는데 제관은 반드시 세 성씨에서 한 사람씩 선출한다. 세 성씨 이외의 타성은 절대 제관이 될 수 없는 것이다. 실무적인 일을 담당하는 도가는 타성이 담당하였으나 해방 후 타성이 동제에 참여하지 않아 세 성씨가 돌아가면서 맡고 있다.

마을의 공동제의인 동제에서 중심적인 역할을 담당하는 제관을 세 성씨만이 담당한다는 것은 신분차별의식의 일면을 나타내는 것이면서 세 성씨 사이에 유대가 긴밀하다는 것을 보여주는 좋은 사례가 될 것이다.

또 원구마을에서는 정월 대보름날 줄다리기를 행했다. 원구마을에서 줄다리기를 하는 날에는 인근 마을에서도 많은 사람들이 구경하러 몰려올 정도로 영해지방에서는 널리 알려진 민속놀이였다. 줄다리기는 두 편으로 나누어서 서로 힘을 겨루는 경기이기 때문에 대부분의 줄다리기는 마을을 지역에 따라 아랫마을과 윗마을, 동편과 서편, 양지마을과 음

---

5) 원구마을의 동제에 관한 보다 자세한 내용은 이창기(2006, 이 책 제4장), 이창언(2006, 이 책 제5장), 안동대(2007) 참조.

지마을 등으로 나누어서 경기를 진행한다. 그런데 원구마을에서는 세 성씨가 각각 한 팀을 이루어서 줄을 준비하고 경기에 임한다. 세 성씨 이외의 타성들은 각자 연고를 가진 종족집단의 성원이 되어 줄준비와 줄다리기에 참여한다. 설을 쇠고 나면 세 성씨가 각각 짚을 거두어서 줄을 준비한다. 보름날이 되면 각 성씨별로 준비한 줄을 들고 강변에 나와서 서로 줄을 걸기 위해 치열하게 경쟁한다. 두 팀만 할 수 있는 줄다리기에 줄을 걸지 못하면 그 팀은 탈락해야 하기 때문이다. 그러다가 어느 두 팀이 줄걸기에 성공하면 한 팀은 윗마을, 다른 팀은 아랫마을이 되어 지역 대결의 줄다리기가 진행된다. 탈락한 나머지 한 팀의 성원들은 거주지역에 따라 윗마을과 아랫마을로 나누어서 어느 한 편에 가담하여 줄을 당긴다. 이때부터는 종족집단의 성원이라는 혈연적 소속감을 버리고 윗마을 아랫마을의 주민 자격으로 줄다리기에 임한다. 마을의 안녕과 풍농을 기원하는 염원이 담긴 놀이이기 때문에 모두 열심히 참여한다. 근력만 있으면 노인들도 모두 줄다리기에 적극 참여한다. 일종의 의무감, 사명감을 가지고 참여하는 것이다.

이러한 원구마을의 줄다리기 의례는 혈연집단인 종족을 중심으로 줄을 준비하고, 줄걸기에서도 종족별로 치열하게 경쟁하지만 일단 줄을 걸고 나면 혈연성을 넘어서서 지역에 바탕을 둔 마을공동체의 축제가 된다. 혈연의식에 바탕을 둔 종족간의 경쟁으로 출발해서(줄준비와 줄걸기), 윗마을과 아랫마을의 지역대결(줄다리기)을 거쳐 주민 모두가 하나 되는 마을공동체의 축제(뒤풀이)로 승화시키는 절묘한 메카니즘을 연출한다. 종족집단의 경쟁이 대립과 갈등을 불러오는 것이 아니라 줄다리기를 통해서 전체 마을을 하나로 통합하는데 크게 기여하고 있는 것이다.

동제와 줄다리기에서 나타나는 세 성씨 간의 이러한 유대관계는 세 성씨가 오랜 세월 갈등없이 공존할 수 있게 만든 요인이면서 그 배후에는 혼인을 통해서 맺어진 강한 연대의식이 크게 작용하고 있는 것으로 보인다.

V. 맺는 말

한국의 종족집단은 혈연적 배타성과 신분적 우월감을 바탕으로 하는 특유의 족결합의식을 형성한다. 이러한 배타적 족결합의식은 조상의 위세가 강할수록 더욱 강화되며, 주변에 위세가 비슷한 종족집단이 자리잡고 있을 때는 치열한 경쟁의식과 대립감정으로 표출된다. 이러한 경쟁과 대립의식은 한 마을에서 위세가 비슷한 종족집단이 장기간 거주하기 어렵게 만드는 요인이 된다. 우리나라 대부분의 종족마을이 한 성씨가 오랜 세월 세거하는 일성종족마을을 이루고 있는 이유가 여기에 있다. 드물게 두 종족이나 세 종족이 함께 세거하는 경우가 있긴 하지만 그런 경우에는 대개 심각한 갈등을 야기하게 된다.

그런데 경북 영덕군 영해면 원구마을에는 세 성씨가 약 500년 동안 마찰없이 나란히 세거하고 있다. 우리나라 종족마을의 일반적 경향에 비춰보면 매우 이례적인 사례에 속한다. 조상의 사회적 위세가 약한 것도 아니고 성원들의 종족의식이 약한 것도 아니다. 지역사회에서 대표적인 가문으로 평가될 만큼 집단 정체성이 뚜렷한 종족이다. 성원의 수도 비슷하고, 경제적인 수준도 비슷하여 경쟁과 대립, 갈등과 마찰을 일으키기 쉬운 여건을 갖추고 있다고 할 수 있다.

그럼에도 불구하고 서로 협동하여 마을의 통합을 이루어가고 있는 요인은 어디에 있는 것일까.

필자는 이 세 종족이 배타적 족결합을 넘어서서 오랜 세월 공존할 수 있었던 요인을 찾아보기 위하여 이들의 혼인관계를 추적해 보았다.

그 결과 앞에서 살펴본 바와 같이 원구마을에 세거하고 있는 세 성씨들은 혼인을 통해서 긴밀하게 결합하고 있었다. 혼인의 빈도가 높을 뿐만 아니라 각 종족의 중심적인 인물들이 혼인으로 연결되어 개인과 개인의 결합 혹은 가족과 가족의 결합을 넘어서서 보다 넓은 범위에 걸친 가문과 가문의 결합으로 확대시켰으며, 가까운 인척이 혼인을 통해 다시 결합하는 연비혼인, 더 나아가서는 겹사돈혼인을 이루어 결합의 강도를 더욱 견고하게 다지고 있었다.

원구마을 세 성씨의 혼인을 통한 연대는 영양남씨를 중심으로 하고 있다. 영양남씨와 무안박씨, 영양남씨와 대흥백씨 사이에 혼인이 빈번하게 이루어지면서 세 성씨가 강한 연대를 형성하고 있었다. 무안박씨와 대흥백씨 사이에는 상대적으로 혼인빈도가 낮지만 영양남씨를 매개로 해서 외가의 외가, 또는 처가(시가)의 외가로 긴밀하게 연결되어 연비 친척관계를 형성한다.

이러한 혼인연대가 바탕이 되어 세 성씨가 공동으로 동제의 주체가 될 수 있었고, 종족간의 경쟁으로 출발한 줄다리기를 모든 주민들을 하나로 통합시키는 마을공동체의 축제로 승화시킬 수 있었던 것으로 보인다.

이광규(1989)는 한국의 전통문화와 사회체계를 이해하기 위한 설명틀로서 문중으로 대표되는 부계혈연적 종족체계와 계로 대표되는 마을 단위의 공동체체계를 제시한 바가 있으며, 김창민(2006)은 마을의 구성원리로서 혈연성과 지연성을 들고 있다. 이 두 체계는 상호 밀접히 연관되어 있지만 속성이 서로 다르기 때문에 항상 충돌의 가능성을 안고 있다. 마을 공동체 내의 종족 갈등도 종족체계(혈연성)와 공동체체계(지연성)가 충돌되는 하나의 예로 볼 수 있는 것이다. 혼인은 이러한 두 체계를 조화롭게 연결시켜서 갈등을 완화하고 충돌을 예방함으로써 공동체적 결속을 다지는 중요한 기능을 수행한다고 볼 수 있다.

원구마을 세 종족집단이 보여주는 이러한 혼인연대와 마을통합의 사례는 한국의 종족집단과 종족마을을 새롭게 조명하는 계기가 될 수 있을 것으로 믿는다.

참고문헌

강신표·주남철·여중철·장철수,『양동마을 조사보고서』, 경상북도, 1979.

권순일,『務安朴氏 寧海派硏究』, 1992.

김창민,「마을조직과 친족조직에 나타난 혈연성과 지연성」『민족문화논총』 33, 영남대 민족문화연구소, 2006.

남 훈,『寧海遺錄』, 鄕土史硏究會, 2004.

박정석,「마을내 동족집단간 혼인과 계契조직－화순군 쌍봉리의 사례－」『지방사와 지방문화』8권 1호, 2005.

안동대민속학과,『셋이면서 하나인 원구마을』, 민속원, 2007.

영덕군,『盈德郡 鄕土史』, 1992.

영덕군,『盈德郡誌』(下), 2002.

여영부,「한국 동족집단의 갈등에 관한 사회학적 연구」, 고대 석사학위논문, 1971.

이광규,「한국문화의 종족체계와 공동체체계」『두산 김택규박사 화갑기념 문화인류학논총』, 간행위원회, 1989.

이동환,「하나의 갈암론－갈암집해제－」『17세기 한 영남 도학자의 생애 －갈암 이현일의 연보 외－』, 嶠文會, 2001.

이수건,『영남사림파의 형성』, 영남대학교출판부, 1979.

이수건,「密菴 李栽 家門과 嶺南學派」『密菴 李栽 硏究』, 영남대 민족문화연구소, 2001.

이수환,「조선후기 영해지역 재지사족의 향촌지배」『울릉도·독도 동해안 주민의 생활구조와 그 변천·발전』, 영남대 민족문화연구소, 2003.

이창기,「양동의 사회생활」『良佐洞硏究』, 영남대출판부, 1990.

이창기,「한국 동족집단의 구성원리」『농촌사회』창간호, 한국농촌사회학회, 1991.

이창기,「종족구성과 마을조직」『지방사와 지방문화』9-2, 역사문화학회, 2006.

이창언, 「동해안지역 반촌 동제의 지속과 변화에 관한 연구」『비교민속학』
        31, 2006.
조강희, 『영남지방 양반가문의 혼인에 관한 연구』, 영남대 박사학위논문,
        1996.
최재석, 「동족집단의 조직과 기능」『민족문화연구』 2, 고려대 민족문화연
        구소, 1966.
최재석, 『한국농촌사회연구』, 일지사, 1975.
朝鮮總督府, 『朝鮮の 聚落(後篇)』, 1935.
務安朴氏 大同譜
南氏大同譜
白氏大同譜

종족구성과 마을조직

I. 서 론

마을의 사회조직은 주민들이 일상생활에서 교환하는 사회관계가 누적되어서 형성되는 관계망의 구체적 표현이다. 그러므로 마을조직의 구성양상은 주민들의 사회관계가 어떤 요인들에 의해서 영향을 받고 있는가에 따라서 그 성격을 달리하게 된다.

농촌사람들의 사회관계를 형성하는데 영향을 미치는 요소는 매우 다양하다. 최재율(1986)은 농촌사람들의 사회관계에 중요한 영향을 미치는 요소로서 지연적 요인, 혈연적 요인, 신분적 요인, 경제적 요인 등 네 가지를 들고 있다. 이러한 네 가지 요소는 농촌주민들의 사회관계에 보편적으로 영향을 미치는 요소로 볼 수 있지만 모든 마을에 똑 같이 작용하는 것이 아니라 마을에 따라서 영향을 미치는 정도가 각기 다르거나, 그 중에 어떤 요소는 주민들의 개별적인 사회관계에는 다소 영향을 미치더라도 마을조직의 형성에까지는 영향이 미치지 못하는 것도 있을 것이다.

촌락의 사회구조를 구체적으로 분석하는 여러 학자들은 마을을 구성하는 중요한 체계를 서로 대응되는 두 가지 체계의 상호작용으로 설명하는 경향이 있다. 한국문화의 중요한 특성을 음양, 군신, 부자, 남녀, 예악禮樂, 정형政刑 등과 같이 이원적 구조로 파악하는 강신표(1981)의 대대적 문화문법론對待的 文化文法論은 한국문화 일반에 대한 이론화의 시도라 할 수 있지만 이러한 이원적 설명틀은 마을의 구성체계를 설명하는 데서도 흔히 찾아볼 수 있다.

브란트(Vincent Brandt)는 충남 서해안 지역의 한 마을을 분석하면서 공식적이고 관념적이며 권위적인 '유교윤리'와 비공식적이고 실제적이며 평등적인 '공동체윤리'가 상호작용하면서 마을의 사회체계를 구성한다고 설명하였다(1975).

전남 진도를 조사한 이토오(伊藤亞人)는 마을을 구성하는 주민들의 사회관계을 친족관계에 바탕을 둔 '가까운 사이'와 契나 이웃관계에 바탕을 둔 '친한 사이'로 유형화하고 있다(1982).

이광규(1989)는 이러한 이원적 설명틀을 종합해서 가족, 당내, 문중을 관통하는 '종족체계'와 계, 두레, 품앗이, 길흉사의 협동을 주요 내용으로 하는 '공동체체계'로 정리하고 성립 기반과 속성이 상이한 두 체계를 비교하고 있다.

김창민(2006)은 이광규의 관점을 더욱 발전시켜서 마을의 중요한 두 가지 구성원리인 혈연성과 지연성을 단절적이고 대립적인 것으로 보지 않고 양자가 서로 밀접하게 연관되어 상호보완적인 체계가 되고 있음을 밝혔다. 즉 지연적인 마을조직 속에 혈연성이 중요한 요소로 작용하고 있으며, 혈연을 바탕으로 한 친족조직에도 지연적인 요소가 중요한 요소로 작용하고 있다는 것이다.

이상의 논의들은 약간의 관점의 차이가 있기는 하지만 마을을 구성하는 중요한 체계로서 종족체계(혈연성)와 공동체체계(지연성)에 초점을 맞추고 있다는 공통점을 찾을 수 있다. 이러한 관점은 한국 농촌의 마을 구조를 이해하는데 매우 유용한 도구로서 가치를 지닌다.

그러나 관찰의 대상이 종족마을이나 반촌으로 구체화될 때는 종족집단의 구성원리에 대해서 좀 더 논의해 볼 필요가 있다. 그 중에서도 특히 종족성원들을 결속시키고 종족성원들의 사회관계에 중요한 영향을 미치는 종족의식에 대한 이해가 필요하다.

종족의식은 일정한 범위의 부계친족 성원들이 그 집단에 소속감을 느끼고, 그 집단을 자기 자신과 동일시함으로써 성원 상호간에 형성되는 공동체적 일체감이라 할 수 있다. 종족의식은 부계의 가계계승의식이 기반을 이루고 있으며, 가계계승의식의 과거지향적 표현인 조상숭배의식(崇祖意識)과 동일한 조상으로부터 유래된 자손들 사이의 동류의식(同祖意識)을 중요한 내용으로 한다. 그러므로 조상이 다르거나 혈통을 달리하는 자는 절대 종족성원으로 인정하지 아니하는 혈연적 배타성을 중요한 특성으로 한다.

기계의 계승은 단순히 혈통의 계승만을 의미하는 것은 아니다. 조상의 사회적 지위와 조상이 물려 준 문화적 가치를 계승하고 발전시켜야 하는 보다 적극적인 의미를 내포하고 있다. 그런 점에서 종족집단은 조상의 사회적 지위와 신분 및 문화를 계승한 집단이라 할 수 있다. 조상이 물려준 신분적 지위와 문화적 품격을 자기 자신과 동일시함으로써 타인이나 타 집단보다 우월하다고 하는 신분적 자기 정체감을 확립해 간다.

종족의식은 이렇게 혈연적 배타성과 신분적 우월감을 핵심적 내용으로 하고 있으며 현실적으로는 배타적 족결합의식으로 표출된다(이창기 1991). 배타적 족결합의식은 안으로 종족집단을 강하게 결속시키는 정신적 바탕이 되지만 밖으로는 타 종족과 경쟁하고 타성을 배척하는 심리적 기제로 작용하고 주위에 위세가 비슷한 종족이 있을 때에는 강한 경쟁과 대립의식으로 표출하여 심각한 갈등을 유발하기도 한다(여영부 1971).

종족집단 간의 대립과 갈등은 한 마을에 신분적 지위가 비슷한 여러 성씨들이 장기간 공존하기 어렵게 만든다. 두 성씨나 세 성씨가 한마을에 함께 거주하는 경우가 있다하더라도 시간이 지나면 세력이 강한 어느 한 성씨가 마을을 석권하게 되고, 세력이 약한 성씨들은 점차 마을

에서 밀려나게 마련이다. 그래서 대부분의 종족마을은 한 성씨가 지배
적인 지위를 점하는 집성촌을 이루게 된다. 두 성씨나 세 성씨가 한 마
을에 장기간 세거하는 경우가 있기는 하지만 이 경우에는 대개 서로 첨
예하게 대립하거나 심각한 갈등을 경험하게 된다.

　배타적 족결합의식은 마을생활에도 영향을 미쳐서 주민들의 협동친
화관계의 범주를 한정하거나 마을조직의 형태에 제약을 가할 수 있다.
농촌 주민들의 사회관계는 기본적으로 지역적 근린성(지연성)에 바탕을
두고 형성되지만 종족의식이나 신분의식이 강할 경우에는 혈연관계가
없거나 신분적 배경에 차이가 있는 자들과는 사회관계를 기피함으로써
혈연과 신분이 사회관계 형성의 기반이 되는 지연성을 크게 제약할 수
있는 것이다. 혈연적 요소와 신분적 요소가 마을 주민들의 사회관계에
미치는 영향은 종족구성과 그 종족의 신분적 배경에 따라서 다른 모습
으로 표출될 수 있을 것이다.

　이런 점에서 종족마을이나 반촌 주민들의 사회관계에는 혈연적 배타
성과 신분적 우월감, 그리고 지역적 근린성이 중요한 영향을 미치는 요
소로 간주될 수 있다. 신분적 요소는 혈연적 요소와 밀접히 관련되어 있
지만 속성이 다르고 작용기제가 다르기 때문에 분리해서 인식할 필요가
있다. 혈연적 요소가 강하게 작용하면서도 신분의식이 별로 나타나지 않
는 경우가 있을 수 있으며, 반대로 혈연적 배타성은 강하지 않으면서도
신분차별의식은 강하게 작용하는 경우도 있을 수 있기 때문이다.

　이 장에서는 마을 사람들의 사회관계와 마을조직이 혈연적 배타성과
신분적 우월감, 그리고 지역적 근린성에 크게 영향을 받고 있으며, 이러
한 요인들이 영향을 미치는 정도는 마을 내의 종족구성과 그들의 신분
적 배경에 따라 다를 것으로 보고 종족구성이 각기 다른 영해지역의 세
반촌을 비교해서 마을의 동제조직과 장례조직, 노인들의 교유관계에 어
떠한 차이가 있는지 밝혀보고자 한다.

　본 연구의 대상이 된 마을은 경북 영덕군 영해면 괴시1리(호지말), 영

해면 원구1리(원구마을), 창수면 인량2리(웃나라골)의 세 마을이다. 이 마을들은 영해지방에서 가장 잘 알려진 대표적인 반촌으로서 마을을 주도하는 양반종족의 구성이 각기 다르게 나타나고 있다. 호지말은 영양남씨가 세거하는 일성종족마을이며, 원구마을은 영양남씨·무안박씨·대흥백씨가 수백 년 동안 나란히 세거하는 삼성종족마을이다. 웃나라골은 명망있는 여러 성씨가 함께 거주하여 다성마을을 이루고 있다. 마을 주민들의 사회관계와 마을조직의 결합양상도 세 마을이 각기 특징있는 모습을 보여주고 있다(이 책 제1장과 제2장 참조).

II. 마을의 사회조직 양상

배타적 족결합의식으로 표출되는 한국인의 종족의식은 안으로 종족결합을 강화하는 정신적 힘이 되지만 밖으로는 타성과 경쟁하고 그들을 배척하는 특성으로 표출되며, 이러한 특성은 주민들의 일상생활에도 영향을 미쳐서 협동친화의 범위를 구획하고 마을조직의 구성 양태를 변화시킨다. 여기에서는 마을에 따라 양상을 달리하고 있는 동제조직과 장례조직, 그리고 노인들의 교유관계를 중심으로 살펴보고자 한다.

1. 동제조직

한국의 농촌사회에서 마을의 공동제의로 행해지던 동제는 근대화 과정에서 많이 사라지기는 하였지만 동해안 지역에서는 아직도 거의 모든 마을에서 행해지고 있다. 동제는 지역에 따른 편차가 매우 커서 당의 형태, 당신의 성격, 제의 양식 등이 지역에 따라 다양하게 나타나지만 이 자리에서는 마을 안에 동제조직이 어떻게 구성되고 있는가 하는 점에 초점을 맞추어 살펴보고자 한다.

1) 호지말

영양남씨 집성촌인 호지말의 동제[6]는 '작은 동신제'와 '큰 동신제'로 이원화되어 있다. 작은 동신제는 마을 남쪽의 끝자락(마을이 서향하고 있어서 마을 좌측의 가장자리 부분에 해당한다)에 위치한 당신목에서 음력 정월 14일 밤 자정 무렵(정확하게는 15일 첫새벽이다)에 지낸다. 이 자리는 사진리로 통하는 계곡인 스무나무골의 초입에 해당하는 곳으로 소수의 영양남씨가 살고 있기는 하지만 전통적으로 타성들이 주로 거주하던 지역이다. 따라서 작은 동신제는 이 부근에 살고 있는 타성들이 중심이 된다. 제관도 타성 중심으로 구성된다. 음력 초사흗날 세 명의 제관을 선정하는데 영양남씨가 한 명 제관으로 늘 참여하지만 두 명은 반드시 타성이 담당한다. 타성들의 동제라 할만하다.

여기에 비해서 '큰 동신제'는 영양남씨 중심의 동제임이 뚜렷하다. 큰 동신제는 마을 중앙의 앞쪽 정면(서쪽) 도로변에 위치한 석장승과 당신목에서 정월 보름날 자정 무렵(정확하게는 16일 첫새벽)에 지낸다. 초사흗날 일곱 명의 제관을 선정하는데 7명 전원을 영양남씨로 선임하였다.[7] 작은 동신제에 제관으로 참여했던 영양남씨는 큰 동신제에도 참여한다.

두 동신제의 제의절차는 유교식 의례절차에 따라 비슷하게 진행되지만 제수의 조리상태와 제관의 역할분정에서는 현격한 차이를 보인다. 작은 동신제에서는 일반 가정의 제의와 같이 익힌 음식을 사용하고, 제관도 삼헌관만 선정한다. 이에 비해 큰 동신제에서는 메를 제외하고는 모두 날음식을 사용하고, 제관도 삼헌관뿐만 아니라 축관, 진설, 봉향, 봉로 등이 각각 선정된다. 향교나 서원에서 행하는 향사의 의례절차에

---

6) 호지말의 동제에 관해서는 이세나(1999)와 이창언(2006, 이 책 제5장)의 논문 참조.
7) 그러나 영양남씨의 인구가 크게 줄어들어서 7명의 제관을 선임하기 어려워지자 1998년부터 타성 1명을 제관으로 참여시키고 있다. 호지말 동신제가 변화하고 있는 한 모습을 보여주는 것이다.

보다 충실하고자 하는 의지를 엿보게 한다.

이런 면에서 영양남씨 중심의 동제와 타성 중심의 동제로 이원화된 호지말의 동제는 외형상으로는 거주지역이나 혈연성에 의해서 분화된 것으로 보이기도 하지만 그 저변에는 양반과 상민이 함께 할 수 없다는 의식이 강하게 자리 잡고 있어서 신분격리의식이 동제조직을 분화시킨 근본요인이 된 것으로 보인다.

2) 원구마을

주도적인 집성 양반 중심의 동제와 주변적인 타성 중심의 동제로 이원화되어 있는 호지말과는 달리 세 종족이 정립鼎立하고 있는 원구마을에서는 동제가 하나로 통합되어 있다. 하나의 마을이 하나의 동제집단을 형성하고 있는 우리나라 농촌의 일반적인 경향과 매우 흡사해 보인다. 그러나 제관의 구성에서는 원구마을의 독특한 모습을 보여주고 있다.

원구의 동제[8]는 정월 14일 밤 자정 무렵에 마을 입구의 느티나무 숲에서 봉행된다. 여기에는 원래 당집이 있었으나 건물이 낡아 허물어 버리고 최근에 '元邱洞神'이라 새긴 조그만 돌비석을 세워 신체로 모시다가 2006년에 '元邱洞神壇'이라 새긴 커다란 자연석을 안치하고 신단 앞에 상석까지 마련하여 제단을 새로 정화하였다.

원구에서는 제관을 세 명을 선임하는데 마을에 세거하고 있는 영양남씨, 무안박씨, 대흥백씨 문중에서 각각 한 명씩 선출한다. 타성은 절대 제관이 될 수 없다.[9] 원구 동제의 제관은 음력 정월 초사흗날 선임한다. 이날은 '청단일淸壇日'이라 하여 모든 동민들이 회집해서 회식을

---

8) 원구마을의 동제에 관해서는 이창언(2006, 이 책 제5장), 안동대(2007) 참조.

9) 광복 이후 타성들이 제관으로 참여하기를 요구하였으나 세 종족이 단호히 거절하였다고 한다. 이 일이 있은 이후에 타성들은 동제에 참여하지 않게 되었다.

하는 날이다. 각 문중에서 미리 제관을 내정해 두었다가 청단일 모임에서 확정한다. 선정된 제관들은 이때부터 금기를 수행하며, 정월 열 사흘날부터 동제가 끝날 때까지 도가에서 함께 생활한다. 제관들은 동제가 끝난 뒤에도 최소 3개월간은 금기를 수행해야 한다.

도가都家는 제관들이 장봐 온 제수를 장만하고, 삼일 동안 도가에 머무르는 제관을 접대하는 등 동제를 위한 제반 실무를 담당하는 자 또는 그 집을 말한다. 동제 외에도 청단일(정월 초사흘)에 마을 주민들이 회식할 음식을 준비하고 동회가 개최될 때 뒷일도 담당한다. 도가의 임기는 3년이다. 3년 동안 금기를 실천하고 동제와 마을 공동행사를 뒷바라지해야 한다. 3년 동안 흉사에 참여하지 않고 궂은일을 보지 않는 등 금기를 수행하기란 여간 힘든 일이 아니다. 도가의 임기 중에 금기사항을 지키기 어려운 일이 발생하면 즉각 교체한다. 그래서 마을에서는 세 마지기(600평)의 동답을 마련하여 도가가 경작하도록 한다. 동제의 제수와 청단일 회식의 음식은 이 동답의 소출로 충당한다. 도가의 임기가 3년이기 때문에 도가를 선정하는 권한도 세 종족집단이 삼 년씩 윤번제로 돌아가면서 행사한다. 대체로 해당 종족집단의 성원들과 특별한 관계(신분관계, 지주소작관계, 고용관계-머슴 등)에 있는 타성이 선정되었다.10)

원구마을 동제운행에서는 두 가지 중요한 시사점을 찾아볼 수 있다. 첫째는 신분적 격리의식을 엿볼 수 있는 것이고, 둘째는 세 종족집단이 각기 정체성을 지니면서 상호협동하는 모습을 관찰할 수 있다는 것이다.

대개의 동제는 전체 주민의 안녕과 풍농을 기원하는 마을공동체의 제의로 행해지므로 마을 주민이면 누구나 제관이 될 수 있는 자격이 있다. 그러나 원구마을에서는 제의를 준비하는 도가都家에 타성이 참여하였고 동제를 지낸 후 음복을 할 때에도 타성을 포함한 모든 마을 주민

---

10) 타성들이 동제의 봉행에 참여하지 않은 이후에는 세 성씨 중에서 경제적으로 어려운 자가 담당하게 되었다.

들이 참여한 것으로 봐서 동제가 마을공동체의 제의임에 틀림이 없으나 제의를 주관하는 제관에는 신분적으로 지체가 낮은 타성들의 참여가 배제되고 있다. 원구마을 동제에서 나타나는 이러한 모습은 마을에 거주하는 모든 주민들이 하나의 동제집단으로 통합되어 있는 모습을 보여주고 있기는 하지만 제관의 선임에서는 신분격리의식이 작용하고 있음을 엿볼 수 있게 한다. 그러나 신분에 따라 동제집단이 확연히 분리된 호지말에 비해서는 신분격리의식이 훨씬 약화된 모습으로 나타나고 있다.

한편 마을의 중심을 이루는 세 양반 종족이 문중별로 동제의 제관을 선임하는 것은 각 종족집단이 자기 정체성을 뚜렷이 하고 있다는 점을 보여주는 것이면서, 오랜 세월 동안 갈등 없이 세 종족을 중심으로 동제를 주도해 온 과정은 마을 안에서 세 종족집단 간에 긴밀한 협동체계가 구축되어 있음을 반영하는 것이다. 혈연적 배타성이 강한 위세있는 종족집단이 한 마을에 함께 거주하게 되면 대립과 갈등이 발생할 가능성이 매우 높지만 원구마을에서는 세 종족집단이 제의공동체를 형성하여 대립과 갈등의 소지를 크게 완화시키고 있는 것이다. 선대 조상들의 혼인연대(이창기 2006, 이 책 제3장)와 더불어 협동적인 동제운행이 세 성씨가 한 마을에서 오랜 세월 갈등 없이 공존할 수 있게 만든 중요한 요인이 된 것으로 보인다.

원구마을 동제조직에서는 신분격리의식과 종족정체성이 뚜렷이 존재하면서도 매우 약화된 모습으로 나타나고 있다.

3) 웃나라골

웃나라골에서는 한 마을에 여러 개의 동제집단이 존재한다.[11] 지금은 두 곳으로 통합되었으나 1990년 이전에는 다섯 곳에서 동제를 모셨다.

---

11) 웃나라골의 동제에 대해서는 김순모(1993)와 이창언(2006, 이 책 제5장)의 논문 참조.

웃나라골은 현재 행정적으로는 인량2리로 편제되어 있으나 과거 마을 인구가 많았을 때는 마을 중앙에 있는 도랑을 중심으로 동쪽을 인량2리(구2리라 부른다), 서쪽을 인량3리(구3리라 부른다)로 나누어져 있었다.

구2리에 거주하던 사람들은 마을 동쪽 뒤편의 골짜기 입구에 있는 뒷모티(뒷모퉁이) 제당에서 동제를 모신다.

구3리 지역에 거주하던 주민들은 네 곳에서 동제를 모셨다. 마을 앞 동쪽끝부분의 도로변에 위치한 팔풍정(행정구역상으로는 인량1리에 속한다), 충효당 남서쪽에 위치한 더운샘, 마을 서쪽 끝부분에 해당하는 새원들, 새원들에서 서쪽으로 더 나간 새원모티 등에서 각각 동제를 모셨다. 구3리 주민들의 다수는 팔풍정의 동제에 참여하였지만 더운샘이나 새원들, 새원모티 주변에 거주하던 주민들은 5~6호 내지 7~8호가 독자적으로 동제를 지낸 것이다

이 외에도 마을 뒤편의 여러 계곡 속에 있는 각 성씨들의 재실 관리인들이 외따로 살면서 이웃한 한 두 가구와 함께 당신을 모신 경우도 세 곳이 있었다.[12]

이렇게 여러 곳에서 행해지던 웃나라골의 동제는 주민이 감소하면서 차츰 사라지기 시작하였다. 재실 관리인들이 떠나면서 골짜기 마다 행하던 개별 당신제가 소멸되었고, 뒤이어서 1980년대 후반에는 더운샘, 새원모티, 새원들의 동제도 팔풍정으로 통합되었다. 구2리의 뒷모티 동제와 구3리의 팔풍정 동제로 이원화 된 것이다. 최근에는 뒷모티 동제와 팔풍정 동제를 통합하자는 의견이 대두되어 논의 중에 있다.

웃나라골 동제의 부분적인 소멸과 통합과정은 농촌사회의 변화 모습을 조명할 수 있는 의미있는 사례로서 별도의 연구가 필요한 과제이지만,[13] 하나의 자연촌락에 이처럼 여러 위의 동신이 존재하고, 그에 따라

---

12) 김순모는 구2동과 구3동 주민들이 주로 참여하는 뒷모티 동제와 팔풍정 동제에서 모시는 신을 '원동신' 또는 '주동신'이라 하고 나머지를 '개골동신'이라 한다고 보고한 바가 있다(김순모 1993:20).

여러 개의 동제조직이 독자적으로 분립되어 있다는 것은 매우 흥미로운 사실이다. 성격이 서로 상이한 신(산신, 서낭신, 용왕신 등)을 함께 섬김으로써 공동제의가 복수로 존재하는 마을은 더러 있지만 웃나라골처럼 한 동네에서 거주하는 지역에 따라 비슷한 성격의 신을 따로 모시는 경우는 매우 드문 사례로 보인다.

명망있는 여러 종족이 혼재되어 있는 웃나라골의 동제조직에서는 혈연적 배타성이나 신분적 격리의식이 거의 나타나지 않고 가까이에 거주하고 있는 지역적 근린성이 전면에 부각되는 특징을 보여주고 있다.

2. 장례조직

한국의 농촌사회에서는 어느 마을에서나 장례시의 상호부조를 위한 조직을 운영해 왔다. 상중에는 상주가 자유롭게 활동할 수 없는 행동의 제약이 있었을 뿐만 아니라 운구와 매장 등에 많은 인력이 동원되어야 하기 때문에 이러한 필요에 의해서 자연발생적으로 형성된 조직이라 할 수 있다.

장례시의 상호부조를 위한 조직은 상포계, 상조계, 상여계, 초롱계 등 등 그 명칭도 다양하고, 마을의 특성에 따라 조직의 형태나 운영방식도 매우 다르게 나타난다. 본 연구의 대상이 된 영해지역의 세 마을에서도 각기 다른 특징을 보여주고 있다.

1) 호지말

한 성씨의 집성촌인 호지말에서는 전통적으로 하나의 마을 단위 장례조직이 존재하였다. 그러나 그 조직은 공식화되지도 않았고, 특별한

---

13) 이창언(2006, 이 책 제5장)의 연구가 바로 여기에 해당한다.

명칭을 가지지도 않았다. 굳이 표현한다면 자연발생적이고 비공식적인 상호부조관행이 관습적으로 운영되었다고 할 수 있을 것이다. 과거에 이 마을에 사는 타성들은 대개가 신분적으로나 경제적으로 영양남씨들에게 예속되어 있어서 동임洞任이 전갈만 하면 지체없이 달려와 모든 일을 도와주었기 때문에 조직을 체계화하고 공식화할 필요성을 별로 느끼지 못하였던 것이다. 다만 마을 주민들이 많았을 때에 동임이 순번을 정해서 차례대로 동원하였다는 점에서 조직성의 일면을 엿볼 수 있었다. 영양남씨들의 상례에는 타성들이 이렇게 일종의 의무처럼 적극적으로 돕고 있었지만 타성들의 장례에는 영양남씨들이 적극적으로 참여하지는 않았다. 신분차별의식이 강하게 자리잡고 있었음을 엿보게 한다.

그러나 다수의 주민들이 마을을 떠나고 외지인들의 입주가 늘어나면서 비공식적이고 관습적인 상호부조는 더 이상 유지하기가 어려워졌다. 시가지화한 면소재지에 인접해 있는 지리적 여건으로 마을 외곽에 연립주택이 들어서고, 새로 이주한 입주자들은 마을 바깥에 일터를 가지고 있어서 전통적인 방식으로 이들을 동원하고 통제한다는 것이 불가능해졌다. 이제 이들은 신분적으로는 말할 것도 없고 경제적으로도 더 이상 영양남씨들에게 의존하거나 예속되어 있는 것이 아니었다. 그래서 1980년대 중반에 마을회관 앞의 도로를 기준으로 북쪽지역과 남쪽지역으로 나누어서 장례조직을 두 개로 분할하였다. 북쪽지역은 전통적으로 호지말 주민들이 거주하던 지역으로서 아랫마을이라 부르고, 남쪽지역은 새로 입주한 주민들이 주로 거주하는 지역인데 웃마을이라 불러서 각각의 장례조직도 아래상조회, 웃상조회로 부르게 되었다.[14] 과거의 장례조직

---

14) 원래 호지말에서는 마을 중앙(목은기념관 입구)에 있는 골목을 중심으로 북쪽을 '아랫마을', 남쪽을 '웃마을', 웃마을 외곽의 동사무소 뒤쪽을 '스무나무골'이라 불렀다. 그러나 전통적으로 호지말 주민들의 중심적인 거주지역에 주민수가 줄어들고 스무나무골에 외지인들의 입주가 늘어남에 따라 상조회를 분할하면서 과거의 아랫마을과 웃마을 지역을 합해서 아랫마을이라

은 자연발생적으로 형성되고 관습에 의해 운영되었기 때문에 모든 주민들이 모두 관련되었다면 새로 조직된 상조회는 당사자의 자유의사에 의해서 참여하는 임의가입 조직이라는 점에서 차이가 있다. 대개 연로한 부모를 모신 자녀가 가입하고 있다. 회원은 각 조직이 14명으로 구성되어 있다. 상여를 운구하는데 좌우 각 7명씩 14명이 필요하기 때문에 여기에 맞춰 14명으로 구성한 것이다. 가입하지 않은 가정이 상을 당하였을 때에는 일정 금액을 지불하고 이 조직을 활용할 수가 있다.

하나의 조직으로 운영되던 관습적 장례조직이 두 개의 임의가입형 조직으로 전환된 것은 마을의 협동체계가 변화되고 있음을 보여주는 것이지만, 전통적인 호지말의 장례조직은 사회경제적으로 낮은 지위에 있는 타성들의 노동력을 적절하게 활용하면서 지배종족인 영양남씨를 중심으로 단일화되어 있었다.[15] 혈연적 배타성과 신분적 차별의식이 뚜렷하게 나타나고 있지만 그 중에서도 신분차별의식이 보다 강하게 작용하고 있었던 것으로 보인다.

2) 원구마을

일성 종족촌락인 호지말이 지배 종족을 중심으로 하나의 장례조직을 운영한 것과는 달리 원구마을에서는 각 성씨별로 상포계喪布契가 조직되어 있었다. 주로 부모를 모신 장남들이 가입하였다. 장남의 가입이 여의치 않을 때에는 차·삼남이 가입하기도 하였다. 마을에 거주하는 자만이 가입할 자격이 있고 마을을 떠나게 되면 자격을 상실한다. 타성들은

부르고 스무나무골을 웃마을이라 부르게 되었다. 웃상조회 지역은 과거의 스무나무골에 해당된다.

15) 이러한 현상은 양동의 사례에서도 보고된 바가 있다. 상민들의 노동력을 손쉽게 동원할 수 있었던 시기에는 양동에도 별도의 장례조직이 존재하지 않았지만 해방 후 상민들의 동원이 어려워지자 종족과 신분에 따라 세 개 (여강이씨, 월성손씨, 타성)의 상조계가 결성되었던 것이다(이창기 1990:141).

종족별로 결성된 세 개의 상포계 중에서 선택해서 가입한다. 대부분 신분적으로나 경제적으로 의존관계에 있는 문중의 상포계에 가입하게 된다. 각 문중의 상포계에서 타성의 가입을 받아들이는 이유는 상사시에 잡역(운구와 산역은 제외)을 하는데 그들의 노동력이 필요하기 때문이다.

상을 당하면 상포계에서 막걸리 1말, 삼베 1필, 초롱 1개를 상가에 부조한다. 일반적으로 상포계는 운구와 매장을 위한 산역이 중요한 임무 중의 하나인데 원구마을의 상포계에서는 운구와 산역 기능이 제외되어 있는 점이 특이하다. 원구마을에서는 운구와 산역은 상포계 조직에 관계없이 마을에 거주하는 타성들(과거에는 '하동 사람들'이라 불렀다)이 전담하였다. 세 성씨의 초상이면 모든 타성들이 전원 출동하였다. 일 년에 몇 차례의 초상이 나도 항상 전원 동원되었다. 타성들을 동원하기 위한 통지는 동네 소임이 담당하였다.

원구마을의 성씨별 상포계는 광복과 더불어 해체되었다. 상포계를 운영하기 위한 기본자산은 장리벼였는데 고율의 장리벼를 이용하는 사람들이 줄어들어 기금이 고갈되었기 때문이라 한다. 타성들이 동원되어 운구를 담당하던 관행도 광복 후 소멸되어 버렸다.

각 성씨별 상포계와 타성들의 운구관행이 사라지자 새로운 장례조직이 필요하게 되었다. 그래서 다시 각 성씨별로 장례를 치르기 위한 조직을 결성하게 되었다. 친목계親睦契, 담여계擔轝契, 송계松契 등으로 부르고 있지만 공식화된 명칭은 아니다. 종족별 조직이라는 점에서는 과거의 상포계를 계승한 것으로 볼 수 있지만, 이제는 운구와 산역에 타성들을 의무적으로 동원할 수 없기 때문에 계원들이 직접 운구와 산역까지 담당하지 않을 수 없게 되었다는 점이 과거의 상포계와 크게 다른 점이다. 담여계라 부르는 것도 상여운구가 주요한 역할임을 암시하고 있다.

이때에도 타성들은 세 개의 조직 중에서 자기와 연고가 있는 종족의 조직에 선택적으로 가입할 수가 있으며, 각 종족에서도 타성들의 노동력이 필요하기 때문에 소수의 타성을 가입시키고 있다. 그러나 각 성씨의 종족원들은 자기 문중의 장례조직에 당연 가입하게 된다.

원구마을에는 산림자원을 공동으로 이용하기 위한 송계松契도 문중별로 조직되어 있는데 송계의 성원과 장례조직의 성원은 일치하고 있다. 송계에 가입되어 있는 타성들은 자연스럽게 그 종족의 장례조직 성원이 된다.16) 양반 종족은 타성의 노동력이 필요하여 소수의 타성을 가입시키고 있고, 타성들은 소작이나 연료채취의 필요가 있어서 서로의 이해 利害가 일치하는 것이다.

원구마을의 장례조직은 혈연적 배타성을 기반으로 하여 종족별로 분리되어 있으면서 반상 간에는 서로의 이해가 합치되어 긴밀하게 결합하는 특성을 보여주고 있다. 혈연성은 다소 뚜렷하게 나타나지만 신분격리의식은 매우 약화되어 있는 모습이다.

3) 웃나라골

일성 종족마을인 호지말과 삼성 종족마을인 원구마을이 혈연성과 반상관계라는 두 가지 축을 중심으로 장례조직을 형성하고 있는데 비해서 여러 성씨가 혼재하고 있는 웃나라골에서는 마을 내의 거주 지역을 중심으로 복수의 장례조직을 결성해서 운영해 왔다.

앞서 소개한 바와 같이 웃나라골은 마을 중앙에 있는 도랑을 중심으로 동쪽 지역의 인량2리(구2동이라 부른다)와 서쪽 지역의 인량3리(구3동라 부른다)로 나누어져 있었는데, 구2동과 구3동은 다시 마을 안의 골목길을 중심으로 각기 2개 지역으로 나누어서 도합 네 개의 장례조직을 운영해 왔다. 단위 장례조직을 이 마을에서는 '통統'이라 부른다. 각 통에는 각각 전용 상여가 따로 준비되어 있고, 상여를 보관하는 상여집('고살집'이라 부른다)도 따로 마련되어 있었다. 하나의 통은 약 25명~30명으로 구성

---

16) 장례조직과 송계의 성원이 일치하기 때문에 장례조직을 송계라 부르기도 한다.

된다. 이 마을에서 사용하던 상여는 좌우 각 9명씩 18명이 메는 대형이기 때문에 이처럼 많은 인원이 필요했다고 한다.

각 통에는 통수統首가 있어서 조직을 운영하고 재정을 관리한다. 통수는 통취회統聚會에서 선출한다. 통취회는 중복 때에 개최하는데 통수를 선출하고 결산을 보고한다. 회원의 역할은 운구와 산역이 중심이 되지만 부고전달, 장보기 등 상중의 모든 일들이 다 포함된다. 초상이 나면 회원들은 의무적으로 참여해야 한다. 불참하게 되면 벌금을 부과한다.

각 통의 재정은 초상시의 수익금과 궐석자의 벌금이 주가 된다. 상가에서 찬조금을 제공하기도 하고, 운상 도중에 상주들이 상여에 '저승노자돈'을 꽂아주기도 한다. 상주가 많으면 이러한 수익금이 상당한 금액에 이른다. 이 돈으로 그날 출역한 상두꾼들에게 얼마간의 노임을 지불하고 나머지는 적립한다. 참여한 회원이 상여를 운구하고 산역을 담당하는데 필요한 인원에 미달되면 다른 통이나 이웃 마을에서 노임을 주고 사람을 보충해야 한다. 이때의 노임은 회원들에게 지불하는 노임보다 훨씬 더 많이 주어야 한다.

그러나 주민들의 이촌이 늘어나면서 장례조직을 운영하는데도 어려움이 생기게 되었다. 가장 큰 어려움은 인원 부족이었다. 다른 통이나 이웃 마을에서 인력을 동원하는 일이 늘어나게 되었고, 그에 따라 지불해야 할 노임도 엄청나게 증가하였다. 마을에 젊은층이 줄어들면서 노임을 주고서 상두꾼을 동원하는 일도 쉽지 않았다. 다른 한편으로는 이와 때를 같이하여 농촌에도 점차 화장이 보급되고, 매장을 하는 경우에도 영구차를 이용하거나 포클레인으로 산역을 대신하는 사례가 늘어나게 되었다. 수입은 줄고, 기금은 고갈되고, 장례조직의 필요성 또한 감소하게 되었다.

이러한 내외의 환경변화에 따라 네 개 통으로 운영되던 장례조직이 10여 년 전에 하나로 통합되었다가 2004년에는 그마저 해체되고 말았다. 그러나 전통있는 마을에 장례조직이 없어서야 되겠느냐는 일부 의견이 있어 2004년 겨울에 11명의 회원으로 다시 상조회를 조직하였지만 앞으로 운영이 지속될 수 있을지에 대해서는 회원들 스스로 크게 걱정하고 있다.

웃나라골의 장례조직은 이처럼 마을의 인구변화, 특히 젊은 연령층의 인구감소에 따라 여러 차례 변화를 거듭하였고, 그나마 최근에는 존립 자체가 매우 어려운 상황에 직면하였지만 조직의 형성과정에서 혈연성 이나 신분적인 요소는 거의 작용하지 않고 오로지 거주지역의 근접성에 의해 결합하는 특징을 보여주고 있다. 여기에는 물론 각 종족이 독자적 으로 장례조직을 운영할 만큼 가구수가 충분치 않다는 현실적 여건도 작용하고 있겠지만 과거 주민수가 많았을 때도 종족별로 장례시의 협동 조직을 운영한 흔적이 보이지 않는다. 주민수의 많고 적음에 따라 오로 지 지역별로 분할되고 통합되는 과정을 보이고 있다. 여러 종족이 혼재 함으로써 혈연적 배타성과 신분적 차별의식은 종족집단 내부로 잠재되 고 밖으로 드러난 마을조직은 지역을 단위로 결합하는 모습을 뚜렷하게 보여주고 있는 것으로 해석된다. 다만 마을 내의 주거가 성씨별로 모여 있는 경향이 있어서 지역별 장례조직에 참여하고 있는 성씨 분포가 다 르게 나타나는 것은 매우 자연스러운 일이라 생각된다.

3. 노인들의 교유관계

한국의 가족은 전통적 규범에 의해 결속된 '제도적 가족'의 특성이 강하여 가족관계가 상하의 범절을 중시하는 권위적인 구조로 형성되기 가 쉽기 때문에 가족성원들이 가족 내에서 편안한 마음으로 휴식과 오 락을 즐기기에는 많은 제약이 따랐다. 이러한 불편을 해소하기 위하여 가족성원들은 가족을 벗어나서 성별·연령별 교유집단을 형성하고 그 들끼리 일정한 장소에 모여서 담소하고 정보를 교환하는 '사랑방' 문화 를 발전시켰다. TV가 보급되기 이전 한국 농촌사회에서는 어느 마을에 서나 예외없이 여러 개의 사랑방이 있어서 농한기에 농촌주민들이 정서

적 욕구를 충족시키는 장소로 활용해 왔다. 그러나 매스미디어가 보급
되고 사계절 영농이 확대되면서 이러한 사랑방 문화는 급격히 쇠퇴하였
지만 최근 마을마다 마을회관이 건립되고 여기에 노인정이 부설되면서
마을회관이나 노인정이 노년층들에게 사랑방 기능을 대신하는 공간으
로 활용되고 있다.

사랑방은 기능면에서는 농촌주민들의 관계욕구나 정보소통욕구를 충
족시켜주는 역할을 하지만 사랑방에 모이는 사람들의 결합양태는 농촌
주민들의 친화관계를 관찰할 수 있는 유용한 자료가 된다. 남녀간의 내
외관념과 연령에 따른 권위의식이 강하기 때문에 기본적으로는 성과 연
령을 기준으로 동질적인 집단을 형성하지만 마을에 따라서는 혈연성과
신분의 격차도 크게 영향을 미친다. 본 연구의 대상이 된 세 마을에서
도 노인들의 사랑방 운용양식이 서로 다르게 나타나고 있다.

1) 호지말

호지말에는 마을회관 옆에 노인회관이 건립되어 있고 '괴시1리 노인
회'가 조직되어 있다. 노인회에는 마을에 거주하는 65세 이상 남녀 노
인 68명이 모두 회원으로 등록되어 있다. 그러나 이것은 공식조직일 뿐
실제 노인들의 교유관계는 이와 별도로 형성된다.

노인회관에는 남녀별로 방이 따로 마련되어 있어서 전통적인 내외관
념이 여기에도 그대로 반영되어 있다. 그런데 여기에는 영양남씨들만
모이는 것이 특이하다. 특별한 규칙이 있는 것은 아니지만 타성들은 노
인정에 오지 않는다. 남성 노인들의 방에는 항상 영양남씨 노인들만 모
여 있고, 여성 노인들의 방에도 영양남씨네 부인들만 모인다. 노인회관
이 마을의 공공건물이고 공식조직으로서 노인회가 존재하지만 노인회
관은 영양남씨들의 전유공간이 되어 버렸다. 전통적인 반상관념이 강하
게 남아있음을 보여주는 모습이다. 오래 동안 영양남씨 집성촌을 이루

어 살아왔고 그 시대에 타성들은 대개 영양남씨들에게 신분적으로나 경제적으로 예속적인 지위에 있었기 때문에 타성은 곧 상민이라는 의식이 아직도 강하게 잔존하고 있는 것이다.[17]

호지말에는 공식적인 노인회와는 별도로 영양남씨 남성 노인들로 구성된 '노인소老人所'가 따로 결성되어 있다. 자체 기금을 확보해 두고서 입춘, 초복, 중복, 말복, 동지 등 절후마다 모여서 회식을 한다. 유사가 실무를 담당하는데 돌아가면서 맡는다.

이처럼 호지말 노인들의 교유관계는 성별분화를 기본으로 하면서 남녀 모두 종족의식과 반상관념이 강하게 나타나고 있다.

2) 원구마을

원구마을에는 영양남씨와 무안박씨, 대흥백씨가 나란히 세거하는 마을로서 과거에 세 성씨의 60세 이상 노인들이 모이는 노인회가 있었다. 일년에 한 차례씩 모여서 회식을 하였다고 한다. 세 종족의 노인들만으로 구성된 노인회가 존재했었다고 하는 것은 이 마을에서도 노인들의 교유관계에 신분격리의식이 상당히 존재했다는 것을 보여주는 것이다. 그러나 세 성씨의 노인들만 모이던 이 노인회는 오래 전에 소멸되어 버렸다.

물론 원구마을에도 마을의 모든 노인들이 소속된 공식적인 노인회가 존재한다. 그러나 공식적으로 조직된 이 노인회는 거의 활동이 없는 유명무실한 조직이 되고 있다. 마을회관에 노인정이 부설되어 있지만 여기에도 노인들은 거의 모이지 않는다. 다만 여름철에는 동제를 지내는 마을 앞 느티나무 숲에 노인들이 모여서 담소도 하고 화투도 치면서 소일한다. 여기에는 여성들은 전혀 참여하지 않고 남성노인들만 모이는데 성씨나 신분을 별로 의식하지 않고 두루 모인다.

---

17) 최근에 타성들이 이 문제에 대해서 이의를 제기하여 영양남씨와 타성들 간에 미묘한 갈등이 야기되고 있다. 마을의 변화 양상을 암시하는 부분이다.

원구마을의 남성노인들의 교유관계에서는 종족의식이나 신분의식이 크게 약화되어 있는 것으로 보인다.

남성노인들 사이에서 종족의식이나 신분의식이 두드러지지 않는데 비해 여성노인들의 교유관계에서는 이러한 의식이 보다 뚜렷하게 나타난다. 원구마을에는 낮 시간에 안노인들이 모여 담소하는 사랑방이 각 성씨별로 따로 따로 마련되어 있다. 영양남씨 안노인들은 종택 부근에 있는 독거노인 댁에 모인다. 비교적 마을 앞쪽에 위치하고 있는 지점으로서 이 부근에 영양남씨들이 많이 거주하고 있다. 무안박씨 안노인들은 박씨 종택(慶壽堂) 안채에 모인다. 종손이 외지로 나가고 연로한 족친이 종택을 관리하면서 거주하고 있기 때문이다. 백씨 집안의 안노인들은 마을회관의 방 하나를 차지해서 사랑방으로 활용하고 있다. 회관 주변에 백씨들이 많이 거주하고 있기 때문이다. 각 성씨별로 운영되는 이 사랑방에는 타성 부인네들은 전혀 출입하지 않는다. 항상 같은 집안의 안노인들이 적게는 4~5명에서 많을 때는 10여 명이 모여서 담소하고 있다. 남성노인들의 친화관계에서는 종족의식이나 신분의식이 매우 약화되어 있는데 비해서 여성노인들의 친화관계는 종족별로 형성되는 모습을 뚜렷하게 보여주고 있다. 어릴 때부터 함께 성장해 온 남성들과는 달리 여성들은 특정 집안과 혼인을 함으로써 마을 사회에 참여하게 되기 때문에 같은 집안의 부인네들과 긴밀하게 교유하는 경향이 보다 강한 것 같다.

원구마을 노인들의 교유관계에서는 남성들은 종족의식이나 신분격리의식이 매우 약화되어 있는데 비해서 여성들은 교유의 범위가 종족집단 내부에 한정되고 있는 특징을 보여주고 있다.

3) 웃나라골

여러 성씨가 혼재하고 있는 웃나라골에서는 호지말이나 원구마을에서처럼 노인들의 교유관계가 성씨별로 분리하거나 신분에 따라 격리되는 모습이 별로 관찰되지 않는다.

옷나라골에도 마을 중앙부에 2층으로 된 마을회관이 있어서 주민들의 회집장소로 사용되고 있다. 1층은 주로 마을회의나 노인들의 사랑방으로 사용하고 있고, 2층은 정보화 시범마을의 컴퓨터 교육장소로 사용하였는 데 컴퓨터교실은 최근 전통문화와 농촌생활 체험학습을 위한 테마마을이 조성되면서 폐교를 개조한 수련장으로 이전하여 지금은 비어있는 상태다.

개별 사랑방이 소멸된 이후 노인들은 주로 이 마을회관을 이용해서 모이고 있다. 마을회관에 모이는 노인들은 대개 70대 중반 이하의 '비교적' 연령대가 낮은 노인들이다. 70대 중반을 넘어선 고령층은 마을회관 출입이 별로 없다. 70대 중반까지 비교적 연령이 낮은 층으로 인식되는 것은 그만큼 농촌사회가 고령화되고 있음을 보여주는 것이다.

마을회관은 안노인들이 많이 이용한다. 안노인들은 계절에 관계없이 연중 마을회관에 모여서 소일한다. 농사일이 없는 독거노인들이 많기 때문이다. 바깥노인들은 농사일이 비교적 적은 겨울철 농한기에 많이 이용한다. 안노인들과는 달리 바깥노인들은 대개 농사를 짓고 있기 때문에 농사철에 마을회관에 모여서 한가하게 담소를 즐길 여유가 없다.

마을회관에 모인 노인들의 면면을 보면 여러 성씨들이 다양하게 섞여있다. 남녀간에 방을 달리하여 내외관념은 분명히 드러나고 있지만 특정한 성씨들만 모이거나 반상을 구별하는 현상은 발견되지 않는다. 지역사회에서 대표적인 가문으로 평가받는 성씨들이 거주하고 있어서 주민들의 의식 속에는 종족의식과 신분적 우월감이 적지 않으리라 짐작되지만 노인들이 교유하는 담소의 장소에서는 그런 의식이 별로 표출되지 않는다. 개인적으로 대화를 할 때는 자기 종족에 대한 긍지와 신분적 정체감이 뚜렷하게 나타나고 있는데도 교유의 현장에서 이러한 의식이 두드러지게 표출되지 않는 것은 오랜 세월 여러 성씨들이 한마을에서 함께 생활하는 동안 혈연적 배타성과 신분적 우월감이 많이 희석된 때문인 것으로 보인다.

웃나라골의 노인들의 교유관계에서 나타나는 이러한 모습들은 동제조직이나 장례조직에서 소속된 종족집단이나 과거의 출신성분이 별로 중시되지 않고 마을 내에서 거주하고 있는 지역을 단위로 결합하는 현상과 상통하고 있다.

III. 종족구성과 마을조직의 특징

이상에서 살펴 본 바와 같이 본 연구의 대상이 된 세 마을에서는 종족구성에 따라서 마을조직의 양상이 매우 다르게 나타나고 있다.

영양남씨 집성촌인 호지말에서는 지배 종족인 영양남씨와 신분적으로 현저하게 열세에 있는 타성들이 마을의 사회생활에서 확연히 구분된 모습을 보여주고 있다(<그림 1> 참조). 마을의 공동제의인 동제가 영양남씨 중심의 동제와 타성 중심의 동제로 구분되어 있고, 노인들의 교유관계에서도 남녀 모두 철저하게 남씨끼리만 어울리고 있다. 과거에 장례조직을 하나로 운영하면서 운구와 산역을 타성(상민)들이 전담하였던 것도 강한 신분차별의 징표로 해석된다. 남씨가 수적으로 크게 감소하고, 예속적 지위에 있는 타성들이 대부분 출향하고 새로이 전입한 이주민들이 증가하여 남씨들의 지배력은 크게 약화되었지만 동제와 노인들의 교유관계에서 신분적 차별의식은 아직도 강하게 남아있다. 한 성씨가 지배적인 호지말에서는 마을 안에 상대가 되는 종족집단이 존

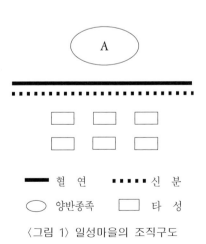

〈그림 1〉 일성마을의 조직구도

■■■ 혈 연   ●●●●● 신 분
◯ 양반종족   ☐ 타 성

재하지 않기 때문에 영양남씨
의 종족의식은 강한 신분적 차
별의식으로 표출되고 있다.

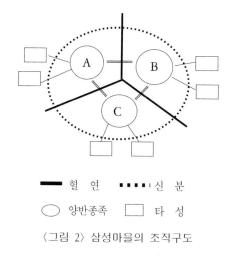

세 성씨가 정립하고 있는 원
구마을에서는 종족의 정체의
식과 신분의 차별의식이 분명
히 존재하지만 그 강도는 호지
말에 비해 현저하게 약화되어
있다(<그림 2> 참조). 장례조직이
종족별로 분화되어 있고, 여성
노인들의 사랑방이 성씨별로

━━ 혈 연   ▪▪▪▪▪ 신 분
◯ 양반종족   ☐ 타 성

〈그림 2〉 삼성마을의 조직구도

운영되고 있는 모습은 폐쇄적 족결합을 상징적으로 보여주는 깃이다.
그러나 원구마을의 세 종족은 자기정체성이 강하면서도 타 종족에 대한
배타적인 모습은 별로 나타나지 않는다. 세 종족이 나란히 제관을 맡아
서 동제를 함께 모시는 데서 이들의 협력적 관계를 찾아볼 수 있다. 수
백 년 동안 마을에 세거하면서 세 성씨가 마을의 실질적인 주인이라고
하는 강한 주체의식을 지니게 되었고, 반복된 혼인을 통해서 견고한 연
대를 형성해 온 것이 오랜 세월 협력적 동반자로서 공존할 수 있었던
바탕이 된 것으로 보인다(이창기 2006, 이 책 제3장).

원구마을에서는 신분에 따른 차별의식이 분명히 존재하면서도 위세있
는 양반신분을 배경으로 한 세 성씨와 예속적 지위에 있던 타성들이 단
절적이거나 대립적이지 않다. 타성들이 동제의 제관에 선임될 수 없다는
것은 신분차별의 일단을 보여주는 것이지만 타성을 완전히 배제하지는
않았다. 장례조직과 송계가 종족별로 나누어져 있지만 여기에도 연고가
있는 타성들이 함께 참여하고 있다. 남성노인들의 교유관계에서도 타성
을 기피하는 모습은 두드러지게 나타나지 않는다. 신분차별의식이 존재
하면서도 양반종족과 타성들이 기능적으로 결합하고 있는 모습을 보여

주고 있다. 반상간의 이러한 기능적 결합은 소작할 토지를 공급받고 노동력을 활용할 수 있다는 현실적 이해가 서로 합치된 결과로 볼 수 있다. 이와 같이 타성들이 세 종족집단에 분산적으로 결합되어 있어서 타성들만의 강한 결합을 이루기가 어렵다는 점도 반상간의 대립을 약화시키는 요인으로 작용하고 있다. 광복 후 타성들이 세 성씨의 장례에 의무적인 운구를 거부한 것이나 동제의 제관으로 참여하고자 시도한 점은 반상간에 존재하는 갈등의 한 단면을 보여주는 것이지만 새로이 결성된 장례조직에 함께 참여하거나 송계를 여전히 함께함으로써 갈등이 심각한 대립으로 발전하지는 않고 있다.

이러한 세 성씨의 협력적 연대와 반상간의 기능적 결합은 종족간의 갈등이나 반상간의 대립이 발생할 수 있는 구조적인 취약성을 극복하고 오랜 세월 마을의 통합을 유지할 수 있었던 바탕이 되고 있다.

여기에 비해서 명망있는 여러 성씨가 혼재하고 있는 웃나라골은 영해지역에서 가장 대표적인 반촌이면서도 배타적 족결합의식이나 반상의 신분차별의식은 현저하게 약화된 모습을 부여주고 있다. 개인이나 문중차원에서는 종족정체성이나 신분적 우월감을 매우 강하게 지니고 있으면서도 주민들의 사회관계나 마을조직에서는 이러한 의식이 두드러지게 표출되지 않는 것이다. 남녀를 불문하고 노인들의 교유관계에서 혈연이나 신분을 별로 의식하지 아니하고 두루 어울린다. 동제나 장례조직에서도 혈연이나 신분적 배경이 영향을 미치지 아니하고 마을 내의 거주 지역을 중심으로 분화되어 있다(<그림 3> 참조). 같은 지역의 반촌인 호지말이나 원구마을과는 매우 대조적인 모습이다.

지역사회에서 각기 위세 있는 종족으로 인정받는 다수의 성씨가 오래동안 한 마을에 공존함으로써 어느 특정 성씨에 의해서 마을이 주도되지도 못하고 여러 성씨들이 서로 강하게 통합하지도 못한 것으로 보인다. 또한 명망있는 종족이 여럿이기 때문에 경쟁상대가 분산되어 종족간의 대립의식도 현저히 약화된 것으로 보인다. 이러한 요인들이 복합되어서 마을에

거주하고 있는 주민들은 마을
내의 거주지역을 중심으로 근린
관계를 형성하고 지역단위로 사
회집단을 조직화한 것으로 보인
다. 특히 동제집단이 한 마을에
서 지역을 중심으로 여러 개로
분화되어 있는 것은 매우 특이
한 모습이다.

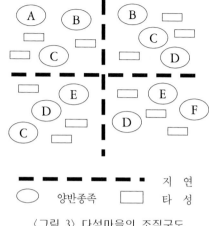

〈그림 3〉 다성마을의 조직구도

지금까지 우리 사회에서는
종족집단이나 종족마을을 보
는 시각이 매우 단순화되어 있
었다. 크게 종족마을과 각성마을로 나누고, 종족마을은 한 성씨가 지배
적인 종족마을과 두 성씨가 각축하는 종족마을로 나누어서 각각의 구조
적 특성을 정태적으로 관찰하는데 관심을 집중해 왔다. 문중조직과 문
중활동의 현실태나 변화양상을 기술하는 것이 주된 관심사였다. 세 성
씨가 공존하는 삼성 종족마을의 존재, 종족집단과 타성과의 관계, 종족
집단과 마을조직과의 관계 등과 같은 동태적인 과정에 대해서는 상대적
으로 관심이 저조하였다.

농촌사회가 빠르게 변화함에 따라 종족집단과 종족마을도 급격한 변
화를 경험하고 있다. 종족마을이 점차 소멸되고 있고, 종족조직도 농촌
중심의 계보조직에서 도시지역을 근간으로 하는 지역조직으로 개편되
고 있다(이창기 2004). 변화되는 사회에서 혈연집단이 어떻게 재적응하게
될 것인지에 대한 새로운 연구과제가 부각되고 있다.

이 연구는 한 지역의 사례연구에 지나지 않기 때문에 이 연구의 결과
를 한국 농촌의 종족마을이나 반촌에 일반화할 수는 없다. 앞으로 더
많은 연구가 축적되어서 종족마을과 반촌을 연구하는 시각을 확대하고
연구의 지평을 넓히는데 일조가 되기를 기대한다.

참고문헌

강신표, 「한국 전통문화에 나타난 待對的 認知構造」, 『金香文化』 1, 1981.

김순모, 「나라골 팔종가의 연대에 관한 연구」, 안동대 석사학위논문, 1993.

김창민, 「마을조직과 친족조직에 나타난 혈연성과 지연성」 『민족문화논총』 33, 영남대민족문화연구소, 2006.

안동대민속학과, 『셋이면서 하나인 원구마을』, 민속원, 2007.

여영부, 「한국 동족집단 갈등에 관한 사회학적 연구」, 고려대 석사학위 논문, 1970.

이광규, 「한국문화의 종족체계와 공동체체계」 『두산 김택규박사 화갑기념 문화인류학논총』, 1989.

이세나, 「괴시마을 당신화의 성립과 변화에 관한 연구」, 안동대 석사학위논 문, 1999.

이창기, 「양동의 사회생활」, 영남대인문과학연구소(편), 『양좌동연구』, 영남 대출판부, 1990.

이창기, 「한국동족집단의 구성원리」 『농촌사회』 1, 한국농촌사회학회, 1991.

이창기, 「대도시지역 부계혈연집단의 조직」 『민족문화논총』 29, 영남대민 족문화연구소, 2004.

이창기, 「삼성三姓 종족마을의 혼인연대」 『사회와 역사』 71, 한국사회사학 회, 2006.

이창언, 「동해안지역 반촌 동제의 지속과 변화에 관한 연구」 『비교민속학』 31, 비교민속학회, 2006.

최재율, 『농촌사회학』, 유풍출판사, 1986.

朝鮮總督府, 『朝鮮의 聚落(後篇)』, 1935.

伊藤亞人, 「契조직에 나타난 '친한 사이'의 분석」, 최길성 편, 『한국의 사 회와 종교』, 아세아문화사, 1982.

Vincent Brandt, 김관봉 역, 『한국의 촌락』, 시사문제연구소, 1975.

제3부

민속과 관광_이창언

제5장

동제의 지속과 변화

I. 머리말

민간신앙의 한 형태인 동제는 우리 민족의 기층문화를 연구하는 중요한 연구대상이 되어 왔으며, 그동안 다양한 관점에서 다양한 주제의 연구가 이루어졌다.[1] 동제는 단지 종교적 행사에 머무르지 않고 촌락생활의 모든 부분과 관련하여 작용하였기에 그동안 동제에 관한 연구는 종교적인 측면을 비롯하여 정치적, 경제적, 사회적, 문화적, 예술적 측면 등 촌락사회의 거의 모든 측면과 관련하여 이루어졌다.

동제에 관한 연구는 동제 자체의 특성 분석과 관련된 연구로부터 시작되었다. 이러한 연구들은 신격과 신체, 당의 구성과 형태, 제의절차, 당굿의 구조, 동제의 기능 등을 다루면서 사라져가는 전통문화의 원형에 관심을 가지고 있다.[2] 그러나 초기의 연구들은 단순한 사실 수집에

---

1) 동제에 관한 그동안의 연구성과와 전망에 관해서는 이필영(1999), 표인주 (2005) 참조.
2) 이러한 연구의 대표적인 예로 문화재관리국에 의해 1968년에 기획된 한국 민속종합조사가 있다. 이 사업은 각 도별로 지리, 역사, 사회, 민간신앙, 생업기술, 의식주, 민속예술, 구비전승 등 민속 전반에 걸친 최초의 종합적

치우쳐 심층적인 해석의 문제를 소홀히 다루었으며(강신표 2001:140), 수집된 자료를 탈역사적으로 대비함으로써 시대적 상황변화에 따른 동제의 변화를 간과하였다(이필영 1999:207). 이러한 초기의 동제 연구를 탈피하여 이후에는 다양한 역사적, 문화적 배경하에서 동제가 어떤 방식으로 지속과 변화의 과정을 거치는지에 관한 연구가 이루어지고 있다.

동제의 지속과 변화와 관련하여 전통사회에서 동제 주재집단의 성격 및 그 변화 그리고 시대적 변화에 따라 야기되는 지역사회의 정치사회적 관계의 변화를 동제를 통하여 살펴보는 역사적 성격의 연구가 진행되었다(정승모 1991, 주강현 1991, 이훈상 1995, 이기태 1997, 이규대 1999). 최근에는 현대사회에서 동제의 존재 양상과 그 의미 및 전승방안에 관한 연구 등 다양한 환경과 배경 아래에서 이루어진 연구가 축적되고 있다(이상현 2001, 강정원 2002, 최인택 2003, 정형호 2005, 이창언 2006a, b, c, 나경수 2006, 서해숙 2006). 이러한 연구들은 동제와 같은 전통문화가 현대사회에서 사라지는 것이 아니라,3) 전승집단의 특성에 따라 새로운 의미를 가지게 된다는 결과를 제시함으로써 시대적 상황변화에 따른 동제의 변화 양상에 대한 관심을 강조하고 있다.

그런데 시대적 상황의 변화는 일정하게 촌락의 사회문화적 체계와 관련된 촌락생활 전반에 영향을 주며, 이러한 변화는 촌락 내부에서만이 아니라 촌락을 포함하는 보다 큰 지역체계의 변화로부터 야기된다는

조사였다.
3) 일반적으로 동제와 같은 전통문화는 현대사회에서 점차 사라지는 것으로 간주되고 있다. 실제로 수많은 촌락에서 동제가 중단되었으며, 동제를 지속하고 있는 곳에서도 제의방식과 동제운행은 크게 간소화되었다. 동제의 간소화는 제당, 제관, 제물의 수효와 종류가 감소하고, 금기수행과 제의절차가 약화되는 형태로 나타나고 있다(이현수 2003:450). 여기에는 근대화, 도시화, 과소화, 세속화 등의 요인들이 작용하였으며, 간소하게나마 동제가 지속되는 것은 동제수행의 근원에 담겨져 있는 재인론적災因論的 신앙관 때문으로 보고 있기도 하다(최인택 2003:189).

점에서 동제의 지속과 변화에 관한 연구는 보다 체계적인 방식으로 접근되어야 한다. 이에 따라 동제의 지속과 변화는 종교적 구성요소의 변화에 국한되지 않고 촌락의 사회조직, 공동체성원들의 생활방식의 변화 등을 검토해서 동제와 구성원들의 역동적인 관계를 토대로 동제의 적응과 변화를 연구할 필요성(표인주 2005:174-175)이 제기되었다.

이상의 논의에 기초하여 제5장에서는 전통문화의 요소가 많이 남아 있는 영해지역 반촌에서 동제가 시대적 상황변화에 따라 어떠한 방식으로 전승되고 있으며, 또한 그 의미가 무엇인지를 살펴보고자 한다. 즉, 영해지역의 주요 반촌에서 행하는 동제의 지속과 변화를 통해서 촌락사회에서 공동체제의가 지니는 정치사회적 함의와 그 변화를 살펴보고, 이를 바탕으로 지역사회의 전반적인 문화변동을 이해하고자 한다. 이를 위해 첫째, 영해지역을 대표하는 주요 종족이 세거해 온 대표적인 반촌을 조사지로 선정하여 동제의 전승 양상을 살펴보고자 한다. 둘째, 근대화와 도시화로 동제와 같은 전통적 생활양식이 사라지고 있는 요즘 동해안 지역의 반촌에서 동제가 지속되는 의미를 살펴보고자 한다. 셋째, 조사지역에 인접한 어촌지역 동제의 전승양상을 살펴보고, 이를 반촌지역의 그것과 비교해 보고자 한다.

조사지로 선정한 촌락은 영해지역의 반촌이라는 특성을 공유하고 있는 한편으로 촌락의 역사와 주민구성에서 차이를 보이고 있다. 전통문화의 요소가 많이 남아 있는 영해지역 반촌의 동제는 촌락의 역사적, 생태적, 사회적 특성에 따라 현대사회에서 다양한 방식으로 전승되고 있을 것으로 기대되었다. 촌락의 정치사회적 구성이 대비될 것으로 예상되는 어촌은 영해지역에 위치한 한 어촌을 조사지로 선정하였다. 반촌지역에 관한 자료는 2004년 8월부터 2년여 동안 수시로 현지를 방문하여 수집하였다. 영해지역 주요 종족의 기제사, 묘제, 불천위제사를 비롯한 종족별 의례와 동제를 지내는 시기에 집중적으로 현지를 방문하여 자료를 수집하였다. 어촌지역에 관한 자료는 2006년 8월부터 1년간 수

시로 현지를 방문하여 수집하였다.

제5장의 구성은 다음과 같다. 제2절에서는 조사지역으로 선정한 영해지역의 주요 반촌과 비교연구를 위해 선정한 영해지역 어촌의 일반적 특성을 살펴보고자 한다. 제3절에서는 세 곳의 반촌에서 지내는 동제 수행방식의 과거와 현재를 살펴보고자 한다. 제관선정에서부터 제관의 금기, 제물, 제의절차의 옛 형태와 현재의 형태를 구체적으로 살펴보고자 한다. 제4절에서는 이들 세 곳의 반촌에서 지내는 동제의 형식상의 변화를 반촌 사회관계의 변화와 관련하여 살펴보고자 한다. 제5절에서는 어촌지역 동제의 지속과 변화를 살펴보고, 마지막 제6절에서는 영해지역의 반촌과 어촌에서 전승되는 동제의 지속과 변화의 특성을 논의해 보고자 한다.

II. 조사지역의 일반적 특성

조사지역으로 선정한 영해지역의 주요 반촌의 역사적, 사회적 특성을 비롯한 개괄적인 내용은 제1부에서 언급하였기 때문에, 여기에서는 주요 반촌의 사회문화적 특성과 비교연구를 위한 어촌지역의 역사와 문화를 중심으로 조사지역의 일반적인 특성을 살펴보고자 한다. 동제의 지속과 변화를 통해서 반촌지역의 사회문화적 변화를 살펴보기 위하여 선정한 조사지역은 영해면 괴시1리 호지말, 원구1리 원구마을, 창수면 인량1, 2리인 나라골과 축산면 경정1리 뱃불마을이다. 축산면의 뱃불마을은 동해안의 전형적인 어촌이자 민촌이며, 나머지는 농촌이자 반촌이다.

예로부터 '소안동'이라 하였던 영해지역에는 명문가들이 터를 잡은 반촌이 산재해 있다. 영해지역의 반촌은 관어대, 괴시, 원구, 옥금, 가산, 오촌, 인량, 송천, 거무역, 도곡, 상원, 칠성, 무곡 등이 있다. 이 중에서 인량, 괴시, 원구는 조선 중기 이후 경쟁적인 종족활동을 전개하면서 성장한 영해의 5대 성씨에 포함된 종족집단이 촌락을 대표하거나 혹은 대표적인 여러 종족집단 가운데 하나로 자리 잡은 곳이다. 또한 역사적으로 많은 인물을 배출하였을 뿐만 아니라, 현재에도 다수의 유교 관련 문화재가 남아 있어 영해지역의 여러 반촌 가운데 이들 세 촌락이 대표적인 반촌에 해당하고 있다.[4]

〈표 1〉 영해지역 주요 반촌 현황

읍·면	리(마을명)	주요 종족집단	가구 구성	입촌 시기	비고
영해	괴시1리 (호지말)	영양남씨	전체 126가구 영양남씨 37가구 타성 89가구	17세기 중엽	영양남씨 종족촌락
영해	원구1리 (원구마을)	영양남씨 무안박씨 대흥백씨	전체 106가구 영양남씨 28가구 무안박씨 23가구 대흥백씨 21가구 타성 34가구	15세기 후반~16세기 중반	세 종족집단의 종족촌락
창수	인량1, 2리 (나라골)	영천이씨 영양남씨 일선김씨 함양박씨 재령이씨 평산신씨 안동권씨 신안주씨	전체 130여 가구 영천이씨 10가구 영양남씨 5가구 일선김씨 8가구 함양박씨 20가구 재령이씨 20가구 평산신씨 12가구 안동권씨 8가구 신안주씨 2가구 타성 45 가구	15세기	여덟 종족집단의 촌락

자료: 현지조사에 기초하여 작성(2005년 말 현재).

---

4) 조사지역인 괴시1리 호지말, 원구1리 원구마을, 인량리 나라골의 역사, 문화재, 종족집단 및 인구학적 특성에 관해서는 김순모(1993), 이세나(1999), 오채준(2004), 남훈(2004)을 참고하였다.

괴시리는 괴시1리, 2리, 3리로 구성되어 있으며, 이 가운데 괴시1리
와 2리가 반촌이다. 괴시1리는 영양남씨 종족촌락이고 호지말이라 하
며, 괴시2리는 안동권씨 종족촌락으로 관어대라 한다.5) 여기에서는 괴
시리의 반촌 중에서 호지말의 동제를 중심으로 살펴보고자 한다. 호지
말은 원래 영해 토성의 세거지였으나, 17세기 중엽 영양남씨들이 혼인
을 통해 호지말에 입향한 이래 족적 기반을 확립하여 종족촌락을 이루
었다. 2004년 말 현재 괴시 1리에는 모두 126가구가 거주하고 있으며,
영양남씨들은 37가구이고 타성은 89가구이다.

남북으로 길게 자리한 호지말에는 북쪽으로부터 호지골, 중마골, 스
므나무골로 불리는 세 개의 골이 연이어 형성되어 있다. 이 중 중마골
은 다시 북쪽으로부터 윗말, 아랫말, 중마골로 나누어지며, 주로 영양남
씨들이 거주하고 있다.6) 호지골과 스므나무골에는 타성들이 다수를 차
지하는 가운데 영양남씨들이 일부 거주하고 있다. 영해면소재지에 보다
가깝게 위치한 스므나무골에는 근래 연립주택이 들어설 정도로 외지인
의 전입이 크게 늘어나 호지말에서 타성 비율이 높은 배경을 이해할 수
있다.

둔덕진 곳의 넓은 들이라는 것에서 지명이 유래된 원구1리 원구마을
은 영해면 소재지에서 영양 방면으로 이어진 918번 지방도를 따라 약

---

5) 호지촌과 관어대의 지명은 고려말 문신이었던 목은牧隱 이색李穡과 관련되
   어 있다. 호지촌은 목은이 태어난 곳이며, 그가 후에 중국에 사신으로 갔을
   때 중국의 괴시리 호지촌과 영해의 고향이 비슷한 것에서 유래되었다는
   설과 마을 앞을 흐르는 송천松川 주변에 늪이 많이 있었다는 것에서 유래
   되었다는 설이 있다. 관어대는 목은이 말년에 이곳의 상대산上臺山에 올라
   동해의 고기를 바라보았다는 것에서 유래되었다.
6) 호지마을에는 경상북도에서 지정한 민속자료인 '영양남씨 괴시파종택'을
   비롯하여 고택, 정자, 서당 등 14점의 문화재가 있는데, 중마골에 집중되어
   있다. 최근 경상북도 북부 유교문화권개발사업과 관련하여 마을 전체에 대
   한 보수정비작업이 진행되어 마무리 단계에 있다.

2km 정도 떨어진 곳에 위치하고 있다. 원구마을에는 이른바 영해 5대 성씨 중에서 영양남씨, 대흥백씨, 무안박씨의 세 종족이 각기 15세기 후반부터 16세기 중반에 이르는 동안 마을에 정착하여 오늘에 이르고 있다. 원구마을에 세거해 온 이들 세 종족집단의 성원들이 문과, 무과, 생원, 진사에 급제한 사람이 많아 원구마을은 영해지역에서 가장 많은 인재를 배출한 곳으로 알려져 있다(남훈 2004:88). 원구마을 106가구에 거주하는 가구주를 성씨별로 살펴보면 영양남씨 28가구, 무안박씨 23가구, 대흥백씨 21가구 그리고 타성이 34가구이다. 주요 종족집단 성원들이 비교적 고르게 분포하고 있으며, 이들이 마을 전체에서 2/3가량을 차지하고 있다.7)

창수면 인량리는 원구마을로부터 미레들, 송천, 인량들을 사이에 두고 북쪽으로 약 2km 떨어진 곳에 위치하고 있다. 인량리는 멀리 등운산의 산록이 마을 뒷산으로 이어져 있으며, 마을 앞에는 송천이 흘러 전형적인 배산임수를 취하고 있다. 인량리는 나라골이라 하며, 마을을 남북으로 가로지르는 개울을 기준으로 동쪽의 인량1리 웃나라골과 서쪽의 인량2리 아랫나라골로 구분된다.

나라골은 열두 종족의 입향지이며, 여덟 종가가 터를 잡은 곳으로 유명하다.8) 나라골은 다수의 종족집단이 거주하는 매우 특이한 종족촌락의 사례를 보여주고 있다. 나라골에는 종족집단별로 거주하는 공간을

---

7) 원구마을에는 경상북도에서 지정한 유형문화재 148호인 영해난고종가문서를 비롯하여 유형문화재 2점, 기념물 1점, 민속자료 2점 등이 문화재로 지정되어 있다.

8) 나라골에 입향한 열두 종족에는 영해지역의 5대 성씨인 영양남씨, 안동권씨, 재령이씨, 무안박씨, 대흥백씨를 비롯하여 함양박씨, 야성박씨, 평산신씨, 영천이씨, 야성정씨, 일선김씨, 신안주씨 등이 해당된다. 이들 열두 입향 종족 중에서 여덟 종가를 구분하는 기준은 입향조가 인량에 터를 잡고 개기開基한 사실 여부이다. 따라서 현재 후손이 인량리에 거주하지 않더라도 개기한 터가 있으면 이른바 나라골 팔종가에 해당된다.

대략적으로 구분해 볼 수 있다. 아랫나라골에는 일선김씨, 영천이씨, 영양남씨들이 주로 거주하고 있으며, 웃나라골에는 동쪽으로부터 평산신씨, 안동권씨, 신안주씨, 함양박씨, 재령이씨들이 거주하고 있다. 영해의 5대 성씨에 해당하는 대흥백씨와 무안박씨는 각각 웃나라골과 아랫나라골에 거주하였으나, 요즘에는 몇 가구 밖에 거주하지 않는다.[9] 2005년 7월 현재 나라골에는 130여 가구가 거주하고 있으며, 이 중에서 웃나라골에는 46가구, 아랫나라골에는 84가구 정도가 있다. 나라골에는 영해지역의 주요 종족집단에 속한 주민이 전체의 2/3가량을 차지하고 있다.

이상의 반촌이 농촌인 반면에 뱃불은 경상북도 영덕군 축산면에 위치한 5곳의 어촌 가운데 한 곳이다. 뱃불은 각기 차유, 오매라 불리는 자연촌락과 함께 축산면 경정리를 구성하고 있다.[10] 동해안을 따라서 강구와 축산을 잇는 강축도로변에 위치한 경정1리 뱃불은 축산항에서 남쪽으로 4km 정도 떨어져 있고, 대게의 집산지로 잘 알려진 강구항에서 북쪽으로 12km 정도 떨어져 있다. 경정1리는 북쪽으로 대게잡이 원조마을[11]로 알려진 경정2리 차유마을과 인접해 있고, 남쪽으로 경정3리

---

9) 각 종족들이 거주하는 공간을 중심으로 고택, 정자 등이 위치한 인량리에는 국가지정 중요민속자료인 '영덕충효당'을 비롯하여 경상북도에서 지정한 7점의 문화재가 있다.

10) 경정1리는 뱃불 혹은 백불로 불린다. 뱃불은 마을앞 해변의 모래톱을 가리키는데, 뱃은 소금을 생산하는 벗에서 유래되어, 소금을 생산하는 벗불이 뱃불이 되었고, 벗이 한자화되면서 볕 경景을 사용하여 경정景汀이 되었다. 한편 백白불은 마을앞의 희고 고운 모래사장에서 유래되었다. 경정2리 차유車踰는 뒷산이 수레바퀴형상이라는 것과 과거 원님이 수레를 타고 고개를 넘어 마을을 순시하였다는 것에서 유래되었다. 경정3리 오매烏梅는 마을을 감싼 오두산烏頭山과 매화산梅花山의 지명에서 혹은 마을 뒷산이 까마귀가 날개짓을 하는 형국이라는 것에서 유래되었다(영덕문화원 2004:370-378). 뱃불, 차유, 오매는 행정구역상 경정1리, 2리, 3리에 해당된다.

11) 뱃불의 주민들은 영덕군의 대게잡이 원조마을이 현재 알려진 것처럼 경정2리 차유마을이 아니라 뱃불이어야 한다고 주장하고 있다. 현대식 장비를

와 인접해 있다.

전형적인 반농반어촌의 특성을 보이는 뱃불에는 2007년 9월 현재 162가구에 380여 명이 거주하고 있다. 산업화와 도시화의 영향을 덜 받았던 1960년대 동안에는 200여 가구에서 1,100명이 넘는 주민이 거주하였다. 뱃불의 주민에 관한 최초의 기록은 반남박씨에 관한 것이다.[12] 15세기 중엽에 반남박씨가 뱃불에 입향하여 3대 동안 거주하였다고 전하지만, 현재 후손은 없다.[13]

이후 영해박씨가 16세기 후반부터에 뱃불에 거주하게 되었다. 뱃불의 영해박씨는 영해의 토성土姓이며, 영해부 입향조인 벽상공신 박명천의 19세손인 박인보가 16세기 후반에 뱃불에 정착한 것으로 전해지고 있다. 기록에 나타난 뱃불에 정착한 주요 성씨로는 영해박씨 다음으로 18세기 말엽에 입향한 김해김씨를 들 수 있다. 뱃불에는 이들 두 성씨 외에도 경주이씨, 강릉유씨, 경주최씨, 안동김씨를 비롯하여 여러 성씨들이 거주하고 있다. 일부 성씨들이 다수를 형성하고 있으나, 뱃불은 민촌이자 각성촌락으로 분류된다.

갖춘 어선으로 대게잡이가 성행하기 이전에 노와 돛에 의존하던 과거에는 대게잡이에 종사하던 뱃불의 어민들이 다른 어촌보다 월등히 많았기 때문이다.

12) 반남박씨가 아니라 영해박씨라는 문헌자료도 있다(영덕군 2004:372). 그러나 구체성이 결여되고 뱃불의 대다수 주민들의 인식과도 차이가 난다.

13) 뱃불의 역사와 동제를 포함한 전반적인 사정에 관해서는 최종식(1999) 참조.

III. 반촌의 제당과 제의[14]

1. 호지말

호지마을에서는 큰 동신제와 작은 동신제로 구분하여 동제를 지내왔다. 큰 동신은 호지마을의 중심에 있는 중마골의 전면에 위치하고 있으며, 영해면 소재지에서 어촌인 대진리 방면으로 이어진 도로변에 있다. 목은선생유허비에 인접한 곳에 있는 큰 동신은 장승과 당목으로 구성되어 있으며, 주변에 돌담을 둘렀다. 큰 동신의 장승은 원래 목재 장승이었으나 현재는 석재 장승으로 대체되어 있으며, '축귀장군남정중逐鬼將軍南正重'이 새겨져 있다. 호지말의 장승은 조선 후기 영해지역에 화재가 자주 발생하고 괴질이 돌자 호지말의 영양남씨들이 중심이 되어 마을 앞에 액막이를 위해서 세우게

〈사진 1〉호지말 큰동신제 제관분정기

되었다(국립민속박물관 1990:86). 보다 구체적으로 살펴보면 영해지역에 괴질이 창궐할 때 괴시리의 영양남씨 가운데 유학자였던 남공수南公壽가 동신목 밑에 나무로 축귀장군남정중이라 새겨두면 질병과 재앙을 막고 대풍하리라는 것을 현몽한 이

---

14) 영해지역 반촌의 동제에 관한 자료는 그 사정을 잘 알고 있는 주요제보자와의 면접과 문헌자료를 통해서 수집하였다. 동제에 관하여 제보자들이 기억하는 것을 문헌자료와 비교검토 하였으며, 반촌마다 과거와 현재의 동제 수행에 관한 자료를 수집하였다.

후에 세우게 되었다(이세나 1999:36-37).

큰 동신제는 호지말의 영양남씨들을 중심으로 매년 정월 대보름날 저녁에 지내왔다. 이보다 앞서 정월 초사흘에 제관을 선정하는데, 이날 세 명의 헌관, 축관, 진설, 봉향, 봉로 등 모두 일곱 명의 제관을 선정하였다. 근래 주민이 감소하여 영양남씨만으로 제관을 구성하는 것이 어려워지기 전까지 모든 제관을 영양남씨 중에서 선정하였다. 제사에 사용할 음식을 장만하는 도가는 주로 호지골에 거주하는 타성에 일임하였으나, 근래에는 영양남씨들이 담당하여 왔다.

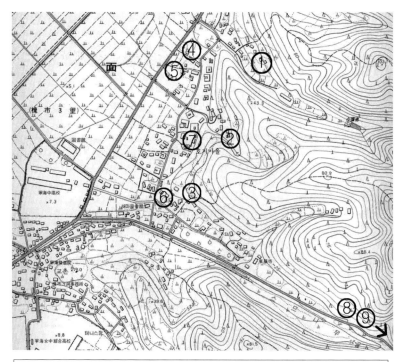

① 호지골 ② 중마골 ③ 스므나무골 ④ 가정·목은 유허비 ⑤ 큰동신
⑥ 작은동신 ⑦ 영양남씨 괴시파 종택 ⑧ 침수정 ⑨ 입천정

〈그림 1〉 호지말 문화지도

선정된 제관들은 매사에 조심하고 바깥출입을 금하는 등의 금기를
수행하였다. 정월 열사흘에 제당 주변, 제관 집과 제수를 장만하는 도가
집 그리고 우물 주변에 금줄을 치고 황토를 뿌렸다. 제관들은 마을에서
신성시 여기는 우물에서 목욕재계를 하였다. 제관의 금기는 도가의 경
우 매우 엄하게 수행되어 제관을 선정한 날부터 동제를 지낼 때까지 일
절 바깥출입을 금하였다. 동제용 술을 빚을 때, 떡을 장만할 때, 메를
장만할 때에는 반드시 목욕재계를 하였다. 제수거리 장만은 도가를 제
외한 제관들이 담당하였다. 이때에는 이른 새벽에 장에 가서 가격을 흥
정하지 않고 제수를 장만하였으며, 반드시 식당에서 아침식사를 하고
돌아왔다.

동제를 지내기 위하여 장만하는 제수로는 장닭 두 마리, 채반 두 그
릇, 메 두 그릇, 가자미 두 마리, 백편, 밤, 대추, 곶감, 사과 등이 있다.
그런데 큰 동신의 제사에 사용하는 닭을 비롯한 육류와 가자미를 비롯
한 생선은 모두 날것을 사용하였다. 제관은 한복을 입는 것을 원칙으로
하였으며, 일반적으로 설날 곱게 차려입은 한복을 동제 지낼 때 다시
사용하였다. 제의는 유교식 절차에 따라 진설, 강신, 초헌, 독축, 아헌,
종헌, 첨작, 유식, 진다, 소지의 순으로 지내 왔다. 큰 동신에 대한 제의
를 마친 다음에 도로 건너편으로 자리를 옮겨 영해들을 향하여 간단히
제수를 장만한 채 거리제를 지냈다.

호지말의 작은 동신은 마을의 남서쪽 가장자리에 위치한 스므나무골
에 있으며, 당목과 시멘트 제단으로 구성되어 있다. 작은 동신은 마을
앞 도로변에 위치한 큰 동신과는 달리 마을의 내부에 위치한 마을회관
부근에 있다. 신체인 팽구나무 주변을 정비해 두었다.

호지말의 작은 동신제는 큰 동신제에 하루 앞서 정월 14일 자정 무
렵에 지내왔다. 큰 동신제와 마찬가지로 정월 초사흗날 제관을 선정하
며, 이후 동제에 따른 각종 금기를 수행하였다. 작은 동신제를 지내기
위한 제관은 세 명을 선정하였다. 작은 동신이 위치한 스므나무골에는

중마골과는 달리 영양남씨 이외의 타성들이 다수를 구성하고 있으며, 제관도 타성 위주로 구성되었다. 그러나 이들 세 명의 제관 중에는 영양남씨 종족원 한 명이 늘 포함되었다. 도가는 두 마지기의 논을 사용하는 대신 제수장만을 비롯하여 동제의 준비를 담당하였다.

〈사진 2〉호지말 큰동신당

〈사진 3〉호지말 작은 동신당

이곳에서는 큰 동신제보다 하루 빠른 정월 열이틀에 제당 주변과 제관집에 금줄을 치고 황토를 뿌렸다. 제의절차는 유교식으로 진행되어 큰 동신제와 유사하였으나, 진설하는 제수는 큰 동신제와는 달리 날 것이 아닌 익힌 것을 사용하였다. 제관들의 의복도 큰 동신제와는 달리 반드시 흰색의 두루마기를 입어야 했다. 큰 동신제보다 하루 먼저 동제를 지냈지만, 큰 동신제를 지내기까지 마을의 행사는 미루어졌다. 큰 동신제를 지내고 난 다음날 괴시 1리의 동회가 개최되었기 때문이다. 이상에서처럼 호지마을에서는 마을내 두 곳에서 별개의 제의집단에 의하여 동제가 이루어지는 이원적 운용의 양상을 잘 보여주고 있다.

2. 원구마을

원구1리 원구마을에는 폐교가 된 원구초등학교 북쪽 들판에 수 십

그루의 느티나무와 소나무가 숲을 이루고 있는 곳에서 동제를 지내고 있다.[15] 원구마을에서는 영해면 소재지에서 영양 방면으로 이어진 지방도변에 위치한 이곳에서 매년 정월 14일 자정 무렵에 동제를 지내고 있다.

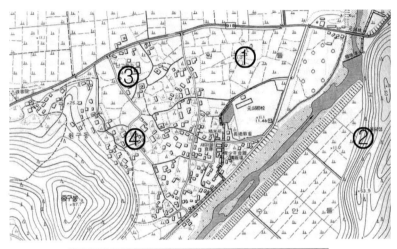

① 동제당 ② 용당샘 ③ 난고종택 ④ 경수당 종택

〈그림 2〉 원구마을 문화지도

앞서 살펴본 호지말의 동제와는 달리 원구마을에서는 한 곳에서만 동제를 지내고 있다. 원래 이 숲에는 제당이 있었고, 제당 안에는 '원구동신元邱洞神'을 새긴 위패를 두었다. 동신의 신체는 제당 뒤편의 느티나무였는데, 이 당목이 고사한 이후 제당도 허무는 것이 좋다는 주변의 권유로 허물었다. 이후 몇 차례 제당을 정비한 끝에 최근에는 관의 지원으로 '원구동신단'을 새긴 커다란 암석과 제단을 조성하였다. 주민들은 이곳을 수구막이 혹은 골맥이로 부르고 있다.

---

15) 원구마을의 민속문화에 관해서는 안동대학교대학원민속학과BK21사업팀 (2007) 참조.

〈사진 4〉 원구마을 제당   〈사진 5〉 원구마을 당숲

원구마을에서는 정월 초사흘에 제관을 선정하는 것으로부터 동제 준
비를 진행하여 왔다. 제관을 선정하는 날을 청단일淸壇日이라 하며, 이날
원구마을을 구성하는 주요 종족집단인 영양남씨, 무안박씨, 대흥백씨
중에서 1명씩 제관을 선정한다. 정월 초하루나 이틀에 세 종족집단에서
는 미리 제관을 선정해 두었다가 초사흘에 세 종족집단의 대표들이 모
인 자리에서 통보하는 형식으로 세 명의 제관을 선정하고 있다.

선정된 제관들은 금기를 행하는데, 제관으로 선정된 당일부터 금기를
수행하다가 정월 열사흘부터 동제를 지낼 때까지 세 명의 제관이 도가
에서 함께 생활하며 금기를 수행하였다. 이에 앞서 정월 열사흘에 동신
을 모신 곳과 제관집에 금줄을 치고 황토를 뿌렸다. 제관들이 도가에
들어가는 열사흘과 동제를 지내는 열나흘에는 마을을 감싸 도는 남천에
있는 용당샘에서 목욕재계를 하였다. 용당샘은 용당산의 끝자락인 원구
마을 동쪽의 산록 밑에 위치하고 있다. 용당산과 용당샘은 황룡과 청룡
에 얽힌 전설이 있는 곳으로 원구마을 주민들이 신성시 여기는 곳이
다.16) 동제를 지내고 난 뒤에도 제관들은 흉사에 참석하지 못하고 흉한

---

16) 전설의 내용은 다음과 같다. "용당산의 황룡과 영덕 오십천의 청룡이 싸움
을 하였다. 원구마을의 청년에게 황룡이 현몽하여 다음날 청룡과 다툴 때
청룡을 향해 칼을 겨누라고 하였다. 꿈에서 깬 청년이 옆에 놓인 칼을 가
지고 황룡과 청룡이 다투는 곳으로 향하였다. 겁에 질려 떨던 청년은 청룡

〈사진 6〉 원구마을 동제 분정기 　　 〈사진 7〉 원구마을 동제 축문

것을 보지 않는 금기를 수행하였다. 세 명의 제관은 최소한 석 달 동안 금기를 수행하였고, 도가는 1년 내내 금기를 수행하였다.

원구마을에서 동제의 제관은 주요 종족집단별로 한 명씩 선정하였으며, 도가를 선정하는 권한도 이들 주요 종족집단에서 윤번제로 행사하였다. 도가는 주요 종족집단의 성원들과 지주-소작관계에 있었던 타성의 주민 혹은 주요 종족집단 성원 가운데 경제적으로 어려운 형편에 처한 주민이 주로 담당하였다. 세 종족집단에서 도가를 선정하는 권한은 3년씩 보유하였는데, 여기에는 도가에서 지켜야할 금기가 매우 엄격한 사정이 일부 고려되었다. 3년 동안 흉사에 참석하지 않기란 어려운 일이기 때문이다. 도가로 선정되면 3년 동안 동제와 동회를 비롯한 마을의 주요행사의 뒷일을 해주는 대신에 세마지기 정도의 위토답을 사용할 수 있다.

도가에서는 동제를 위해서 제수를 장만하고 삼일 동안 도가에 머무르는 제관을 대접해야 한다. 제수를 장만하는 도가의 제관은 다른 제관들과 함께 목욕재계를 하고 제관들이 장을 보아 온 제수거리로 제물을

―――――――――

대신에 황룡을 향하여 칼을 겨누었고, 황룡은 힘없이 샘에 빠져 죽었다. 그 후 청년의 가문은 몰락하였으며, 황룡이 빠진 샘을 용당샘이라하고 주변의 산을 용당산이라 하였다. 황룡이 빠진 샘은 가뭄이 들어도 마르지 않으며, 물이 차기로 유명하다"(영덕군 2002:396).

〈사진 8〉 원구마을 동제1   〈사진 9〉 원구마을 동제2

장만하였다. 제수거리는 명태, 꺽지, 가자미, 문어, 조기, 방어, 대구, 가오리 등 해산물을 많이 사용하고 있다. 이들 해산물을 잘 쪄서 하나의 쟁반에 겹겹이 쌓아 진설하고 있다.[17] 이밖에도 대추, 밤, 배, 감, 사과 등의 과일과 닭, 대구포, 편 등의 제물을 진설하였다. 이러한 제물, 제주祭酒, 음복용 술, 소지용 한지와 기타 비용을 포함하여 비교적 많은 경비를 소요하고 있다.[18]

원구마을 동제의 제의절차는 예전과 차이 없이 유교식으로 진행하고 있다. 제관들은 바지, 저고리, 두루마기, 유건으로 복식을 갖추고 자정을 넘긴 시각에 동제를 지내고 있다. 제관들은 마을의 젊은 주민 세 명의 도움을 받아 제물을 옮기고 진설하게 된다. 진설을 마치고 나면 분

---

17) 이렇게 해산물을 쪄서 하나의 접시에 쌓아올려 진설하는 것은 동제에서 뿐만 아니라, 영해지역 반가에서 행하는 묘제와 불천위제에서도 찾아볼 수 있었다. 이처럼 겹겹이 쌓은 해산물은 영해지역 반가의 대표적인 제물이라 할 수 있다. 안동지역에서 제사 때 반드시 사용하는 상어고기(돔배기)는 영해지역에서 찾아볼 수 없었다. 실제로 영해지역에서는 해산물이 풍부하여 상어고기를 제사에 잘 사용하지 않는다. '상어고기도 고기냐'라는 주민의 표현이 이를 잘 반영하고 있다.

18) 원구마을에서 2005년 동제에 소요된 경비는 모두 452,050원으로 본고에서 살펴본 세 곳의 자연촌락에 있는 여섯 곳의 제당에서 소요된 지출 가운데 가장 많았다.

향, 강신, 초헌, 독축, 아헌, 종헌, 부복, 사신, 소지, 철상의 순으로 제의를 진행하고 있다. 이상에서처럼 원구마을의 동제는 비교적 오랫동안 커다란 변화 없이 유지되어 왔음을 알 수 있다.

3. 나라골

현재 인량리에서는 인량1리인 아랫나라골의 한 곳과 인량2리인 웃나라골의 두 곳 등 모두 세 곳에서 동제를 지내고 있다. 각기 모개, 뒷몰, 팔풍정으로 불리는 나라골에서 동제를 지내는 세 곳은 모두 제당과 당목으로 구성되어 있다. 모개는 아랫나라골 주민들이 동신제를 지내는 곳이며, 동서로 길게 늘어선 인량리 주거지역에서 동쪽 가장자리에 위치하고 있다. 인량리에서 병곡 방면으로 이어진 목고개에 있다하여 모개제당이라 부르고 있다.

〈사진 10〉 아랫나라골 모개제당   〈사진 11〉 웃나라골 뒷몰제당

웃나라골의 뒷몰제당은 웃나라골 북쪽의 등운산으로 이어진 계곡의 입구에 위치하고 있다. 뒷몰제당은 마을 뒤편에 위치한 뒷마을이라는 뜻의 경상도 방언인 뒷모티를 줄여 부르게 되었다. 팔풍정은 웃나라골과 송천 사이의 인량들에 위치하고 있다. 마을 뒤쪽에 위치한 모개제당

과 뒷몰제당과는 달리 팔풍정은 마을 앞에 위치하여 골맥이신으로 간주된다. 웃나라골에 있는 두 곳의 제당은 과거 나라골이 세 개의 리로 구성되었을 때 각 리를 대표하는 제당으로서 뒷몰제당은 과거 인량2리, 팔풍정은 과거 인량3리의 제당이었다.

앞서 살펴보았듯이 나라골은 여러 종족으로 구성된 종족촌락으로서 종택, 사우, 정자, 재실 및 거주지를 고려할 때 각 종족별로 거주 공간의 식별이 가능하다. 아랫나라골의 모개제당에서는 영천이씨, 영양남씨, 대흥백씨, 선산김씨들이 동제를 주도하고 있다. 웃나라골의 뒷몰제당에서는 신안주씨, 평산신씨, 안동권씨, 무안박씨가, 팔풍정에서는 재령이씨와 함양박씨가 동제를 주도하여 왔다(김순모 1993:46). 가구수로 살펴하면 모개제당에는 아랫나라골의 40여 가구, 웃나라골에 위치한 뒷몰제당에는 10여 가구 그리고 팔풍정에는 80여 가구에서 동제를 지내고 있다.

〈사진 12〉 웃나라골 팔풍정

〈사진 13〉 팔풍정 동제 축문

나라골 세 곳의 제당에서는 매년 정월 열나흘 자정 무렵에 동제를 지내왔다. 제관선정과 금기 수행 방식은 영해의 다른 촌락과 유사하다. 정월 초사흘에 3명의 제관을 선정하고 열사흘에 제당주변, 제관집, 우물에 금줄을 치고 황토를 뿌렸으며, 제관들은 마을 앞 송천에서 목욕재계를 하는 등 각종 금기를 수행하였다. 도가에서 준비하는 제물도 영해지

역의 다른 반촌과 유사하게 해산물이 주를 이루고 있다. 다만 나라골에
서는 해산물에 소고기를 함께 겹겹이 쌓아 진설하고 있는 점이 다르다.
제의절차도 유교식으로 행하는 다른 곳의 방식과 별다른 차이를 보이지
않는다.

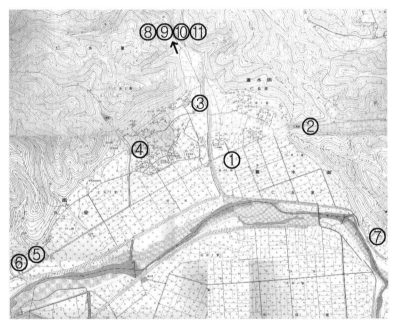

① 팔풍정제당 ② 모개제당 ③ 뒷묠제당 ④ 더운골제당 ⑤ 세원제당1
⑥ 새원제당2 ⑦ 강학소제당 ⑧ 예제골제당 ⑨ 범바골제당 ⑩ 왕바우골
제당 ⑪ 화수평제당

〈그림 3〉 나라골 동제당 분포 지도

현재 나라골에는 세 곳에서 동제를 지내고 있지만, 한동안은 이보다
훨씬 많은 곳에서 동제를 지냈다. 나라골에는 한때 열한 곳의 제당에서
동제를 지냈으며, 이중 여덟 곳의 제당은 10년 전까지 모두 사라졌다.
이들 제당이 사라지기 이전에 나라골에는 팔풍정, 뒷묠제당, 모개제당

에서 '원동신' 혹은 '주동신'에 대한 제를 지냈으며, 나머지 여덟 곳에 서는 '개골동신'에 대한 제를 지냈다(김순모 1993:19-20).

〈사진 14〉 팔풍정 동제 진설

〈사진 15〉 팔풍정 제당 신체

나라골의 개골동신 중 네 곳은 나라골 북쪽의 등운산 방면으로 이어 진 계곡에 위치한 여러 종족집단에서 건립한 재실 부근에 있었다. 나라 골 뒷산 계곡을 따라 등운산 방면으로 향하면 예제골, 범바골, 왕바우 골, 화수평이라는 네 곳의 계곡으로 갈라진다. 이 네 곳의 계곡에 각각 야성정씨, 함양박씨, 대흥백씨, 평산신씨의 재실이 있었으며, 이들 재실 의 관리인 가족과 이웃의 몇몇 가구들이 단위를 이루어 동제를 지냈다. 이밖에도 과거 웃나라골의 서쪽 가장자리에 해당하는 더운골에서도 이 웃한 몇몇 가구들이 동제를 지냈다. 또한 웃나라골에서 창수면 소재지 방면으로 500m 가량 떨어진 곳에 10여 가구가 거주하는 새원의 두 곳 에서도 동제를 지냈다. 아랫나라골에서도 주동신에 대한 제의를 모개제 당에서 지내는 한편으로 동쪽으로 500m 가량 떨어진 강학소에서도 동 제를 지냈다.

한때 열개가 넘는 제당에서 동제를 지냈던 나라골에는 현재 세 곳에 서만 동제를 지내고 있다. 아랫나라골에 속한 강학소의 동제는 주민이 거주하지 않게 되면서 사라졌다. 각 재실에서 지냈던 개골동신에 대한

〈사진 16〉 웃나라골 뒷몰 동제　　　〈사진 17〉 웃나라골 뒷몰 동제 소지

제의는 웃나라골의 뒷몰제당으로 통합되어 지내고 있다. 더운골과 새원에서 지냈던 개골동신에 대한 제의는 현재 팔풍정에서 함께 지내고 있다. 개골동신에 대한 제의는 영해지역에서 인구가 급격히 감소한 20여 년전부터 10년전 사이에 뒷몰제당과 팔풍정으로 통합되었다. 나라골이 세 개의 리로 구분되었던 당시 각 리를 대표하는 주동신을 모신 제당으로 통합된 셈이다. 이상에서처럼 인량리에서는 인구증가와 감소 그리고 생활공간의 확산과 축소에 따라 동제가 분화되었다가 통합되는 양상을 잘 보여주고 있다.

IV. 반촌 동제의 지속과 변화

경상북도 영덕군 영해지역에 밀집된 반촌 가운데 대표적이라 할 수 있는 나라골, 원구마을, 호지말에서는 예전부터 주요 종족집단 위주로 동제를 지내왔다. 현재 이들 반촌에 거주하는 주요 종족집단이 17세기 이후부터 종족집단의 면모를 갖추게 된 점을 고려하면, 이들이 주관하는 동제는 수백 년 동안 지속되어 왔다고 볼 수 있다. 이에 따라 호지말의 영양남씨, 원구마을의 영양남씨, 무안박씨, 대흥백씨 그리고 다수의 종족이 하나의 촌락을 구성한 나라골에서는 이들 다수의 종족집단이 마을의 공동체신앙을 주도해 온 것이다.

영해지역 주요 반촌에서 정치적, 경제적, 사회적 우위를 점한 종족집
단을 중심으로 엄격한 유교식 제의절차에 따라 이루어진 동제는 최근에
와서 다소간 변화하기 시작하였다. 구신분질서의 붕괴와 현대적 가치관
의 보급, 도시화에 따른 농촌 인구의 감소로 농촌사회에서는 커다란 변
화가 발생하였다. 이로 인하여 새로운 가치관의 만연과 세속화경향으로
반촌이 밀집된 영해지역에서도 촌락 단위로 지내는 공동체신앙의 이념
과 운용에 있어서 변화의 양상을 보이고 있으며, 이를 촌락별로 살펴보
면 다음과 같다.

1. 호지말

앞서 보았듯이 괴시리 호지말의 동제는 큰 동신제와 작은 동신제로
이원화되어 왔다. 호지말 동제의 이원화는 17세기 중엽에 영해지역 토
성과의 혼인을 통해 호지말에 입향한 영양남씨들이 18세기를 거치면
서 종족집단의 기반을 확립한 이후부터 뚜렷해졌다. 특히, 영해지역에
창궐한 괴질에 대한 방비책을 영양남씨 종족원이 현몽하여 장승을 건
립한 이후 영양남씨들이 호지말의 큰 동신제를 주도하게 되었다(이세나
1999:54-55). 이후부터 주로 타성이 주관하였던 작은 동신제는 마을에서
부차적인 것이 되었다.

호지말에서 큰 동신과 작은 동신의 서열적 분화는 제관선정방식, 금
기수행의 정도, 제물의 장만 방식 및 제의절차에서도 잘 나타나고 있다.
1990년대 중반까지 큰 동신 제의를 위한 일곱 명의 제관을 모두 영양남
씨 중에서 선정함으로써 종족 중심적인 동제의 성격을 뚜렷이 하였다.
간혹 타성의 주민을 제관으로 선정하더라도 스므나무골에 거주하는 타
성의 주민이 아니라, 호지골에 거주하는 타성의 주민 중에서 선정하였

다. 타성의 주민이 제관으로 선정될 때에는 헌관과 축관을 제외한 봉로나 봉향의 임무만 주어졌다. 명분상 제관이었지 실제로는 동제에서 보조적인 역할을 부여한 것이다.

주민들은 제관의 금기수행, 특히 도가의 금기수행이나 제물장만 등에서도 큰 동신과 작은 동신을 구분하였다. 이러한 사실은 큰 동신과 작은 동신에 대한 제의를 오랫동안 지켜본 주민들이 큰 동신에 대한 제의에서 제관과 도가의 금기수행이 보다 엄격하다는 것을 강조하는 것에서 잘 알 수 있다. 또한 대보름날 밤에 지내는 큰 동신 제의와는 달리 작은 동신 제의는 이보다 하루 앞서 정월 열나흘 밤에 지냄으로써 두 제의를 구분하였다. 이로써 호지말의 이원화된 동제 운용은 촌락의 정치적, 사회적 관계를 반영하여 지속되었음을 알 수 있다.

그런데 시가지화된 면소재지에 인접하여 도시화의 영향을 상대적으로 크게 받게 된 호지말에서는 주민구성의 변화와 함께 동제 운용의 변화가 야기되었다. 전출로 인한 영양남씨들의 수효가 줄어들고 남은 주민의 고령화가 진행되는 한편으로, 호지말의 스므나무골에는 외지인들의 전입이 늘어나면서 동제 수행을 비롯한 마을 행사의 운용에 변화가 이루어졌다. 호지말의 스므나무골의 주민수가 월등히 많아지면서 호지말 전체의 제반 행사에 소요되는 경비 조달 및 지원에서 스므나무골 주민의 기여도가 높아졌다. 또한 현대사회에서 구 신분질서에 대한 관념이 약화되고 외지인의 전입 사례가 증가하면서, 호지말의 제반 행사에 과거와 같은 차별적인 운용을 지속할 수 없게 되었다.

결국 호지말의 큰 동신 제의에 소요되는 경비의 조달과 일곱 명이나 되는 제관을 선정하는 것이 어려워지면서 1990년대 후반부터 호지말의 두 동제는 통합되었다. 이에 따라 동제를 지내는 방식에도 변화가 야기되었다. 동제를 지내는 날짜는 이전과 같이 큰 동신제와 작은 동신제를 구분하였으나, 작은 동신제에서 제관을 담당한 영양남씨가 아닌 타성의 제관이 다음날 큰 동신제의 제관으로 참석할 수 있게 되었다. 이런 방식으로 호지말 큰 동신 제의에 부족한 제관을 충당하였고, 이로 인하여 두 동제의 구분이 과거에 비하여 완화되었다.

호지마을에서는 2004년부터 더욱 간소화된 형태로 동제를 지내고 있다. 같은 날 시차를 두고 동일한 제관들이 동제를 지내게 됨으로써 호지말 동제에 많은 변화가 이루어졌다. 이원화된 동제운용의 통합, 이전보다 적은 수의 동일한 제관에 의한 동제 수행, 제관 선정에서 종족집단 성원과 타성을 가리지 않는 방식으로의 전환, 제의절차 및 제물의 간소화 등이 최근 호지말 동제에서 찾아볼 수 있는 변화이다. 이러한 변화는 큰 동신제를 주관해 온 종족집단의 수효가 감소함에 따른 촌락에서의 사회적, 경제적 기반이 약화된 것에서 비롯되었다. 영양남씨 종족원의 감소와 종족원의 고령화로 종족원만으로 제관을 선정하기 어려워졌고, 공동기금의 고갈로 인하여 근래 다수의 외지인들이 전입하여 동제 운용에 상대적으로 여유가 있는 작은 동신제를 주관하는 집단과의 통합이 진행된 것이다.

동제를 통해 종족집단과 타성을 구분해 온 호지말에서 이루어진 최근의 변화는 촌락내 주민의 정치사회적 관계에 커다란 변화가 야기되었음을 짐작케 한다. 촌락의 전통적인 정치사회적 관계의 지속을 상징했던 동제 주재집단의 경계가 무너졌기 때문이다. 이로써 구신분질서의 이념에 기초한 호지말의 종족집단 성원들의 인식과 실천은 의미를 상실한 듯이 보인다. 그러나 호지말 동제의 변화에는 단순히 전통사회에서 촌락의 정치적, 경제적, 사회적 우위를 점했던 영양남씨 종족집단 성원의 인식 전환만 작용하지는 않아 보인다. 여기에는 자신들만으로는 동제를 지속하기 어려운 상황에 처한 영양남씨들이 동제를 지속해야 한다는 의지도 크게 작용하였다. 다른 한편으로 이미 호지말에서는 영양남씨들이 주관해 온 큰 동신제가 마을의 동제를 대표한다는 의식도 작용하였다. 이러한 사실은 유교문화권개발사업이 진척되면서 대외적으로 호지말이 영양남씨의 종족촌락이라는 사실이 확고해졌다는 것에서도 이해할 수 있다. 이전처럼 동제를 이원화하여 종족집단과 타성을 구분하지는 못하지만, 호지말의 동제는 누가 지내도 영양남씨 마을의 동제라는 것으로 인식된다고 믿기 때문이다.

2. 원구마을

원구1리 원구마을의 경우는 호지말과는 달리 세 종족집단 중심의 동제가 지속되고 있다. 이른바 영해지역의 5대 성씨에 해당하는 이들 세 종족집단은 서로간의 혼인을 통해서 원구마을에 입향한 이래 수백 년간 공존해 왔다. 선대에 혼인으로 깊은 유대를 맺게 된 원구마을 세 종족집단의 협력적 관계는 동제의 제관선정방식에서도 잘 나타나고 있다. 매년 한 종족집단에서 한 명을 제관으로 선정하여 모두 세 명의 제관이 동제를 지내는 것에서 이들 간의 관계를 잘 이해할 수 있다.

전통사회에서 향촌사회의 지배권을 놓고 세력이 비슷한 종족간의 갈등과 대립은 심화되기 마련이었다. 더욱이 같은 마을에서 여러 종족집단이 세거할 경우에는 대립과 갈등이 첨예하게 나타나는 양상을 보이고 있다. 그런데 원구마을에서 동제를 지내는 방식은 이와는 달리 종족집단들 사이에서 균형과 공존을 모색하는 양상을 잘 반영하고 있다. 원구마을의 동제 운용뿐만 아니라, 두레나 상조계와 같은 사회조직, 줄다리기와 같은 민속놀이를 통해서도 이들 주요 종족집단 중심으로 이루어진 의례생활 및 일상생활을 이해할 수 있고, 나아가 이들 종족집단들 사이의 유대관계를 살필 수 있다.[19]

원구마을에서 주요 종족집단 중심의 의례생활과 일상생활의 사례는 상조계나 두레와 같은 사회조직에서 잘 나타나고 있다. 원구마을에는

---

19) 원구마을의 주요 종족집단의 마을 사회조직과의 관련성에 관해서는 이창기(2006) 혹은 본저 제4장을 참조할 것.

종족별로 상조계를 조직함으로써 모두 세 개의 상조계가 운용되고 있다. 원구마을에 거주하는 타성들은 원구마을의 주요 종족집단과의 친소관계에 따라 상조계에 가입하고 있다. 또한 주민과의 면접을 통해서 원구마을에는 종족별로 공동노동을 위한 조직이 결성되어 있었음을 확인하였다. 현재는 존재하지 않지만, 이러한 공동노동을 위한 조직에 타성들도 마을의 주요 종족집단과의 친소관계에 따라 가입하였다.

원구마을에서는 과거 동제를 지내고 난 다음날 줄다리기를 하였다.[20] 그런데 원구마을에서 줄을 당기는 날에는 주요 종족집단별로 준비한 세 개의 줄이 동원되어 경쟁을 벌이는 진풍경이 연출되었다. 줄다리기는 두 개의 줄만을 연결하였을 때 놀이가 가능하기 때문에 서로 줄을 걸기 위하여 세 종족집단이 치열하게 경쟁을 벌였던 것이다. 줄을 연결하는 데 실패한 종족집단은 둘로 나뉘어 연결에 성공한 종족집단 중 한 편에 가담하여 줄다리기를 하였다. 이때에도 원구마을의 타성들은 주요 종족집단과의 친소관계에 따라 줄다리기에 참여하였다.

원구마을의 사회조직과 민속놀이를 통해서 주요 종족집단의 독립성과 상호의존성을 동시에 살펴볼 수 있다. 주요 종족집단별로 사회조직이 결성되어 오랜 기간 동안 운영되어 온 것은 원구마을의 주요 종족집단의 대등한 관계와 상호존중의 정신을 반영하고 있기 때문이다. 이와 동시에 이러한 사회조직과 민속놀이를 통해서 주요 종족집단의 타성에 대한 우의를 공동으로 확인하고, 대외적으로 마을을 공동으로 대표하고 있다는 점에서 주요 종족집단의 상호의존성을 찾아볼 수 있다.

원구마을의 이러한 사회적 관계는 동제에서 제관과 도가를 선정하는 방식에서도 잘 나타나고 있다. 주요 종족집단 성원이 제관을 담당하고 타성은 도가로서 제물을 장만하는 역할을 수행하였다. 타성이 동제

---

20) 줄다리기는 영해지역 대부분의 촌락에서 정월에 행하였던 대표적인 민속놀이였다.

의 제의에 직접 참여할 수 없으며 단지 보조적인 역할을 수행하게 하는 방식에서 주요 종족집단과 타성과의 관계가 분명히 드러나고 있음을 알 수 있다. 동제는 원구마을의 주요 종족집단이 타성에 대한 우위를 확인하고 이를 지속하는 기제 중의 하나로 작용하였음을 이해할 수 있다.

원구마을 동제의 이러한 사회적 의미는 동제에서 늘 보조적인 역할만 수행하였던 타성들이 동제의 제관을 자청하고 나섰던 해방 직후에 변화의 계기를 맞이하였다. 당시 영해지역에서는 좌·우익의 갈등이 첨예하게 전개되었고, 기존의 사회질서에 대한 불만이 다각적으로 표출되고 있었다. 이런 상황에서 원구마을의 주요 종족집단 성원들은 제관 참여에 관한 타성의 요구를 단호하게 거절하였다. 이후부터 타성들은 도가를 맡는 것을 꺼려했기 때문에 주요 종족집단에서 차례로 도가를 맡아 왔다.

이처럼 원구마을의 동제는 주요 세 종족집단이 마을에서 기반을 공고히 한 이래로 이들 종족집단 위주로 진행되어 왔다. 원구마을의 동제는 제관의 금기 수행이 간소화되는 변화가 있었으나, 현재까지도 그 기본 형태는 별다른 차이를 보이지 않은 채 지속되고 있다.

3. 나라골

인량리의 웃나라골과 아랫나라골은 앞서 설명한 것과 같이 여러 종족으로 구성된 종족촌락이라는 매우 특이한 사례를 보여주는 곳이다. 나라골에서 한때 열개가 넘는 곳에서 동제를 지냈다는 것도 특이한 경우이다. 하나의 마을에 다수의 제당이 존재하는 것은 쉽게 찾아볼 수 있다. 그러나 이런 경우는 동일한 집단이 상당, 중당, 하당으로 구분하여 동제를 지내는 것이 대부분이다. 이와는 달리 나라골에서는 동제를 지내는 다수의 집단이 존재해 왔다는 점에서 특이한 사례에 해당된다. 나라골의 종족집단은 느슨하게나마 종가를 중심으로 거주지역이 형성되어 있다. 그렇다고 해서 나라골의 다수의 동제 주재집단이 종족별로 구분되었던 것은 아니다. 나라골의 동제 주재집단은 적게는 두, 세 가구에서 많게는 오십 가구 이상으로 구성되어 있었으며, 각 주재집단은 다수의 성씨들로 구성되어 있었다. 나라골 동제의 주재집단은 앞서 본 바와 같이 근린성에 기초하여 구성되었다. 나라골의 동제 주재집단은 한때 열 개 이상 존재하였다가 현재는 세 개로 줄어들었으며, 주민들은 향후에 감소할 것으로 예상하고 있다. 이러한 나라골 동제 주재집단의 증감에는 정치적, 경제적, 사회적, 생태적 요인이 작용하여 왔다.

나라골은 열 개 이상의 종족이 입향 한 곳이고, 여덟 개 이상의 종가가 터를 잡은 곳이다.[21] 현재 영해지역에 거주하는 주요 종족집단의 입향 종택은 대부분 나라골에 있다. 따라서 영해지역에 산재한 다수의 반촌은 나라골의 종가에서 분촌 혹은 분가를 통해 형성되었다고 보아도 무방하다. 나라골에서 여러 제당이 형성된 것도 이처럼 종족집단의 분촌과 분가 등 공간적 확산의 과정으로 이해해 볼 수 있다.

나라골에 여러 종족이 터를 잡으면서 경쟁적으로 종족활동을 전개하였고, 인구가 증가하면서 새로운 토지를 확보할 필요성이 대두되었다. 종족집단마다 선산, 사우, 정자, 재실과 이를 관리할 종답을 경쟁적으로 확보해 나갔기 때문이었다. 나라골의 북쪽으로 이어진 계곡에 여러 개의 재실과 나라골의 동서 방면으로 500m 정도씩 떨어져 있는 강학소와 새원은 이런 과정에서 형성되었다. 종물의 확보와 관리 그리고 새로운 농지 확보를 위하여 나라골의 종족집단은 새로운 공간을 필요로 하였

---

21) 일반적으로 인량리에는 팔종가가 터를 잡은 것으로 알려져 있으나, 영해지역의 일부 주민들은 열 개의 종가가 터를 잡았다는 주장하고 있다.

고, 이때마다 새로운 제당이 형성되었다.

이처럼 나리골의 생활공간 확산을 통해 증가하던 제당이 줄어든 것은 근대화, 도시화의 영향이 크게 작용하였다. 농촌 인구의 지속적인 감소와 고령화로 인하여 계곡에 있었던 제당과 나라골의 본 마을에서 다소 떨어진 곳에 위치한 제당은 폐쇄되거나 나라골의 본동신에 대한 제의를 행하는 곳으로 통합되었다. 주민들은 현재 인량리에서 동제를 지내고 있는 세 곳의 제당 중 한 곳은 조만간에 폐쇄될 것으로 예상하고 있다. 각기 80여 가구와 40여 가구에서 동제를 지내는 팔풍정과 모개제당은 당분간 지속될 것이지만, 10여 가구가 동제를 지내는 뒷몰제당은 이내 팔풍정으로 통합될 것으로 보고 있기 때문이다.

나라골에서 제당이 줄어들고 있는 추세이지만, 한때 열 개 이상의 제당이 존재하였다는 것은 동제와 같은 공동의 의례가 마을 생활에서 차지하는 의미가 매우 컸음을 반영하고 있다. 주민 공동의 바람을 기원하는 의례를 통해서 일상생활에서의 협력을 재확인하는 기제로서 동제의 의미를 이해할 수 있는 부분이다. 이러한 동제의 의미는 향후 상당한 기간 동안 한 개 정도의 제당은 유지된 채 동제를 지내게 될 것에 대한 주민들의 기대와 예상에 반영되어 있고 다음과 같은 몇 가지 요인이 작용하고 있다.

첫째, 팔풍정 제당과 관련된 설화[22]를 통해서 한 가지 요인을 설명할

---

22) 팔풍정八風亭의 팔령신八鈴神 관련 설화는 다음과 같다. "… 인량리 팔풍정에는 형체없이 방울소리를 내어 인간에게 큰 피해를 가하는 여덟 요귀인 팔령신이 있었다. 이로 인해 영해에 부사나 사록이 새로 부임할 때마다 미리부터 제물을 크게 차리고 무당을 불러 큰 굿을 하였다. 고려시대 우탁禹倬선생이 영해 사록으로 부임할 때도 사정은 마찬가지였다. 그러나 역동선생은 굿을 하는 대신에 학문으로 팔령신을 제압하여 여덟 요귀 중 세 요귀에게 각각 팔풍정, 영양으로 넘어가는 울티재, 동해를 바라보는 괴시리의 관어대에서 잡귀를 막게 하였다. 나머지 다섯 요귀는 동해에 던져 없애 버렸다. 이후로는 주민들이 팔령신으로부터 피해를 입지 않게 되었다"(영덕군

수 있다. 설화에 의하면 나라골이 영해지역의 중심에 해당되는 것을 알 수 있고, 주민들은 이를 통해 나라골의 지역적 중요성을 인식하고 있다. 팔풍정은 그 역사성과 함께 영해지역에 거주하는 대다수 종족집단의 입향 시조가 나라골의 종택에서 모시고 있다는 사실과 연관되어 나라골에 대한 지역 주민들의 정서에 작용하고 있다. 팔풍정은 나라골이 영해지역의 대표적인 반촌임을 상징하는 신성한 장소로 인식되고 있으며, 이곳에서 지내는 동제는 지속해야 한다는 인식이 작용하고 있다.

둘째, 지내던 동제를 중단하면 주민들이 화를 입는 다는 재인론도 동제가 지속될 것으로 보는 하나의 요인으로 작용하고 있다. 나라골의 한 종족집단에서 소유한 임야에 송전탑이 세워져 있는데, 송전탑 건립을 계획할 당시에 문중 산에 송전탑을 건립하면 좋지 않다는 의견이 마을 내에 분분하였다. 그런데 큰 기업을 운영하고 있었던 관련 문중의 종손이 주민을 설득하여 송전탑 건립을 허용하였다. 이후 종손이 운영하던 기업체는 부도를 맞았으며, 송전탑건립을 꺼리던 일부 주민들이 이를 송전탑건립과 관련짓고 있다. 이와 유사하게 일부 연로한 주민들은 동제를 전면적으로 중단하면 피해를 입을 것이라고 인식하고 있다.

셋째, 유교문화자원이 풍부하고 바다에 인접한 나라골의 특성을 고려하여 전통문화체험과 민박을 겸한 테마마을조성사업이 진행되고 있는 것도 동제를 지속하게 하는 요인으로 작용하고 있다. 테마마을조성 사업으로 인하여 지역의 역사와 전통문화에 대한 관심이 부각되고 있다. 지역의 고유한 역사와 문화를 찾아 영해지역을 방문하는 사람들로 인하여 마을 주민들도 전통문화에 대한 인식이 동반하여 상승하기 마련이다. 동제 역시 마을의 고유성을 반영한 전통문화의 하나로 인식되기 때문이다.

2002:390-391).

V. 어촌의 동제

일반적으로 어촌지역은 여타의 생태적 배경을 지닌 지역에 비하여 민간신앙의 전승이 잘 이루어져 있다. 이는 많은 위험요소를 수반하는 어로활동을 포함한 어민생활의 불확실성에서 비롯되었다고 한다. 이러한 위험과 불확실성에 대한 어민들의 심리적 불안을 해소하기 위한 신앙행위가 어촌지역에서 성행하였으며, 이는 전 세계 어촌에서 나타나는 보편적인 현상이다(Malinowski 1922, Acheson 1981). 이를 입증하듯 영해지역 어촌에서 민간신앙의 전승은 잘 이루어지고 있다.

영해지역에서 어촌은 병곡면, 영해면, 축산면에 14곳이 있다. 영해지역의 모든 어촌에서 동제를 지내고 있으며, 대다수 어촌에서는 별신굿도 행하고 있다. 영해지역 어촌 동제의 특성은 설촌조設村祖와 마을의 터신 및 골맥이신과의 관련성, 마을 내 다수의 제당, 연중 수차례의 동제, 제당 구성의 정형화, 제의절차의 유교화, 별신굿의 전승 및 해신당의 부재 등으로 나타나고 있다(이창언 2007:175-177). 어촌지역 동제의 지속과 변화는 농업과 어업에 대한 인식의 시대적 변화와 촌락 내부의 사회적 다양성 및 이질성을 고려할 때 보다 적합하게 이해될 수 있다. 이를 통해 어촌의 정치적, 경제적, 사회적 관계의 시대적 변화가 동제의 지속과 변화에 어떠한 상관성을 지니는 지를 살필 수 있기 때문이다. 이러한 양상을 잘 살필 수 있는 축산면 경정리의 뱃불마을을 조사지로 선정하였다.

1. 제당의 구성과 제의

뱃불의 동제와 관련하여 <그림 4>에서 보듯이 두 곳의 제당과 마을의 제청인 경홍당이 있다. 주민들은 두 곳의 제당을 가리켜 윗당과 아랫당이

라 한다. 윗당은 남쪽에 위치한다 하여 '마쪽제당' 혹은 할배당이라고 하
며, 아랫당은 동쪽에 위치한다 하여 '새쪽제당' 혹은 할매당이라 한다.

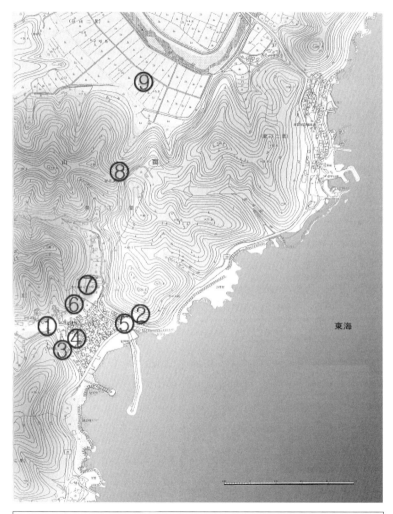

① 윗당 ② 아랫당 ③ 경흥당 ④ 우물고사터 ⑤ 마을회관 ⑥ 경신서당터
⑦ 경정분교 ⑧ 월부고개 ⑨ 구평들

〈그림 4〉 경정리 뱃불마을 문화지도

〈사진 18〉 경정1리 윗당 　　　　〈사진 19〉 경정1리 아랫당 내부

　윗당인 마쪽제당은 담장을 둘러친 한 칸 규모의 팔작지붕의 당집으로 구성되어 있으며, 아랫당인 새쪽제당 역시 한 칸 규모의 맞배지붕을 한 당집으로 구성되어 있다. 각 당집은 담장으로 둘렀으며, 맞배지붕의 출입문을 통해 드나들 수 있다.

　두 제당에는 신명각神明閣이라는 현판이 걸려있고, 내부의 구조는 동일하다. 각 당집마다 제단을 설치하여 두 개의 위패를 모셔두고, 위패 주변을 별신굿 때 사용한 지화紙花로 장식하였나. 정면에서 보아 왼쪽의 위패에는 '박씨기신지위朴氏基神之位'가 오른편의 위패에는 '김씨동신지위金氏洞神之位'가 새겨져 있다. 뱃불에는 이들 두 제당 외에 동제를 준비하는 제청이 윗당 부근에 위치하고 있다. 경흥당으로 칭하는 이 제청은 한 칸의 부엌과 세 칸은 방으로 구성된 정면 네 칸의 팔작지붕을 하고 있다.

　이처럼 뱃불에서 동제와 관련하여 두 곳의 제당을 사당의 형태로 신축하고 초가였던 경흥당을 재실의 형태로 개축한 것을 통해서 주민들이 동제에 대한 깊은 인식을 이해할 수 있다. 뱃불 인근 어촌의 제당은 당목이나 암석 등 자연물로 구성된 것과 사당의 형태를 취한 당집으로 구성된 것이 각각 절반가량을 차지하고 있다. 당집으로 구성된 제당을 갖춘 어촌에서도 과거에는 당목이나 암석과 같은 자연물이 동신의 신체를

구성하였다. 당집으로 제당을 정
형화하면서 나무나 암석이 아닌
위패를 봉안하는 방식으로 변경
되었다. 이런 외형상의 변화는 제
의 방식의 정형화에 영향을 주어,
과거 마을 굿의 방식으로 진행되
던 제의가 유교식 제의절차로 고
착화 되었다.

〈사진 20〉 경정1리 경흥당

　뱃불에서는 매년 정월대보름, 단오, 시월보름 등 세 차례 동제를 지
내고 있다. 근래 별고사를 폐지하기 전까지 세 번의 별고사를 더하여
모두 여섯 차례 동제를 지낸 셈이다. 뱃불에서는 매번 동제를 지낼 때
마다 윗당, 아랫당, 우물, 바닷가, 경흥당에서 제사를 지냈는데, 근래
우물고사는 지내지 않는다. 동제를 지내기 약 1주일 전에 경로당에서
제관을 선정하는 것으로부터 동제준비가 시작된다. 3명의 제관과 한명
의 축관 그리고 음식을 장만하는 주부 한 명 등 모두 다섯 명이 동제
를 준비한다. 제관은 연중 세 차례 동제를 지낼 때마다 별도로 선정하
였다.

〈사진 21〉 윗당 진설

〈사진 22〉 아랫당 소지

정월 열이틀에는 두 곳의 제당과 경흥당, 제관집, 음식을 장만하는
주부의 집 그리고 우물에 금줄을 치고 황토를 뿌린다. 다음날인 정월
열사흘에는 제관들이 영해장을 이용하여 제물을 장만하고 있다. 뱃불의
동제에서 가장 중요하게 여기는 제물은 어류만으로 장만하는 도적이다.
뱃불에서는 대게, 문어, 방어, 가자미 등 주민들이 직접 잡은 생선을 도
적으로 진설하고 있다. 정월 열나흘 자정 무렵에 윗당, 아랫당, 용왕먹
이기, 경흥당의 순으로 동제를 지내고 있다. 윗당과 아랫당에서는 각기
두 개의 위패 앞에 별도로 제물을 진설하고, 박씨 터신에 대한 제의를
먼저 지내고 나서 김씨 동신에 대한 제사를 유교식 제의 절차에 준하여
지내고 있다.

〈사진 23〉 용왕제　　　　　〈사진 24〉 경흥당 성주고사

2. 지속과 변화

뱃불의 동제가 언제 어떠한 형태로 성립되어 지속되어 왔으며, 동제
의 정치적, 경제적, 사회적 의미를 이해하려면 적어도 400년의 과정을
살펴보아야 한다. 이러한 추정은 뱃불을 비롯한 인근 어촌의 동신이 대
부분 설촌조와 관련되어 있다는 사실에 기인하고 있다.

뱃불에서 두 설촌조를 각기 터신과 골맥이신으로 모시고 있으나, 이

두 신 사이에는 입촌 순서에 따라 일정한 서열이 정해져 있다. 입촌한 지 400여 년이 경과한 박씨 동신은 터신으로 모시고, 이보다 약 200년 뒤에 입촌한 김씨 동신은 골맥이신으로 모시고 있다.

뱃불에서 두 성씨의 입촌조가 마을의 동신이 되는 과정은 두 성씨들 사이에 긴밀한 사회적 관계의 성립을 의미하고 있다. 그러나 터신과 골맥이신으로 구분되는 것은 이들 두 성씨들 사이의 비대칭적 관계를 암시하고 있다. 이를 마을 전체로 확대해 보면 이들 두 성씨와 타성들 사이의 사회적 관계도 어느 정도 짐작할 수 있다. 김씨들의 마을내에서의 입지가 박씨들에는 미치지 못하였지만, 다른 성씨들보다 우위를 점하였기 때문에 입촌 후 얼마 경과하지 않아서 동신의 자격을 획득했다고 볼 수 있기 때문이다. 결국 박씨와 김씨 사이에는 촌락에서의 입지와 관련하여 서열이 구분되는 한편으로 이들 두 성씨들이 타성들에 비하여 상대적으로 우위에 있었다는 것을 짐작할 수 있다.

뱃불 주민들 사이의 비대칭적인 사회적 관계는 주민들의 생업활동의 차이에서도 잘 나타나고 있다. 주민 생업활동의 차이에 의한 서열의식으로 인하여 뱃불의 제당은 분화와 통합의 과정을 거쳐 왔다. 뱃불에서 주민들이 박씨와 김씨의 두 동신을 모신 것은 1800년대 초반으로 간주되고 있다. 당시에는 뱃불의 윗당만 존재하였고, 그곳에서 20세기 초반에 소실된 당목을 신체로 모시고 있었다. 또한 현재 경흥당의 전신인 초가 형태의 마을회관 겸 제청도 그 당시에 축조된 것으로 간주된다(최종식 1999:263-264).

경흥당기의 기록이나 주민들 사이에서 구전되는 것에 비추어 볼 때, 19세기 전반부에 뱃불에서 하나였던 당이 두 개로 분화되었다. 이러한 배경에는 주로 농민이 제를 올리는 당에 어민의 왕래를 꺼리는 당시 농민들의 불편한 심기가 자리하였다. 그렇다고 어민들이 제를 중단할 수도 없었기 때문에 동신을 분리하여 현재의 아랫당에 있었던 나무에 천을 묶어 동신으로 모시게 되었다. 이처럼 주민의 생업활동의 차이에 의해서 당을 분리하여 운용한 것은 「경홍당기」에도 잘 나타나 있다.

뱃불에서 아랫당의 형성은 사실상 농민과 어민의 제당이 분리된 것을 의미하였다. 동제의 전반적인 운용은 동회를 중심으로 이루어졌으나, 각 제당의 관리와 제사는 농민과 어민이 분리된 채 이루어졌기 때문이다. 그런데 20세기 초반에 뱃불의 동제는 다시 통합되었다. 이러한 사실은 마을에서 정치망 어장을 경영하고, 구역별로 성립된 상포계의 계장이었던 한 주민이 윗당과 아랫당에서 제사를 드렸다는 것에서 잘 알 수 있다(최종식 1999:264). 뱃불에서 어민들도 윗당의 제사에 참여하게 된 것은 그만큼 마을의 경제에서 어업이 차지하는 비중이 증가한 탓이다. 어업과 관련된 새로운 기술과 지식이 도입되면서 어업으로 인한 소득이 증대되었고, 농사에 우선하던 주민들도 어업을 겸하게 되는 사례가 증가하면서 어업을 경시하던 주민들의 인식의 변화가 야기되었다.

뱃불에서 어민의 입지가 20세기 초반부터 강화된 것은 1937년에 경홍당을 개축하고, 당목으로만 구성되었던 윗당과 아랫당에 제당을 신축하는 과정에 잘 나타나 있다. 「경홍당기」에서처럼 정면 네 칸 규모의 경홍당과 사당의 형태로 두 곳에 제당을 신축하는 큰 사업을 어민이 주도하였다는 사실이 이를 뒷받침한다. 이와 더불어 윗당과 아랫당의 통합이 이루어진 것은 농민이 다수를 구성하고 농민을 중심으로 의사결정이 이루어졌던 뱃불에서 커다란 변화를 반영하고 있다.[23] 이상에서처럼 뱃불의 동제는 지난 수세기 동안 촌락 내부의 정치적, 사회적, 경제적 관계의 변화와 관련하여 제당의 분화와 통합을 거치면서 전승되어 왔음을 알 수 있다.

현재 뱃불에서는 여느 촌락과 마찬가지로 제관선정방식, 제관의 금기

---

23) 근래에는 뱃불마을 전체 가구주 중에서 약 2/3가량이 어업과 관련된 일을 하고 있을 정도로 어업에 종사하는 주민이 다수를 차지하고 있다. 이는 과거 어업을 경시하던 경향이 크게 개선되었음을 반영하고 있다.

수행, 제의 수효 등에서 간소화된 형태로 동제를 지내고 있다. 반면 제당의 구성은 위패를 모신 당집의 형태로 변경되었다. 마찬가지로 제의 절차도 무속적 방식에서 유교적 방식으로 변경되었다. 제의절차는 전반적으로 간소화되었으나, 제당과 제의는 정형화된 방식으로 변경됨으로써 민속제의의 반례화班禮化를 보여주고 있다.

VI. 맺음말

본 연구는 촌락의 정치적, 경제적, 사회적 관계가 시대를 거치면서 어떻게 변화하였으며, 이것이 마을공동체신앙인 동제의 지속 및 변화와 어떠한 상관성을 가지는 지에 대한 관심에서부터 비롯되었다. 이를 위해서 전통문화의 전승이 비교적 잘 이루어지고 있는 동해안의 반촌을 조사지역으로 선정하여 문헌연구와 현지조사를 병행하여 동제의 성립, 제당의 구성과 제의, 주재집단의 변화, 동제에 대한 주민 가치의 지속과 변화를 살펴보았다. 이 과정에서 인근의 어촌에서 동제가 어떤 방식으로 전승되어 왔는지도 함께 검토하였다.

영해지역의 대표적인 세 곳의 반촌과 한 곳의 어촌에서 전승되는 동제에 대한 조사의 결과는 다음과 같다. 첫째, 동해안지역 반촌의 동제는 최근까지 촌락의 주요 종족집단 중심으로 제의가 이루어져 왔다. 이에 반하여 주요 종족집단의 성원이 아닌 타성들은 동제의 운용과 관련하여 보조적인 역할을 담당하여 왔다. 이를 통해 반촌에서 지내는 동제가 촌락의 사회적 관계를 확인하고 지속하는데 작용하고 있음을 알 수 있다. 특히 주요 세 종족집단의 성원이 마을에서 다수를 차지하고 있으며, 동제에서 변화가 가장 적게 나타난 원구마을에서 이러한 현상이 가장 잘 나타나고 있다.

둘째, 영해지역 반촌의 동신은 주로 마을의 입구에서 액을 막는 수구막이 혹은 골맥이의 성격을 지니고 있다. 골맥이 동신은 세 곳 반촌 모두에서 확인할 수 있었으며, 특히 호지말의 큰 동신과 나라골의 팔풍정제당의 유래담을 통해 골맥이동신의 성격을 잘 살펴볼 수 있었다. 이는 부정한 것은 외부에서부터 들어온다는 인식이 영해지역에서 강하게 작용하여 영해지역의 촌락에는 수구守口의 개념이 강화된 민간신앙의 형태가 많은 것(이세나 1999:49)을 뒷받침하고 있다.

셋째, 동제를 지내는 방식은 유교식 제의를 따르고 있다. 호지말의 큰 동신제에서 거리신에 대한 간단한 제의를 병행하는 것을 제외하면 동제를 지내는 절차는 영해지역 반가에서 행하는 기제사, 묘제, 불천위제의 절차와 거의 동일하였다. 유교의 전통이 강한 지역적 특성이 반영되어, 경상북도 지역의 동제에서 흔히 나타나는 천왕굿, 마을굿과 같은 무속적 요소는 찾아볼 수 없었다. 나라골 팔풍정제당의 유래담에서 유교의 도입에 큰 역할을 한 역동선생이 학식으로 무속적인 속성을 가지는 팔령신을 제압하는 것에서도 이런 사정을 이해할 수 있다.

넷째, 근대화와 도시화의 영향과 새로운 가치관의 도입 등으로 동제가 간소화되거나 사라지는 한국사회 전반적인 양상을 영해지역에서도 찾아볼 수 있다. 영해지역에서 동제의 간소화는 제관선정방식의 변경, 금기수행의 완화 및 마을 내 제당의 통합으로 나타나고 있다. 제관선정에 따른 어려움을 해소하기 위하여 순번제로 제관을 정하거나 아예 이장이 담당하는 방식으로 바뀌었으며, 금기수행도 크게 완화되었다. 원구마을을 제외한 두 곳에서는 둘 이상의 제당이 하나로 통합되어 운용되고 있다.

다섯째, 동제의 간소화 경향에도 불구하고 영해지역 반촌의 동제는 향후에도 지속될 것으로 예상된다. 영해지역 반촌의 동제는 촌락민 전체의 염원을 기원하는 종교적 의미 이외에도 동제를 통해 촌락 주민의 사회적 관계를 확인하는 의미를 지녀왔다. 후자적 의미는 특히 원구마을과 호지말에서 잘 나타나고 있다. 비록 호지말에서 큰 동신제에 타성의 제관을 최근에 허용하고 있으나, 이는 종족집단 중심의 동제 운용이 어려운 상황에서 타성을 통해서라도 동제를 이어가려는 방편으로 이해할 수 있다.

또한 국책사업으로 진행 중인 경북유교문화권개발과 지방자치단체에서 후원하는 농촌테마마을조성사업은 관광자원으로서 전통문화에 대한 인식을 부각시키고 있어 영해지역 반촌 동제의 지속에 영향을 미치고 있다. 특히, 전통문화의 요소를 많이 보유하고 있는 반촌의 주요 종족집단에 대한 관심도 부각시킨다는 점에서 그동안 이들 주요 종족집단 중심으로 전승된 동제에 대한 관심도 동시에 부각되고 있다.

여섯째, 영해지역 어촌에서 제당의 분화와 통합과정은 촌락에서 주민의 정착시기 및 생업활동과 관련된 서열화의 존재와 그 변화의 과정을 잘 반영하고 있다. 주민의 경제에서 농업이 우선시되고 농민이 다수를 구성했던 19세기까지는 어업과 어민을 경시하는 경향이 만연하여 농민의 제당과 어민의 제당이 분리되어 운용되었다. 그러나 20세기 이후 외부로부터 정치망의 기법과 같은 새로운 기술이 도입되고, 주민 경제에서 어업이 차지하는 비중이 높아지면서 두 제당은 통합되어 운용되어 온 것이 이를 잘 뒷받침하고 있다. 민촌이자 각성촌락인 어촌에서도 반촌과 종족촌락에 못지않은 서열의식과 사회구성상의 이질적 특성이 존재하고 있음을 반영하고 있다.

이상에서처럼 동해안의 반촌과 어촌에서 살펴 본 동제와 같은 공동체의례의 전승은 종교적인 측면 외에도 촌락의 역사적, 정치적, 경제적, 사회적인 특성이 작용하고 있음을 알 수 있다. 동제가 혈연에 기초한 종족집단을 타성집단과 구별하는 기제로서 혹은 촌락의 제반사를 둘러싸고 경쟁관계에 있는 비슷한 세력의 종족집단들이 상호 견제와 협력을 도모하는 기제로서 의미를 지니는 반촌의 사례가 이를 뒷받침하고 있다. 아울러 설촌자와 입촌 순서를 반영한 동신의 신격과 농사와 어로의 생업활동의 차이에 따른 사회적 질서를 제당의 분화에 반영하고, 이러한 사회적 질서에 대한 인식의 변화에 따라 다시 제당을 통합한 어촌의 사례도 촌락의 사회적, 정치적 질서와 공동체의례 사이의 상관성을 잘 나타내고 있다. 이처럼 동제가 촌락 주민의 정치적, 경제적, 사회적 관계가 표출되고, 확인되고, 재편성되는 의례공간으로서 의미를 지니고 있다는 것은 촌락의 사회구성, 의사결정구조, 생업체계가 공동체의례의 지속과 변화에 관련되어 있음을 반영하고 있다.

참고문헌

강정원, 「동제 전승주체의 변화」『한국민속학』 36, 한국민속학회, 2002.

국립민속박물관, 『경북지방 장승·솟대신앙』 민속박물관학술총서 8, 1990.

김순모, 「나라골 팔종가의 연대에 관한 연구」, 안동대 석사학위논문, 1993.

남 훈, 『영해유록』, 향토사연구회, 2004.

안동대학교대학원민속학과BK21사업팀, 『셋이면서 하나인 원구마을』, 서울: 민속원, 2007.

영덕군지편찬위원회, 『영덕군지(하)』, 2003.

영덕문화원, 『영덕의 지명유래』, 2004.

오채준, 「경북 영덕군 원구리 마을의 전통주택 평면 특성에 관한 연구」, 연세대공학대학원 석사학위논문, 2004.

이상현, 「댐수몰 이주민의 새로운 생활과 동제 전통」『민속문화의 지속과 변화』, 서울: 집문당, 2001.

이세나, 「괴시 마을 당신화의 성립과 변화에 관한 연구」, 안동대 석사학위논문, 1999.

이수건, 『영남사림파의 형성』 영남대 민족문화연구총서 2, 영남대 출판부, 1979.

이수건, 『영남학파의 형성과 전개』, 서울: 일조각, 1995.

이수환, 「조선후기 영해지역 재지사족의 향촌지배」『울릉도·독도 동해안 주민의 생활구조와 그 변천·발전』 민족문화연구총서 26, 영남대 출판부, 2003.

이창기, 「종족구성과 마을조직」『지방사와 지방문화』 제9권 2호, 역사문화학회, 2006.

이창언, 「대도시산업개발에 따른 근린어촌지역의 변화」『울릉도·동해안 어촌지역의 생활문화연구』 민족문화연구총서 31, 서울: 경인문화사, 2005.

이창언, 「동해안지역 반촌 동제의 지속과 변화」『비교민속학』 제31집, 비교민속학회, 2006a.

이창언, 「도시지역 민간신앙의 전승에 관한 연구」 『민속학연구』 제18호, 국립민속박물관, 2006b.

이창언, 「경상북도 동해안지역 민간신앙 전승의 양상과 의미」 『대구경북학 연구논총』 제3집, 대구경북연구원, 2006c.

이창언, 「경북 동해안지역 동제의 지속과 변화」 『민속학연구』 제21호, 국 립민속박물관, 2007.

이필영, 「민속과 신앙: 마을신앙 연구성과를 중심으로」 『한국사론』 29, 국 사편찬위원회, 1999.

이현수, 「전남지방 당산제의 변모양상 연구」 『한국민속학』 38, 한국민속학 회, 1998.

정진영, 『조선시대 향촌사회사』, 서울: 한길사, 1998.

최인택, 「동제의 변화양상을 통해서 본 세시풍속과 종교성: 경북 영덕군의 사례를 중심으로」 『비교민속학』 제24집, 비교민속학회, 2003.

최종식, 「축산면 경정1리의 최종식의 이야기」 『영덕문화』 제10집, 영덕문 화원, 1999.

Acheson, "Anthropology of Fishing", *Annual Review of Anthropology 10*. Annual Reviews Inc, 1981.

Malinowski, *Argonauts of the Western Pacific*, London: Routledge & Kegan Paul, 1922.

제6장

역사문화자원의 관광자원화

I. 머리말

경상북도 영덕군 일대에는 태백산맥을 형성하는 팔각산, 칠보산 등의 산악과 동해가 어우러진 천혜의 자연적 조건을 갖추고 있다. 또한 영덕군은 영해면, 창수면, 도곡면, 병곡면을 중심으로 반촌이 밀집하고 있어서, 역사적으로나 문화적으로 많은 내용을 간직한 유서 깊은 고장이다. 그러나 수려한 자연환경과 유서 깊은 역사를 간직한 영덕군은 경상북도의 동해안에 위치한 5개의 지방자치단체 가운데 도서지역인 울릉군을 제외하면 경제적 기반이 가장 열악하다. 이러한 경제적 불리함을 극복하고 지역활성화를 도모하기 위하여 영덕군에서는 진작부터 관광진흥에 많은 관심과 노력을 기울여 왔다.[1] 영덕군의 취약한 경제적 기반을

---

1) 예컨대, 영덕지역의 깨끗한 자연환경을 이용하여 최근 진행되고 있는 새로운 에너지원 확보를 위한 풍력발전 및 태양광발전시설의 건립도 영덕해맞이공원을 활용하는 등 관광과 연계하여 추진되고 있다. 또한 지역을 대표하는 관광자원인 대게를 비롯한 해산물과 해수욕장을 활용한 대게특구사업과 고래불해수욕장개발을 지역의 숙원사업으로 설정하는 것에서도 잘 알 수 있다.

개선하기 위한 방안에서 관광산업이 차지하는 비중과 이에 대한 의존도
는 날로 높아지고 있다.[2]

이처럼 영덕군에서 관광산업 진흥에 다양한 노력을 기울이고 있지만,
현재까지는 기대만큼의 성과를 달성하지 못하고 있다. 그 원인으로 영
덕지역의 대표적인 지역상품인 대게와 관련한 상권구조의 취약성, 지역
상인의 영세성, 관광단지의 부재, 불편한 교통체계 등이 언급되고 있다.
이와 더불어 지역 특산품인 대게의 판매와 하절기 피서객 유치에 중점
을 둔 관광진흥책도 주요한 원인으로 작용하고 있다. 유서 깊은 역사와
문화를 간직한 지역의 특성을 고려한 역사관광, 문화관광, 생태관광 등
다양한 형태의 관광기회를 제공하기 위한 노력이 적절하게 이루어지지
못하였기 때문이다. 이런 점에서 영덕군 영해지역에 밀집된 반촌은 그
자체로 훌륭한 문화관광의 대상이 될 수 있다. 예컨대, 반촌의 생활문화
를 소개하고, 이를 체험할 수 있는 프로그램을 운용한다면 역사적, 문화
적, 교육적 측면에서 파급효과는 클 것으로 예상된다.

근래 경북북부 유교문화권 관광개발사업[3]이 영덕군에서도 진행되고
있을 뿐만 아니라, 동해안을 남북으로 연결하는 동해중부선철도건설사
업과 동해안과 서해안을 연결하는 고속국도 건설사업이 예정되어 있어

---

2) 대구의 한 방송국에서는 대구·경북의 각 고장을 소개하는 프로그램을 통해
서 경상북도 영덕군을 '천혜의 자연환경과 찬란한 문화유산을 보유한 21세
기 동해안시대 최고의 관광휴양지로 성장'할 것으로 예상하였다(TBC대구방송
2006년 4월 1일). 한편 영덕군의 미래를 예견할 수 있는 '영덕 비전21 청사진'
에는 향후 영덕군에서 중점을 둔 사업에 지역경제활성화, 북부유교문화권,
내륙개발·관광권, 생활환경개선, 장사관광권, 고래불·대진권, 죽도산권,
해양문화권, 삼사해상공원권 등 9개 권역별 사업을 제시하고 있다. 이 가운
데 한, 두 개를 제외한 대부분의 사업이 관광과 관련되어 있다. 이를 통해
영덕군의 관광산업에 대한 높은 관심을 이해할 수 있다(http://www.yd.go.kr).
3) 경상북도 북부에 위치한 안동시, 영주시, 상주시, 문경시, 의성군, 봉화군,
영양군, 청송군, 영덕군, 예천군, 울진군 등 11개 시군에서 진행되고 있는
유교문화권 관광개발사업에 관해서는 경상북도(2000) 참조.

향후 영덕지역에 이러한 사업이 미치는 효과가 클 것으로 기대된다. 수려한 경관, 해류산물의 다채로운 지역 특산물 그리고 반촌이 밀집한 독특한 역사와 문화적 배경을 갖춘 영덕군에서 이러한 기반사업이 완료되면 연중 내내 수많은 관광객의 도래가 예상되기 때문이다. 따라서 영해지역 반촌의 역사와 문화는 관광산업의 다변화를 모색해야 하는 영덕군의 입장에서 매우 소중한 자원이 될 수 있다. 특히, 영해지역에 밀집된 반촌과 인근의 문화재를 정비하는 유교문화권 개발사업이 진행되어 고택과 반촌의 정비가 상당히 진척됨에 따라 그 활용에 대한 관심이 점차 높아지고 있다.

이러한 필요성에 기초하여 제6장에서는 경상북도 영덕군 영해지역에 산재한 반촌의 역사문화자원을 문화관광의 자원으로 활용하는 방안을 모색해 보고자 한다.[4] 이를 위해 첫째, 영해지역의 역사와 문화에서 발견되는 특성을 문화관광을 위한 자원으로 활용할 수 있는 적절한 방향을 모색해 보고자 한다. 이 과정에서 경상북도 북부지역에서 진행되고 있는 유교문화권 관광개발사업과 영덕군 및 영해지역의 주민에 의한 문화관광을 위한 그간의 성과를 평가하고, 관광개발의 사회문화적 영향에 대한 기존 연구에 대한 검토를 병행하고자 한다. 둘째, 해안지역에서는 드물게 형성된 경상북도 영덕군 영해지역에 밀집된 반촌의 역사와 문화의 특성을 살펴보고자 한다. 이를 통해서 유교관련 문화재가 주를 이루는 영해지역에 산재한 역사문화자원의 현황과 특성을 살펴보게 될 것이다. 셋째, 향후 영해지역의 특성을 반영한 역사문화자원을 문화관광을 위한 자원으로 활용할 수 있는 적절한 방안을 모색해 보고자 한다. 이를 위해서 역사적, 교육적 가치가 높을 뿐만 아니라, 현재까지 전승되고 있는 반가의 의례와 생활문화를 체험하는 프로그램의 개발을 모색해 보

---

4) 본고에서 다루는 영해지역 반촌의 역사문화자원은 조선 중기 이후 영해지역 주요 사족들의 경쟁적인 종족활동의 결과를 보여주는 유교문화와 관련된 경관물과 영해지역의 반가에서 행한 의례 중심의 생활문화를 의미한다.

고자 한다. 넷째, 영해지역의 역사문화자원 가운데 반촌 음식문화의 특
성을 살펴보고, 음식문화의 전승과 관광자원화를 위한 방안을 모색해
보고자 한다.

영해지역에는 유교적 이념의 실천을 위한 종족집단의 활동이 잘 반
영된 종족촌락이 밀집되어 있다.5) 영해지역 반촌의 역사문화자원은 유
교문화와 관련된 것이 주를 이루고 있으며, 대부분 문화재로 지정되어
있다. 이들 영해지역의 역사문화자원은 유교문화권 관광개발사업에 의
해서 복원사업이 진행되고 있다. 도시화와 산업화의 영향으로 전통적
생활양식은 많이 사라지고 있으나, 영해지역의 반촌은 건축물을 중심으
로 훌륭한 유교적 문화경관을 이루고 있다. 유교적 문화경관은 조선시
대 유교적 이념의 실천과 일상의 실용적 목적에 부합되는 물리적 실체
인 동시에, 다양한 유형과 수준의 사회적 관계를 반영한 상징적 의미체
이다(손재완 2004:117). 이처럼 반촌의 경관물은 그 의미와 상징을 통해서
반촌의 일상과 의례, 나아가 지역의 역사와 문화의 특성을 반영하는 매
개물로 의미를 지니게 된다. 따라서 역사적, 문화적, 교육적 측면에서
전승의 가치를 지니고 있으며, 문화관광을 위한 훌륭한 자원이 될 수
있다.

역사관광, 유적관광, 민속관광으로서 문화관광은 획일화되고 소모적
인 일부 관광행태를 극복하는 대안으로 간주되고 있다.6) 문화관광은 이
용자와 제공자 모두에게 각자가 지니는 문화의 동질감을 인식하게 한다
는 측면에서 그 자체가 소통을 위한 열린 공간으로 작용할 수 있다. 문
화관광의 참여자는 대상 문화로부터 서로의 다름을 인식하고, 이러한
다름의 소통을 위한 접점을 모색하게 되기 때문이다. 이는 후기산업사

---

5) 본고를 위한 자료는 2004년 겨울부터 약 1년에 걸쳐 영해지역 주요 반가
   에서 행하는 기제, 불천위제, 묘제, 상·장례와 같은 가례와 영해향교에서
   행하는 석전제에 대한 조사를 통해서 수집하였다.
6) 문화관광의 의미와 실천에 관해서는 황달기(1997), 이창언(1998) 참조.

회에서 문화향유의 욕구 증대라는 보편적인 현상과 이를 위한 문화관광의 중요성을 이해할 수 있는 하나의 배경이 된다. 역사적, 문화적, 교육적 가치가 높은 전통문화는 문화적 정체성의 혼돈이 가속화되는 후기산업사회에서 그 보존의 가치가 높아지고 있다. 이런 점에서 영해지역 반촌의 생활문화를 보존하고 활용하기 위한 노력은 전통문화의 현재적 의미에 대한 성찰과 그것의 공유를 위한 실제적인 관심에 기여할 것으로 예상된다.

II. 역사문화자원의 활용을 위한 기본 방향

1. 유교문화권 개발사업의 성과와 과제

경상북도 북부지역의 각 시군에서는 이곳에 집중된 유교문화자원을 발굴하여 보존하고, 이를 계승하고 발전시킨다는 취지에서 2000년부터 10여년에 걸쳐 유교문화권 관광개발사업이 진행되고 있다. 이 사업의 목적은 문화적 자긍심을 고양하고, 교육의 장으로 활용하며, 문화산업의 기반을 구축하기 위함이다. 이 사업은 대상지역에서 문화자원을 확인하여 복원 및 재현의 가치가 있는 문화자원을 선정하고, 이들 문화자원의 복원, 재현 및 관광자원화를 위한 기반 조성의 방식으로 순차적으로 진행되고 있다.

경북 북부지역에서는 성리학의 도입 이래 도의와 염치를 숭상하는 학문적 기풍 아래 학자를 존중하는 유교적 문화풍토를 잘 살펴볼 수 있다. 조선시대 이래로 서원, 서당, 사우, 재사, 향교, 누정의 선비문화의 현장에서 향회, 도회, 유림회, 사림회, 종회 등의 집단적 회합을 통해 유교문화의 전통을 지속하였다. 이러한 풍토 속에서 인격과 윤리적 실천으로 사람을 평가하였으며, 불의에 항거하는 비판적 정신이 배양되었다 (경상북도 2000:32-53). 이러한 유교문화자원을 통해서 학문도야를 통한 개인의 도덕적 자아의 완성과 국난 시에 구국활동의 실천에 무게를 둔 영남유학의 정신을 엿볼 수 있다. 영남 유학의 이러한 특성은 정체성의 혼란이 가속화되는 후기산업사회를 살아가는 우리에게 정체성의 정립을 위한 교육적, 문화적 재료로서 보존되고 전승되어야 할 훌륭한 문화적 자산으로서 가치가 높다.

유교문화의 전통은 가례와 향례를 통해서 현재까지 전승되고 있지만, 점차 사라져가는 전통문화의 하나로서 유교문화의 기본정신을 구체화하기 위한 다각적인 노력이 진행되고 있다. 특히, 경북 북부지역의 유교문화권 개발사업에 해당되는 지방자치단체에서는 복원하고 재현할 가치가 높은 문화자원을 중점자원으로 선정하여, 이를 주변의 연계자원과 함께 정비하는 사업을 진행하고 있다.

영덕군에서는 유교문화 관광자원 개발사업과 관련하여 신돌석의병장 유적과 전통문화마을인 괴시리의 호지말과 인량리 나라골에 대한 복원과 정비가 중점사업으로 선정되어 진행되고 있다. 이들 중점정비사업 가운데 신돌석의병장유적은 유학의 근대 지향성과 충의정신을 구현한다는 취지로 신돌석의병장의 생가, 기념관, 항일유적지를 연계한 정비사업이 계획되었다. 이에 따라 신돌석의병장의 생가와 기념관을 연결하는 도로의 확장과 정비, 생가지 주변 공공주차장 조성 등의 사업이 진행되었다. 호지말과 나라골에 대한 정비사업은 해안권의 유교문화 탐방지 조성과 목은 이색의 유적지 복원을 중심으로 계획되었다. 이를 위해 호지말의 경우 마을 자료관의 건립, 목은 이색 유적지 복원, 고택 개보수, 도로 및 주차시설의 확충, 옥외 휴게시설 설치 등의 사업이 진행되었다.

〈표 1〉 영덕군 유교문화권 관광개발사업 현황

사업 구분	사업명	사업기간	사업내용
중점 정비	신돌석장군 유적지 성 역화 사업	2000~2004	· 신돌석 장군 유적지 · 대소산 봉수대 · 도로 개설 · 예주문화예술회관 · 3·1의거탑
	괴시·인량마을 정비	2000~2007	· 괴시리 정비, 목은유적지, 인 량리 정비
관광 개발	죽도산 정비	2007~2011	· 해산물전시장, 스포츠센타 · 콘도 및 편의시설
	삼사해상공원확대개발	2001~2007	· 전망대, 도로, 기반편의시설
	고래불관광지개발	2001~2011	· 숙박시설, 휴게시설, 기반편의 시설
문화재	영덕 향교	2005~2006	· 건물보수, 주변정비
	영해 향교	2006~2007	· 건물보수, 주변정비
	장육사	2001~2006	· 학술용역, 건물보수, 나옹선사 유적지
	화수루	2007~2008	· 건물보수, 주변정비
	영해부 구 관아복원	2001~2005	· 학술용역, 책방관사 주변정비
	유금사	2005	· 사찰정비, 주변정비
	덕후루	2004	· 건물보수, 주변정비
루트	신돌석·괴시루트	2000~2002	· 괴시마을과 신돌석루트
기타	안내센터	2000~2005	· 신돌석유적지
연계 행사	복사꽃축제 대게축제	2001~2010	· 신돌석장군출정식 · 풍어제(별신굿) · 대게축제 · 복사꽃아가씨선발

자료: 영덕군 문화관광과 내부자료(2006년).

이상에서 알 수 있듯이 영덕군에서 진행되고 있는 유교문화 개발사
업은 주로 유적의 복원, 도로와 주차장 확충 등 고건축의 정비와 주변
기반시설의 확충에 집중되어 있다. 이를 통해서 문화유적의 보존에 크
게 기여하는 효과를 달성하고 있으나, 활용에 대한 부분이 미약함을 알

수 있다.

<표 1>에서처럼 영덕군에서는 앞서 언급한 중점정비 문화자원 정비 사업 외에 영해지역에 산재한 관련 문화재 및 해양관광자원에 대한 정비사업에 많은 성과를 이루어 왔다. 그러나 전반적인 유교문화권 개발 사업에서와 마찬가지로 영덕군에서도 건물보수, 주변정비, 마을정비, 기반편의시설 등에 편중되어 있음을 알 수 있다. 현재까지는 유교관련 전통문화를 전승하고 공유할 수 있는 활용에 관한 구체적인 실천이 미흡한 실정이다. 목은 이색선생 추모 학술제와 같은 프로그램을 제외하면, 영해지역에 밀집된 반촌과 유교문화에 대한 체계적이고 상세한 프로그램의 운용은 이루어지지 않았다. 전통문화의 보존은 전통문화의 전승과 불가분의 관계를 맺고 있다. 그런데 전통건조물의 보존에 국한된 보존사업은 그것이 지니는 문화적 가치와 의미의 전승에 비효과적일 수 있다는 점(김용환·오석민 1995:84)에서 전통문화의 활용을 통한 계승방안의 모색이 필요하다.

이처럼 지역의 독특한 역사와 문화를 적절하게 활용하지 못한 사례는 행정기관이 아닌 주민이 운용하는 체험마을에서도 찾아볼 수 있다. 영해지역의 대표적인 반촌인 창수면 인량리 나라골은 농촌전통테마마을로 지정되었으며, 주민들은 '영덕 나라골 보리말'이라는 테마마을을 운용하고 있다. 마을에 있는 폐교를 개조하여 숙소를 조성하고 주로 도시지역의 가족이나 단체 방문객을 대상으로 1박 2일 동안 몇 가지 주제로 분류된 체험프로그램을 실시하고 있다.7) 여기에서는 인량리 나라골의 문화유산을 탐방하거나 종가집의 제사상차림, 명심보감배우기와 같은 반가의 생활문화를 체험하는 프로그램을 운영하고 있다. 그러나 이

---

7) 영덕나라골보리말 테마마을에서 시행하는 체험프로그램의 주된 내용은 보리밟기, 보리수확, 보리짚공예 등 보리농사와 관련된 것이다. 이 외에도 나라골 문화유산탐방, 사군자사랑방, 동해안해맞이, 먹거리체험 등이 있다 (http://narabori.go2vil.org).

런 내용의 프로그램은 매우 한정된 시간에 이루어지고 있다. 예컨대 나라골 문화유산탐방에는 한 시간 정도를 할당하고 있다. 그런데 나라골은 성인이 도보로 둘러보는 데에도 한 시간 이상 소요되는 것에 비추어 볼 때, 나라골 문화유산 탐방은 나라골의 특수한 역사와 문화 그리고 그것이 지니는 가치를 심층적으로 반영한다고 보기 어렵다.

이상에서처럼 행정기관과 주민에 의해 실행되고 있는 영해지역 문화관광의 현황에 기초하여 볼 때, 반촌과 유교문화의 가치를 반영한 프로그램의 적극적인 도입이 필요하다는 것을 알 수 있다. 이에 따라 영해지역 반촌의 역사와 문화적 특수성을 반영하고, 그 가치의 공유와 전승을 위한 적절한 문화체험 프로그램의 개발과 운용이 영해지역 문화관광의 바람직한 실현을 위한 새로운 과제가 되었다.

2. 역사문화자원 활용의 기본 방향: 진정성, 실현가능성, 지속성

경상북도 북부지역에 산재한 유교문화자원에 대한 정비보존사업은 역사문화자원의 효율적인 보전에 우선적인 목적을 두고 있다. 또한 역사문화자원의 정비와 보존 그리고 이것의 관광자원화를 도모한다는 측면에서 문화관광을 위한 노력으로 이해할 수 있다. 그런데 이 사업은 역사문화관광을 위한 별도의 공간을 조성하는 것이 아니라, 주민의 생활공간에서 진행되고 있다. 이런 점에서 정비되고 복원된 유교문화자원을 관광자원으로 이용하는 사람은 물론 이를 제공하는 사람 모두에게 미칠 수 있는 영향에 대한 면밀한 검토를 요하고 있다. 즉, 역사문화자원을 매개로 이루어지는 문화관광을 위한 사업이 이용자(게스트)와 제공자(호스트) 모두에게 미치는 영향에 대한 검토가 선행되어야 할 것이다.8)

---

8) 문화관광의 실행에 따른 이용자와 제공자의 입장과 역할 그리고 관광이 이

관광개발이 지역사회에 미치는 영향에 관한 기존의 연구는 관광에 따른 지역사회의 사회적, 경제적, 문화적, 환경적 충격으로 구분하여 언급하고 있다.9) 관광은 지역사회의 새로운 소득원이 되고, 주민 가족생활의 안정적 재생산에 기여하는 등 지역사회 활성화에 긍정적으로 작용하기도 한다. 그러나 지역사회에 대한 관광의 영향은 대부분 부정적인 측면으로 나타나고 있다. 관광은 때로 기존 공동체의 해체, 전통의 파괴, 불균등한 경제적 혜택에 따른 사회적 갈등의 심화, 게스트문화와 호스트문화의 차이에 따른 문화적 소외감의 증대라는 사회적 문제를 양산하기도 한다.

이러한 관광개발의 부정적인 측면을 방지하기 위한 대안적인 관광개발의 방안이 모색되고 있다. 지역주민이 참여한 개방적인 개발 방식의 도입, 지역의 환경파괴와 문화적 손상의 방지, 관광지의 전통문화와 문화적 정서를 보존하기 위한 교육프로그램의 도입, 소규모의 분산된 형태로의 개발, 외부자본 의존도의 최소화 등이 대안적 관광개발의 방안으로 주목받고 있다(Brohman 1996:63-66). 결국 성공적인 관광개발은 관광에 따른 소득의 정도가 아니라, 지역 문화의 적절한 보존과 지역사회의 발전이라는 측면에서 평가되어야 함을 강조하고 있다.

이상의 대안적인 관광개발에 대한 논의를 영해지역의 역사문화자원의 보존과 활용을 위한 방향 설정에 적용해 볼 수 있다. 특히, 주민에 개방적이고 주민의 참여를 전제하는 개발방식, 지역의 문화와 환경의 보존, 지역 정서의 보존을 위한 교육프로그램의 도입 등은 전통문화의 보존과 활용에 시사하는 바가 크다. 역사문화자원을 활용한 문화관광의 실행은 전통문화의 변질 혹은 퇴색 그리고 해당 지역주민과 이들을 넘어서는 보다 큰 체계와의 갈등과 대립을 초래할 수 있기 때문이다(홍석준

들에 미치는 영향에 관해서는 Smith(1977) 참조.
9) 관광이 지역사회에 미치는 긍정적이고 부정적인 영향에 관해서는 전경수 (1987), 문옥표(1994), 이창언(2002), Graburn(1983), Cohen(1996) 참조.

2003:116-120). 이런 점에서 지역의 문화, 환경, 정서를 보존하고 이를 외부인들과 공유할 수 있는 교육 및 문화체험 프로그램의 운용에 주민, 전문가 및 행정기관의 지속적이고, 균형적인 참여가 요망된다.

영해지역의 반촌에서는 이미 막대한 비용을 들여 국책사업으로 진행되고 있는 경북북부 유교문화권 관광개발사업에 의해서 고건축 위주의 정비사업이 상당히 진척되었다. 따라서 본고에서는 전통문화의 역사적, 문화적, 교육적 의미를 제공자와 이용자가 공유하고, 나아가서 전통문화의 계승에 기여할 수 있는 적절한 프로그램의 개발에 국한하여 살펴보도록 하겠다.

일반적으로 반촌이라 할 때에는 저명한 종족집단이 위선사업 중심의 종족활동을 경쟁적으로 전개해 온 종족촌락을 의미하며, 이러한 종족촌락의 역사문화자원은 유교의 이념 및 실천과 관련된 것이 대부분을 차지하고 있다. 현조를 현양하는 사업을 위하여 후손들이 족계를 설립하고, 위토답 등의 재산을 기반으로 경쟁적인 종족활동을 전개하는 과정에서 이른바 유교문화경관을 겸비한 종족촌락이 형성되었다. 유교적 문화경관은 유교적 이념과 실천을 위한 공간으로 강학공간, 수기 및 풍류공간, 조상숭배공간, 추모공간으로 구성되어 있으며(손재완 2004:122), 종족촌락의 사회적 구성, 서원, 재실, 정자, 묘소 등이 유교문화경관의 특징을 나타내는 요소들이다(박성용 2006:192).

이러한 경관물 중심의 유교문화경관, 유교의 학문과 실천에 관한 문헌 및 역사적 사건 모두를 반촌의 역사문화자원으로 설정하여 그 역사적, 문화적, 교육적 가치의 공유와 계승을 위한 노력이 뒷받침될 때, 적절한 문화관광이 실현될 수 있다. 이에 앞서 언급한 대안적 관광개발의 여러 방안에 기초하여 유교문화자원의 적절한 활용을 위한 기본 방향을 진정성, 실현가능성 및 지속성으로 설정하는 것이 바람직하다고 판단된다. 이를 반촌의 문화경관은 물론 유교적 이념의 실천과 관련된 역사적 사건을 겸비한 영해지역 반촌에 적용해 보면 다음과 같다.

진정성은 영해지역 반촌 생활문화의 고유성을 의미한다. 반촌 일반에 서 발견되는 생활문화가 아니라, 영해라는 지역적 특수성이 반영된 생 활문화를 가리킨다. 이는 현재 반촌에 거주하는 주민의 문화적 실천에 대한 체계적인 조사와 발굴을 통해서 확인될 수 있다. 현재까지 전승되 는 향례와 가례, 의·식·주생활 위주의 물질문화를 비롯하여 이미 중 단되었더라도 원형 복원이 가능하고 전승의 가치가 높은 문화자원에 대 한 체계적인 발굴이 뒷받침되어야 한다. 이를 통해 문화자원의 적절한 보존과 활용을 위한 프로그램의 개발과 운용이 용이해 질 수 있다.

실현가능성은 역사문화자원 활용을 위한 무리한 추진을 지양하고, 시 행착오에 따른 손실을 최소화하는 노력을 의미한다. 이는 적절한 범위 의 물적 기반 조성 및 추진 가능한 프로그램 개발을 통해서 달성될 수 있다. 그런데 영해지역에서는 막대한 비용이 소요되는 문화자원 활용에 따른 물적 기반의 조성이 이미 국책사업으로 상당부분 진행되었다는 점 에서 유리한 입장이다. 이 사업에 의해 조성되거나 조성 예정인 물적 기반을 최대한 활용할 수 있기 때문이다.

지속성은 역사문화자원의 보존과 전승을 의미한다. 이는 보존의 가치 가 높은 문화자원의 공유를 위한 다양한 체험프로그램과 전통문화의 전 수를 위한 프로그램의 개발을 통해서 가능하다. 즉, 일반 문화체험자를 대상으로 하는 프로그램과 문화의 전승주체인 지역 주민을 대상으로 하 는 프로그램의 이원적 운용이 필요하다. 관광이 지역의 문화, 환경 및 정서의 보존에 미치는 부정적인 영향을 최소화하기 위함이다. 나아가서 진정성에 기초한 전통문화의 체험프로그램을 공식 교육과정에 도입할 때, 해당 문화의 전승과 역사적, 교육적 가치의 공유에 미치는 효과는 크게 증대될 수 있다.

III. 영해지역 반촌의 역사문화자원

앞서 언급하였듯이 영남의 대표적인 해읍海邑이었던 영해지역은 '소
안동'이라 할 정도로 명문가들이 터를 잡은 반촌이 밀집해 있으며, 강
원도의 강릉지역과 더불어 동해안지역에서는 드물게 반촌이 형성된 곳
이다. 영해의 토착 세력들은 바다와 평야에서 생산되는 풍족한 물적 기
반으로써 영남의 주요 사족들과 인적 교류와 혼인을 통해서 사족으로
성장하였다. 이 과정에서 해안지역에서는 드물게 영해지역에 여러 반촌
이 형성될 수 있었다.[10)]

조선 중기 이후에는 퇴계의 학통을 이어받은 많은 유학자들이 학문
에 진력하여 다수의 과거급제자를 배출함으로써 영해지역은 문향으로
서의 명성을 얻게 되었다. 특히, 퇴계에서 학봉으로 이어진 퇴계학맥의
큰 줄기가 경당 장흥효, 존재 이휘일을 거쳐 갈암 이현일로 이어졌고,
갈암 이후의 퇴계학이 갈암으로부터 말미암는다는 것에서 문향으로서
영해지역의 특성을 잘 이해할 수 있다(박홍식 2004:222).

영해지역의 반촌인 관어대, 괴시, 원구, 옥금, 가산, 오촌, 인량, 송천,
거무역, 도곡, 상원, 칠성, 묘곡 등지는 조선 중기 이후 경쟁적인 종족활
동을 전개하면서 성장한 영해의 5대 성씨에 포함된 종족집단이 촌락을
대표하거나 혹은 대표적인 여러 종족집단 가운데 하나로 자리 잡은 곳
이다. 반촌마다 그간의 종족활동을 반영한 고택, 사당, 누정, 재실을 비
롯한 독특한 경관을 형성하고 있다.

일반적으로 반촌에 해당하는 저명한 종족촌락의 경관상 특징을 살펴
보면 다음과 같다. 종택과 유력자의 집을 비롯한 다수의 기와로 지어진

10) 조선 후기 영해지역 재지사족의 동향에 관해서는 정진영(1988), 이수환(2003)
    참조.

고가, 조상의 위패를 모신 사당, 석물을 갖춘 묘소, 제각 및 재실, 학행
이 뛰어난 조상을 향사하는 서원과 사우, 묵인과 묵객이 교류하던 누정,
문중의 자제를 교육하던 강당, 충신·열녀·효자를 기리는 정려 그리고
민간신앙의 대상이 되는 신목·장승·성황당과 같은 상징물 등이 있다
(김필동 2006:81-82). 영해지역의 반촌에서도 이러한 유교문화와 관련된 경
관물을 쉽게 찾아볼 수 있다. 영덕군에 산재한 문화재의 절대 다수가
영해지역에 집중되어 있으며, 이는 영덕군의 지정문화재 55점 가운데
50점의 지정문화재가 영해지역에 밀집하고 있는 것에서 잘 알 수 있다.
영해지역은 행정구역상 경상북도 영덕군에 속해 있으나, 조선시대까지
만 해도 영해부가 설치되어 영덕군뿐만 아니라, 인근의 영양군, 울진군
등지의 중심지였다.

〈표 2〉 영해지역 문화유산 현황(단위: 점)

지정 문화재						비지정 문화유산					
고택	누정	재실	불교 관련	기타	소계	비갈	탑	기념관	향교	관아터	소계
28	7	4	3	8	50	3	1	1	1	1	7

자료: 남훈(2004:514-543)

<표 2>에서처럼 영해지역에 산재한 지정문화재는 고택이 다수를 차
지하는 가운데, 향교, 서원,[11] 재사, 정자, 누각, 정려비, 서당 등 유교의
이념과 실천을 반영하는 동시에 반촌의 생활문화를 살펴 볼 수 있는 문
화재가 주를 이루고 있다. 기타에 해당하는 지정문화재에서 봉수, 민가,
향나무, 별신굿을 제외한 서적문서류, 정려, 서당 등도 유교관련 문화재

---

11) 영해지역에는 광산서원, 구봉서원, 단산서원, 대봉서원, 운산서원이 있었으
나, 조선말기 철폐령에 의해 모두 훼철되었다. 현재 서원터에 재실을 건립
하여 사용하는 사례가 있다. 이밖에 문화재로 지정되지 않은 영해지역의
유교문화관련 경관물 중에는 정사精舍 6점, 정자亭子 21점, 재사齋舍 80점이
있다(남훈 2004:357-379).

로 분류된다. 따라서 조선 중기 이후 여러 종족집단에 의한 경쟁적인 종족활동의 결과로 볼 수 있는 유교문화경관물이 영해지역 문화재의 절대다수를 차지하고 있음을 알 수 있다.

영해지역의 지정문화재 현황을 주요 반촌별로 살펴보면 다음과 같다. 호지말에는 경상북도에서 지정한 민속자료인 '영양남씨 괴시파종택'을 비롯하여 고택, 정자, 서당 등 14점의 문화재가 있다. 호지말은 최근 경상북도 북부 유교문화권개발사업과 관련하여 마을 전체에 대한 보수정비작업이 진행되어 마무리 단계에 있어 과거 반촌의 모습이 거의 복원되어 있다. 원구마을에는 경상북도에서 지정한 유형문화재 148호인 영해난고종가문서를 비롯하여 유형문화재 2점, 기념물 1점, 민속자료 2점이 문화재로 지정되어 있다. 인량리 나라골에는 각 종족들이 거주하는 공간을 중심으로 고택, 정자 등이 위치하고 있으며, 국가지정 중요민속자료인 '영덕충효당'을 비롯하여 경상북도에서 지정한 7점의 문화재가 있다.

〈표 3〉 영해지역 주요 반촌의 문화재 현황

면	리(마을)	주요 문화재
영해	괴시 (호지말)	괴시파 종택, 대남댁고택, 물소와고택, 물소와서당, 혜촌고택, 천전댁, 번호댁, 입천정, 주곡댁, 경주댁, 구계댁, 괴정, 영감댁, 사곡댁
영해	원구(원구)	경수당 향나무, 난고종가 정침, 난고종가 문서, 경수당 종택
창수	인량 (나라골)	인량 충효당, 갈암종택, 용암종택, 정단 정려비, 만괴헌, 지족당고택, 우계종택, 강파헌정침
축산	도곡(반포)	무의공 종택, 도곡 충효당

자료: 남훈(2004:514-543)

이밖에도 창수면 오촌리에는 경상북도 민속자료인 면운재고택를 비롯하여 경상북도 문화재자료 4점이 있다. 오촌리에 인접한 창수면 갈촌리에는 나옹선사와 관련된 장육사와 보물로 지정된 장육사건칠보살좌상 등 다수의 불교와 유교관련 문화재가 있다. 도곡리에는 경상북도 민속자료인 무의공 종택과 충효당을 비롯하여 대소산 봉수대, 신돌석장군 생가지 등의 문화재가 있다. 이들 영해지역의 문화재는 창수면 오촌리와 갈천리에 소재한 것을 제외하면 영해면 소재지에서 가깝게는 1km에서 멀게는 3km 정도 거리에 위치하고 있다. 비교적 좁은 지역에 다수의 유교관련 문화재가 집중되어 있어 공간적으로 밀집된 영해지역 반촌의 입지적 특성을 잘 반영하고 있다.12)

영해지역의 불교관련 지정문화재는 각각 보물로 지정된 병곡면에 위치한 유금사의 삼층석탑과 창수면에 소재한 장육사의 건칠보살좌상이 대표적이다. 이밖에도 경상북도 유형문화재로 지정된 장육사가 있다. 비지정 문화유산으로는 영해 향교, 관아터, 영양남씨시조유허비, 목은이 색선생유허비, 의병장 김도현의 도해단踏海壇, 3·1의거탑, 의병장 신돌석 장군 기념관 등이 있다. 영해지역에 산재한 대부분의 반촌에서는 동제와 같은 민간신앙을 지속하고 있다. 더욱이 반촌에 해당하지는 않지만, 영해지역의 어촌에서는 해마다 수차례의 동제를 지내고 있으며, 주기적으로 별신굿도 행하고 있다.13) 이처럼 영해지역에서는 유교를 비롯하여, 불교와 무속 등 다양한 형태의 문화자원을 쉽게 접할 수 있다.

이상에서 살펴 본 영해지역의 문화재는 영해별신굿을 제외하면 대부분 유형의 문화자원에 해당된다. 그런데 반촌 역사문화자원의 보존과 활용을 위해서는 건축물 위주의 유형문화자원 못지않게 반가에서 실천되는 생활문화도 커다란 의미를 지닌다. 반가에서 행하는 각종 의례와

---

12) 영해지역의 지정문화재를 비롯하여 주요 반촌인 나라골, 원구마을, 호지말 중심의 미지정 문화재의 목록에 관해서는 별첨한 <부록> 참조.
13) 영해지역의 4개 면 중에서 동해안에 위치한 병곡면, 영해면, 축산면에는 모두 14곳의 어촌이 있다. 이들 어촌에서는 예외 없이 동제를 지내고 있으며, 이 중 12곳의 어촌에서는 매년 두 번 이상 동제를 지내고 있다. 또한 9곳의 어촌에서는 5년에서 10년을 주기로 별신굿도 행하고 있다. 영해지역 어촌의 촌락공동체신앙에 관해서는 이창언(2007) 참조.

세시풍속 그리고 지역사회 중심의 향례를 통해서 지속되는 전통문화는 그 자체로 공동체의 정신을 크게 반영하고 있기 때문이다. 불천위제와 묘제는 종족집단 단위로 이루어지고, 동제나 향례는 좁게는 촌락단위에서 그리고 넓게는 지역사회 전체에서 행하는 의례이다. 따라서 인간성 파괴와 소외의 정도가 심하고, 가족해체의 양상이 빈번한 현대를 사는 우리에게 공동체를 지향하는 반촌의 생활문화가 지니는 의미는 크다. 더욱이 이러한 의례의 실천을 통해 의례 자체는 물론 의례용 의복과 음식 등의 전통문화가 전승되기 때문에 전통문화의 보존이라는 측면에서도 큰 의미를 지닌다.

〈표 4〉 영해지역 불천위

불천위	종족집단	비고
난고 남경훈 불천위	영양남씨	임란 의병장
무의공 박의장 불천위	무안박씨	임란 무관
운악 이함 불천위	재령이씨	영남유학의 계승자
석계 이시명 불천위	재령이씨	영남유학의 계승자
존재 이휘일 불천위	재령이씨	영남유학의 계승자
갈암 이현일 불천위	재령이씨	영남유학의 계승자
사복시정 박지몽 불천위	무안박씨	무안박씨 영해 입향조

자료: 남훈(2004:383-388)

<표 4>는 영해지역에서 학문과 의를 숭상한 인물에 대한 불천위제를 나타낸 것이다. 영해의 재령이씨 종족집단에서는 이함李涵, 이시명李時明, 이휘일李徽逸, 이현일李玄逸 등 모두 네 위에 대한 불천위제사를 지내고 있다. 운악雲嶽 이함은 재령이씨 영해파 입향조인 이애李璦의 손자이며, 임진왜란이 발발하자 창의하여 팔공산과 화왕산 회맹에 참전하여 공을 세웠다. 석계石溪 이시명은 이함의 삼남으로 학문에 뜻을 두어 퇴계학을 계승하였으며, 사후에 이조판서로 추증되었다. 이시명의 차남인 존재存齋 이휘일도 퇴계학을 계승하였다. 이시명의 삼남인 갈암葛菴 이현일은 퇴계

〈사진 1〉 영양남씨 난고선생 불천위제

학을 계승한 영남의 거유로서 이 조판서를 역임하였다.

무안박씨 종족집단에서는 영해 입향조인 박지몽朴之蒙과 그의 현손인 무의공武毅公 박의장朴毅長에 대한 불천위제사를 지내고 있다. 무의공은 무과에 급제하여 임진왜란 당시 경주판관으로서 경주탈환전투에 참전하여 공을 세웠다. 영양남씨 종족집단에서는 영양남씨 영해 입향조의 7세 손으로 임진왜란 당시 의병장으로 활약하였고, 높은 학식과 효행으로 모범을 보인 난고蘭皐 남경훈南慶薰에 대한 불천위제사를 지내고 있다. 이처럼 영해지역의 불천위제는 학문과 의를 숭상한 인물을 중심으로 행하여지고 있으며, 그 정신은 구한말과 일제 강점기를 통해서 구국활동에 나선 지역 인사들로 이어진다는 점에서 지역의 역사와 문화적 정체성의 형성에 큰 의미를 갖는다.

이밖에도 반가의 생활문화 가운데 음식문화의 특성을 이해할 수 있는 귀중한 자료도 영해지역에서 찾아 볼 수 있다. 창수면 인량리 나라골에 종택을 둔 재령이씨 종족집단에서 조선 후기 영남학을 계승한 존재와 갈암의 어머니인 안동장씨가 저술한 『음식디미방』이 이에 해당한다. 『음식디미방』은 재령이씨 가문으로 시집 온 장씨 부인이 반가에 내려오거나 스스로 개발한 조리법을 후손들에게 전승하기 위하여 기록한 조리서이다. 이 조리서는 크게 면병류麵餠類, 어육류魚肉類, 소과류蔬果類, 술·초류에 관한 조리법이 기록되어 있다(황혜성 2000). 재료와 계절에 따라 반가에서 정성을 다해서 장만한 음식은 현재 일부만 반가를 통해서 전승되고 있는 실정이다. 또한 이 조리서에 소개된 음식의 재료와 조리법이 오늘날 참살이 혹은 웰빙문화에서 실천하는 것과 유사하여 많은 관심을 모을 수 있다.

이상에서처럼 영해지역은 비교적 좁은 지역에 반촌이 밀집되어 있어 반가의 생활문화를 살피는데 매우 적합한 곳이다. 과거에 비하면 크게 위축되었으나, 반가의 생활문화는 불천위제, 묘제, 상·장례와 같은 의례와 계절음식을 통해서 전승되고 있다. 그러나 여느 농촌과 마찬가지로 과소화와 고령화의 정도가 심각한 영해지역의 반촌에서 이러한 전통이 지속될 수 있기는 어려울 것으로 예상된다. 따라서 전통적인 반가의 생활문화의 전승을 위한 노력과 관심이 시급한 실정이다.

IV. 반촌의 문화관광 자원화 방안

문화자원의 적절한 활용이 문화자원의 보존에 긍정적인 영향을 미친다는 사실은 진리 추구를 위한 인간의 보편적인 활동이라는 문화관광의 기본 취지에서 잘 나타나고 있다. 문화관광의 대상물은 진리추구를 위한 인간의 보편적인 활동의 대상이 되는 순간에 그 보존가치가 증대되기 때문이다. 문화자원과 관광과의 연계는 지역의 환경, 사회 및 문화에 대한 배려, 적정규모의 개발, 기본 욕구와 평등성의 중시, 지역 주민의 주체적 참가, 상황변화에 따른 유연한 대응 등의 원칙이 고수된다면 지속적인 효과를 기대할 수 있다(타마키 1997:104-106). 이는 결국 반촌의 생활문화에 익숙한 주민이 참여하고 주도하는 프로그램의 개발과 운영이 특정 지역의 역사와 문화의 전승에 유리하게 작용한다는 것을 의미하고 있다.

급격한 사회문화적 변화를 겪는 현대사회에서 전통문화의 진정성에 대한 관심과 그것이 현대사회에서 어떤 의미를 지닐 수 있는지에 대한 관심이 증가하는 추세이다. 이런 점에서 영해지역 반촌의 생활문화를 중심으로 하는 문화자원을 활용한 문화관광은 큰 의미를 지닐 수 있다.

따라서 문화자원의 외관 및 원형의 복원과 보존에 대한 관심과 노력은 그 내용을 채우는 노력과 병행됨이 바람직하다.

최근 반촌의 역사·문화자원 활용에 관한 조사·연구들은 해당 촌락의 역사·문화적 특성을 부각시키고, 촌락의 인적자원을 활용함으로써 주민참여형 체험프로그램의 운용을 강조하고 있다. 또한 주변자원을 연계함으로써 프로그램의 다변화 도모의 필요성을 제기하고 있다.[14] 이러한 방식은 현지주민의 일상생활과 의례생활에 관한 프로그램을 주민이 직접 운영한다는 점에서 앞서 언급한 문화의 진정성, 실현가능성, 지속성의 효과를 높일 수 있다. 영해지역 반촌의 문화자원에도 이러한 방안을 적용할 때 반촌문화체험 프로그램의 운용을 위한 문화자원의 발굴, 이에 기초한 다양한 프로그램의 개발, 프로그램 운용을 위한 기반 조성, 주변 자원과의 연계 모색 등이 이루어져야 한다. 이상의 방안은 실현이 용이한 사안부터 순차적으로 이루어짐이 바람직하며 이를 구체적으로 살펴보면 다음과 같다.

첫째, 문화자원의 발굴은 반촌이 밀집된 영해지역의 특성을 고려하여 반촌형성 이후의 역사와 문화에 대하여 심층적으로 진행되어야 한다. 성리학의 이념을 실천한 선비들의 생활과 예를 엄격히 따른 반가의 의례생활과 일상생활에 대한 정밀한 검토가 선행되어야 한다. 영해지역에서는 예로부터 학문과 의를 숭상한 학자와 의로운 선비를 비롯한 많은 인물이 배출되었다. 고려 말 성리학자인 목은을 비롯하여 영남학파의 거두인 퇴계의 학풍을 계승 발전시킨 이휘일, 이현일, 이재와 같은 학자와 임진왜란을 통해 공을 세운 무의공 박의장, 의병으로 창의한 난고 남경훈, 한말 의병장인 신돌석과 일제에 항거하며 자결한 김도현 등의 인물이 있다. 이러한 역사적 의의를 지니는 인물의 학문과 의를 숭상하

---

14) 이러한 연구의 예로 경상북도 의성군, 『의성 사촌·산운마을 정비 기본계획』, 영남대학교 민족문화연구소, 2002 참조.

는 정신은 영해지역의 역사적 특성을 잘 반영하고 있어서 반촌문화체험을 위한 프로그램개발에 좋은 자원이 될 수 있다.

이와 더불어 반가의 의례, 일상생활, 세시풍속, 민간신앙에 대한 검토가 병행될 필요가 있다. 불천위제, 묘제, 상·장례 등의 반가의 의례와 의식주생활, 설, 대보름, 초파일, 추석, 동지 등의 일부 세시풍속과 동제와 같은 민간신앙은 현재에도 주민들에 의해서 실행되고 있기 때문에 비교적 용이하게 자료를 수집할 수 있다. 그러나 여타의 농촌지역과 마찬가지로 영해지역의 반촌에서도 이촌향도의 현상이 뚜렷이 전개되었다. 따라서 대부분 고령의 주민들로 구성된 반촌의 생활문화가 지속될 것인지는 확신할 수 없다는 점에서 자료수집의 시급성을 요한다. 반촌의 문화자원발굴은 각 가정이나 종족집단별로부터 시작하여 반촌별 마을지 작성으로 확대하여 이루어지는 것이 적절하다.

둘째, 반촌의 문화자원을 활용할 수 있는 프로그램개발은 앞서 발굴한 문화자원에 기초하여 현지 주민이 참여하는 방식으로 개발되어야 한다. 또한 영해지역에서 전통문화를 체험하는 방문객에 따라 차별화된 프로그램이 개발되어야 한다. 이는 방문객의 연령별, 성별, 직업별 특성에 적합하고, 방문시기와 기간에 따라 다양한 주제의 프로그램의 개발을 의미한다. 영해지역에서는 역사적 인물을 기리는 내용의 프로그램과 의례와 의식주생활을 중심으로 반가의 생활문화를 체험하는 프로그램을 참가대상의 특성과 참가시기에 따라 주제를 특화하는 것이 바람직하다고 판단된다.

예컨대, 영해를 빛낸 역사적 인물에 관한 프로그램에 참여하는 대상이 고령의 교육계에 종사하는 사람들이라면 영남유학을 계승 발전시킨 갈암과 밀암의 학문에 관한 내용의 비중을 높이고, 인량리의 갈암종택, 충효당 등의 고택에서 진행하는 방안을 고려할 수 있다. 마찬가지로 재령이씨 이수악의 병신년 창의거병과 영해의병의 투쟁은 창의한 장소와 전투가 이루어진 장소에 대한 탐방의 방식으로 진행할 수 있다. 중등학

〈사진 2〉 영해향교 춘계석전제(2006년)

교 이하의 비교적 어린 학생들을 위해서는 영해를 빛낸 선비나 의병장이 어린 시절에 행한 학업이나 전쟁놀이 등을 서당을 활용하여 진행하는 것이 바람직하다. 또한 주말과 방학을 이용하여 가족단위의 관광이 증가하는 추세를 고려하여 가족·친족 관계, 전통예절, 전통의례를 내용으로 하는 프로그램을 하루에서 2박 3일의 다양한 시간대로 편성하여 운영할 때 큰 효과를 기대할 수 있다.

주부를 대상으로 하는 프로그램으로는 반가의 생활문화, 특히 반가의 의례용, 일상용, 계절별 음식을 장만하고 음미하는 내용을 고려해 볼 수 있다. 이 경우 안동장씨 부인의 『음식디미방』은 훌륭한 교재로 활용될 수 있다. 같은 음식문화체험 프로그램이라도 학생이나 어린이들을 대상으로 할 때에는 제사 때 진설하는 밤, 대추 등의 과일류와 영해지역에 독특한 편과 적을 예법에 따라 제기에 쌓아 진설하는 프로그램의 운용이 가능하다. 어린이와 학생을 대상으로 실시되는 이런 방식의 프로그램은 적어도 지역의 중등과정이나 초등과정의 교과과정에 적용하는 것을 모색하는 방식으로 확대해 나갈 수 있다.[15] 휴가철이나 방학, 평일, 주말 등 방문객의 방문시기에 따라 프로그램의 내용을 신축적으로 운용할 수 있는 다양한 문화체험의 프로그램이 개발되어야 한다.

셋째, 문화체험프로그램의 적절한 운용을 위한 기반이 조성되어야 한다. 이러한 기반조성은 전통문화의 전시·보관·교육이 진행될 전수관

---

15) 이처럼 정규 교육과정을 통한 전통문화의 전승의 필요성에 관해서는 임재해(2004) 참조.

의 건립과 문화체험프로그램을 위한 교육 및 홍보 등이 포함된다. 전통문화전수관은 영해지역 반가에서 소장하고 있는 고서와 문서, 전통 생활도구 등의 전시와 보관 그리고 전통문화체험프로그램 운용을 위한 준비와 행정 및 회계 등의 처리를 위한 공간으로 기능할 것이다. 일부 반가에서 소장하고 있는 문화유산을 보관함으로써 관리 부실에 따른 훼손과 도난을 방지할 수 있다. 별도의 건물을 건립하는 것이 바람직하겠으나, 영해면 소재지에 건립된 '예주문화회관'이나 창수면 인량리의 '영덕 나라골 보리말'에서 운용하는 폐교를 개조한 건물을 한시적으로라도 활용하는 것을 고려함이 바람직하다.

〈표 5〉 영해지역 반촌문화체험프로그램의 구상

주제	세부주제	주요 대상	자료
학문과 의를 숭상한 선비정신	영남의 유학	이시명, 이휘일, 이현일, 이재	석계집, 존재집, 갈암집, 밀암문집
	의병창의	이함, 남경훈, 박의장	경주회맹, 팔공산회맹, 화왕산성동고록
반가의 생활문화	반가의 의례	불천위제, 묘제, 상·장례	
	반가의 음식	의례용 음식 일상음식 계절음식	음식디미방

전통문화전수관은 전통문화체험을 위한 교육과 홍보를 위해서도 필요하다. 교육은 앞서 언급하였듯이 전통문화체험의 이용자와 제공자 모두를 대상으로 이루어져야 한다. 이용자에 대한 교육은 본격적인 전통문화체험에 앞서 교육내용의 개괄적인 안내와 사전 준비 등에 관한 것이 주요 내용이다. 따라서 전통문화체험을 홍보하는 프로그램과 병행하여 시행될 수 있다. 제공자에 대한 교육은 전통문화의 전승자를 대상으로 프로그램의 실제 내용을 이용자들에 적절하게 전수하는 것을 주요 내용으로 한다.

〈사진 3〉 나라골 보리말 체험관

영해지역 전통문화체험 프로그램의 효과적인 운용을 위해서 특정 기구의 설치가 수반되어야 한다. 전통문화의 보존과 전수에 관심과 능력을 갖춘 주민과 행정기관의 관련 공무원, 학계의 전문가 및 지역 교육기관의 교육자 등으로 구성된 '영해지역 전통문화 보존회'와 같은 기구를 결성하는 것이 바람직하다. 농촌인구의 고령화와 이촌이 심각한 상황이라는 점에서 영해지역 반가의 생활문화에 해박한 지식과 경험을 갖춘 주민의 확보는 시급을 요하는 사안이다. 지역 교육기관의 교육자를 포함시킴으로써 전통문화프로그램을 교육기관의 정규 교과과정으로 적용하는 것이 용이해 질 수 있다. 이럴 경우 보다 체계적인 전통문화의 보존이 가능해 질 수 있다.

넷째, 이상의 영해지역 유교문화자원을 활용한 프로그램을 영해지역의 다른 문화자원과 연계하여 운용하는 방안을 모색하여야 한다. 앞서 살펴보았듯이 영해지역에는 불교문화자원과 무속문화자원도 많이 분포하고 있다. 또한 현재까지 영덕군을 찾은 방문객들의 대부분은 주로 동해안과 태백산 줄기의 자연경관을 구경하고, 대게를 비롯한 해산물을 즐겨 찾고 있다. 따라서 영덕지역의 기존 관광의 추세에 문화관광을 도입할 경우 그 효과는 배가될 것으로 예상된다. 문화체험프로그램을 통해 체류기간이 늘어날 뿐만 아니라, 기존의 관광지나 특산물에 대한 홍보의 효과를 기대할 수 있기 때문이다.

주변의 문화자원과 유교문화체험프로그램을 연계하는 방안은 불교문화, 무속문화로 구분하거나 삼자를 하나로 묶는 방안 등 다양하게 기획할 수 있다.

보물급 문화재를 간직한 태백
산맥 기슭에 위치한 장육사, 유금
사 등의 사찰 탐방은 영해지역의
수려한 산과 계곡에 대한 관광을
포함하는 효과도 기대할 수 있다.
무속문화와의 연계는 영해지역의
반촌과 어촌에서 지내는 동제와
어민이 주도하는 별신굿과 같은

〈사진 4〉영해면 대진리 별신굿(2006년)

민속문화를 활용하는 것이다. 특히, 영해지역의 별신굿은 경상북도 무형
문화재로 지정될 정도로 높이 평가되고 있다. 별신굿은 전통사회에서 단
지 종교적 의식에 그치지 않고, 종합예술제적 성격을 지녔다. 그러나 별
신굿은 어촌마다 짧게는 2~3년, 길게는 10년을 주기로 지내기 때문에,
상설화된 전시공간의 조성이 선행되어야 한다. 전통사회에서 유교문화와
무속문화는 병치될 수 없었지만, 이들 모두는 반촌과 민촌이 공존해 온
해읍인 영해지역의 특성을 잘 반영하는 역사·문화자원이다. 중·장기
적으로는 영해지역에 무속박물관을 건립하여 전통문화의 보존과 관광자
원화를 동시에 모색함이 바람직하다.

V. 음식문화의 특성과 전승 방안[16]

현대사회에서 전통문화가 지니는 의미를 공유하고, 이를 적절하게 전
승하는 방안을 모색하는 것은 시급한 과제가 되고 있다. 우리사회에서
급격히 전개된 근대화와 산업화는 전통적 생활양식의 급격한 변화를 초

---

16) 영해지역 반촌의 의례용 음식과 가양주를 비롯한 음식문화의 특성과 그 전
   승에 관해서는 이창언(2006) 참조.

래하였다. 이러한 현상은 최근에 이를수록 더욱 심화되어, 국가에서 문화재로 지정하여 전승하려는 전통공예마저 그 맥을 잇기 어려운 형편에 이르렀다.

문화재로 지정되지 못한 전통문화의 경우 그 보존과 계승은 기대하기 어려운 실정이다. 음식문화도 마찬가지여서 향토의 역사와 문화를 반영한 음식도 점차 사라지고 있다. 이러한 배경으로는 음식문화의 서구화, 생활문화 전반의 변화에 따른 전통적 조리법의 쇠퇴, 향토성을 배제한 음식산업의 성장, 전통음식 계승의 어려움 등을 언급할 수 있다. 이제 집집마다 색다른 장맛을 기대하기 어려워지고, 전국적으로 획일화된 장맛에 길들여지고 있다. 이런 양상은 일상식에 한정되지 않고, 의례용 음식에도 동일하게 적용되고 있어, 음식문화 전반에 걸쳐 진정성의 상실이 심각한 정도로 진행되고 있다.

그렇다고 해서 문화적 동질감을 형성하고, 자긍심과 창조성을 제고하는 동시에 사회통합의 효과를 발휘하는 등 역사적, 교육적, 문화적인 측면에서 소중한 의미를 지니는 전통문화의 전승을 위한 노력을 소홀히 할 수 없다. 제5절에서는 영해지역 반가의 음식문화를 살펴보고, 이를 적절하게 전승하는 방안을 모색해 보고자 한다.

영해지역의 반가의 음식문화를 대상으로 하는 배경은 다음과 같다. 첫째, 영해지역에는 해안지역에서는 매우 드물게 반촌이 밀집해 있어, 그 특이성을 반영한 반가의 생활문화를 살펴볼 수 있다. 둘째, 일반 농촌과 마찬가지로 영해지역 반촌에서도 이촌향도에 따른 심각한 인구유출에 따른 반촌의 생활문화가 급속히 사라지고 있어, 그 보존이 시급한 실정이다. 셋째, 영덕군은 경북북부유교문화권개발사업에 포함되어 영해지역의 반가와 반촌에 대한 정비사업이 진척되고 있어 훌륭한 문화관광의 대상이 되고 있다. 여기에 적절한 유교문화체험 프로그램을 운용한다면 문화관광의 효과를 배가 시킬 수 있다. 넷째, 이러한 유교문화체험 프로그램에 반가의 의례와 생활문화를 반영한 음식문화체험 프로그램을 운용함으로써 그 보존과 활용의 효과를 동시에 기대할 수 있기 때문이다.

이에 따라 해안지역에서는 드물게 형성된 영해지역 반촌의 일반적 특성과 음식문화의 특성을 우선 살펴보고자 한다. 다음으로 영해지역 반가의 음식문화를 현재에도 쉽게 찾아볼 수 있는 불천위제사, 묘제, 기제사, 차례 등의 제례와 상·장례 등의 의례용 음식과 계절음식을 중심으로 살펴보고자 한다. 마지막으로 영해지역 반가 음식문화의 적절한 보존방안을 모색해 보고자 한다. 이를 통해서 영해지역 반가의 음식문화를 실현가능한 방식으로 그 진정성을 지속하는데 기여할 것으로 예상된다.

1. 영해지역 음식문화의 특성

조선시대 편찬된 『단양부지丹陽府誌』, 『영녕승람盈寧勝覽』과 같은 영해지역에 대한 지지의 토산조나 물산조를 통해서 영덕지역에는 광어, 대구, 문어, 홍합, 송어, 복, 연어, 황어, 은어, 해삼 등의 해산물을 비롯하여 약재, 과실류, 곡류 등이 주로 생산되었음을 알 수 있다. 또한 영덕지역에는 제례, 동제, 별신굿과 같은 의례용 음식에 많은 정성을 들인 것이 지역 음식문화의 특성으로 언급되고 있다(영덕군 2002:597-598).

영해지역의 의례용 음식으로는 불천위제사, 묘제 및 별신굿을 위한 음식이 대표적이다. 특히, 각종 제사를 위한 포脯, 편餬, 적炙과 같은 제수에서 지역적 특성이 나타나고 있다. 포는 대구포를 비롯하여 북어포와 문어포를 사용하고 있으며, 지역 주민들은 대구포를 큰포라고 한다. 편은 시루떡을 본편으로 하고 그 위에 절편, 인절미, 조약, 잡과 등 7, 8가지 부편을 고여 진설하고 있다. 적은 소, 돼지, 닭 등의 육미적과 대게, 문어, 방어 등의 어적을 함께 고여 진설하고 있다. 이외에도 밥식해와 밀국

〈사진 5〉 원구마을 동제 진설

수나 메밀국수를 별도로 장만하여 진설하는 것도 영해지역 제사 음식의 특징이다.

영덕군의 동해안에 위치한 어촌에서 어민의 안전과 풍어를 기원하면서 정기적으로 행하는 별신굿에는 용떡이라는 특수한 모양의 떡이 있다. 용떡은 쌀을 재료로 만든 절편을 길게 늘여 용의 모양으로 만든 떡이다. 별신굿에는 쇠머리를 제외한 육류는 가급적 사용하지 않고, 어류 중심으로 제수를 장만하고 있다.

경상북도의 경주, 상주, 안동, 영덕지역을 중심으로 실시한 민속조사에서도 동해안에 위치한 영덕지역에서는 생선회, 밥식해 등 해산물을 이용한 일상식과 의례용 음식의 보편화가 이 지역 식생활의 특성이라 하였다(문화재관리국 1977:473-474). 당시의 조사에 기초하면 꽁치국, 물회, 회덮밥, 고등어찜, 생미역, 게장, 게다리구이, 은어구이, 은어회, 꽁치젓, 멸치젓, 방어젓, 광어젓, 성게젓, 밥식해 등이 이 지역의 대표적인 음식이다. 이 보고서는 주로 영덕군의 해안에 위치한 어촌에서 수집한 자료에 기초하여 작성되었다. 그러나 어촌에 인접한 영해지역의 반가에서도 의례용 음식과 일상식에서 해산물이 차지하는 비중이 높게 나타나고 있다.

예로부터 영해를 포함한 영덕지역의 음식에 해산물이 주류를 이루는 것은 영남유학의 대학자였던 존재와 갈암의 생모인 안동장씨의 『음식디미방飮食知味方』에서도 잘 나타나고 있다. 이 조리서에는 마른 전복, 자라, 생치, 참새, 웅장, 산돼지, 황구, 순채, 동과, 산갓 등 희귀한 재료가 많이 등장한다. 이 외에도 숭어를 비롯하여 청어, 방어, 붕어, 연어, 해삼, 생복, 대합, 모시, 가막조개, 게, 자라 등의 어육류를 이용한 요리가 많다. 이들 어류들은 모두 동해안에서 흔히 잡히는 것으로, 영해와 인근 지역에서 비교적 쉽게 구할 수 있었다. 특히 숭어를 이용하여 만두나 전을 만들 정도로 흔하였던 것으로 추정된다.

이 조리서에는 반가의 생활문화를 엿볼 수 있는 여러 가지 편을 비롯하여 약과, 다식, 빙사과, 강정 등의 조과류도 많이 등장한다. 제사와 같은

〈사진 6〉 동해안 별신굿의 용떡

의례가 잦고 손님을 치루는 일이 많기 때문에 삼해주, 삼오주, 이화주, 송화주, 죽엽주, 유하주, 사시주, 하절주 등 여러 가지 재료를 가지고 계절에 따라 제조한 가양주의 제조법도 기록되어 있다.

이상에서처럼 영덕지역에는 태백산맥과 동해안에서 생산되는 다양한 재료로써 향토성이 짙은 음식문화가 형성되어 있음을 알 수 있다. 영덕군 지역의 반촌과 어촌에서 일상식과 의례용 음식을 통해서 이러한 특성을 알 수 있다. 근래에는 영덕대게와 각종 해산물을 이용한 음식과 함께 영해에 산재한 반촌의 의례용 음식과 반가의 절식이 지역의 음식을 대표하고 있다.

2. 반가의 음식

영해지역 반가의 음식은 크게 의례용 음식과 계절식으로 구분해 볼 수 있다. 여기에서는 현지조사를 통해서 관찰할 수 있었던 불천위제와 묘제 등의 의례용 음식과 계절식 그리고 가양주, 다식류를 중심으로 살펴보고자 한다.

1) 의례용 음식

불천위제사는 나라에 큰 공을 세우거나 학문이 높은 분의 사후에 대대로 제사를 지내도록 나라에서 허락한 제사를 가리킨다. 따라서 불천위제사를 지내는 가문은 물론 그 고장에 큰 명예가 되었다. 영해지역에는 재령이씨, 무안박씨, 영양남씨 종족집단에 모두 일곱 분의 불천위묘不遷位廟가 있다. 이들 영해지역의 불천위묘에는 임진왜란 때 참전하여 공을 세운 분과 퇴계학을 계승하여 학행이 높은 분들의 위패를 모시고 있다.

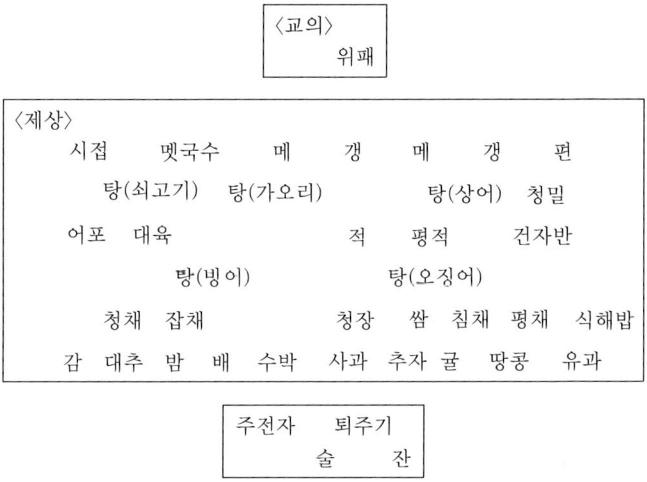

```
                      〈교의〉
                       위패

 〈제상〉
    시접   멧국수   메   갱   메   갱   편
       탕(쇠고기)   탕(가오리)      탕(상어)  청밀
    어포   대육           적   평적   건자반
       탕(빙이)              탕(오징어)
    청채   잡채        청장  쌈  침채  평채  식해밥
    감  대추  밤  배  수박  사과  추자  귤  땅콩  유과

                   주전자    퇴주기
                    술      잔
```

〈그림 1〉 재령이씨 갈암선생 불천위제 진설도

불천위제사는 가문과 고장의 명예를 반영하기 때문에 대제大祭라 칭하고 정성을 다해서 음식을 장만하고 엄격한 절차에 따라 제의를 지내게 된다. 본고에서는 재령이씨 불천위에 대한 문헌(국립문화재연구소 2005:132)과 영양남씨 불천위에 대한 현지자료에 기초하여 살펴보겠다.

<그림 1>은 문헌에 나타난 재령이씨 영해파 종족집단의 불천위제의 상차림이다. 현지조사를 통해 살펴 본 영양남씨 불천위제 진설도와 비

교해 볼 때, 커다란 차이를 보이지 않는다. 다만 영양남씨들의 경우 탕이 1개가 적은 차이가 있다. 이는 영양남씨들은 상어를 제수로 사용하지 않아 어탕에서 하나가 부족하기 때문이다. 그리고 도적에서 대게와 닭의 사용 여부에서 차이가 있다.

영해지역 반가의 의례용 음식 중 제사상에 올리는 제수 가운데 도적과 편이 두드러진다. 일반적으로 도적에는 '우모린羽毛鱗'의 원칙을 적용하고 있다. 즉, 아래로부터 어류, 육류, 조류의 순으로 제수를 쌓는 것이 원칙이다. 따라서 집산적, 대게, 가자미, 방어 혹은 고등어, 북어, 상어산적, 문어, 조기, 쇠고기 산적, 봉적(닭찜)의 순으로 쌓게 된다. 그러나 문어를 밑단에 놓으면, 그 위로 다는 산적을 놓기 어렵기 때문에 봉적 바로 아래 두기도 한다. 대게, 방어, 상어, 문어 등 해산물 위주의 도적을 제상의 한가운데 진설함으로써 바다에 임한 영해지역 의례용 음식의 특성을 잘 반영하고 있다.

겹겹이 쌓아 올린 편도 이 지역 제수의 특징을 이루고 있다. 편은 본편과 웃기편으로 구분하여 쌓는다. 본편은 시루떡을 가로와 세로가 어긋나게 위로 갈수록 넓어지게 쌓는다. 본편은 일반 기제사일 경우에는 7단으로 쌓고, 불천위제사에는 9단으로 쌓는다. 웃기편은 영양남씨 불천위제의 경우 백편, 쑥절편, 경단, 부편, 송구송편, 깨꾸리, 전, 잡과편, 주악의 순으로 위로 갈수록 좁게 쌓는다.

과일의 진설은 조, 율, 이, 시의 순으로 하고, 호두, 잣, 땅콩 등을 장만하고 있다. 또한 계절에 따라서 살구와 복숭아를 제외한 사과, 귤, 수박, 참외 등의 과일을 함께 진설하고 있다. 대추, 밤, 호두, 땅콩은 제기에 그대로 담아 진설하기도 하지만, 일반적으로는 층층이 괴어 진설하고 있다. 대추는 가마솥에서 쪄내고 조청으로 버무린 다음 제기에 돌려가며 쌓고, 깨를 뿌려 진설한다. 밤과 호두는 쌀을 채워 편편하게 한 다음 한지로 덮은 제기에 층층이 쌓는다. 이때 각 층마다 한지를 깔고 7촌 높이로 과일을 쌓는다(황혜성 2000:190-191).

〈사진 7〉 영양남씨 난고선생
불천위제 진설

이 밖의 영해지역 반가의 의례용 음식의 특성은 삼채와 식해밥에서 찾을 수 있다. 영양남씨 난고종택에서는 백채, 흑채, 청채의 삼채를 진설하고 있다. 백채로는 콩나물과 무나물, 흑채로는 미역과 고사리나물 그리고 청채로는 배추나물과 시금치나물을 진설하고 있다. 미역을 무쳐 진설하는 것을 통해서 해산물이 풍부한 지역 사정을 이해할 수 있다. 삼채와 함께 젓갈류를 사용하지 않고 무와 배추로 장만한 백김치도 진설하고 있다.

식해밥은 영해지역 제사 음식에서 빠지지 않는다. 요즘에는 감주에서 밥만 건져 제기에 담아 진설하는데, 원래의 형태는 이와는 다르다. 영양남씨 난고종택에서는 명태, 가자미, 건오징어 등의 어물을 고두밥, 조밥, 무채와 섞은 뒤 소금, 엿기름, 고춧가루, 마늘, 계피 등의 양념과 함께 며칠 동안 삭힌 밥식해를 일상 음식으로 장만하였다. 제사 때에는 고추, 마늘 등의 양념류를 버무리지 않고 삭힌 밥식해를 별도로 장만하였다.

음력 시월에 산소에서 지내는 묘제의 진설은 기제사의 그것에 비해 간단하다. 도적, 편, 포와 과일만을 진설하고 있다. 도적의 경우 원래는 육류를 포함하여 진설하지만, 어류만으로 그것도 마릿수나 가짓수를 줄여 장만하고 있다. 편도 불천위제에 비하면 크게 간소화하여 진설하고 있다. <사진 8>은 원구리의 영양남씨 묘제 진설 사진인데, 이처럼 일반 제사에 비하여 제수를 간소화하는 경향은 대흥백씨, 무안박씨의 묘제를 통해서도 알 수 있다.

삭망전은 상중에 초하루와 보름날 아침에 지내는 제사인데, <사진 9>

〈사진 8〉영양남씨 묘제 진설   〈사진 9〉재령이씨 삭망전 진설

는 인량리에 거주하는재령이씨의 삭망전의 진설 사진이다. 불천위제에 비하면 간소하지만, 일반 기제사와 큰 구분없이 진설하고 있음을 알 수 있다.

2) 기타 음식

<표 6>은 영해지역을 포함한 영덕지역의 세시음식을 나타낸 것이다. 계절에 따라 용이하게 구할 수 있는 재료로써 다식, 떡, 국수, 팥죽 등을 장만하는 것이 여타 농촌과 크게 구분되지 않는다. 다만, 영해지역에서는 반가에서 제례와 빈례를 대비하여 장만한 가양주와 다식을 용이하게 볼 수 있다.

창수면 인량리의 재령이씨 우계종택에서는 계절에 따라 생산되는 과일, 꽃을 활용하여 다양한 가양주를 장만하고 있다. 특히 국화가 만개한 가을에는 특별히 제조한 '국송주'를 빚는다. 국송주는 중구를 전후하여 빚는 세시주인 국화주에 솔잎 등의 다양한 재료를 첨가하여 담근 술이다. 원래 국화주는 청주에 국화를 일정 비율로 담구어 빚는 방법과 감국화를 고아낸 즙액에 누룩과 술밥 그리고 지황, 당귀, 구기 등을 섞어서 빚는 방법이 있다. 그런데 우계종택의 국송주제조법은 후자의 경우에 해당하며, 여기에다가 색다른 재료를 첨가하여 빚는다.

〈표 6〉 영해지역 계절별 주요 음식

월	세시	시식
정월	설	유과, 빈사과, 강정, 단술, 약과
	대보름	칼국수, 떡국, 유과, 쌀강정, 오곡잡밥, 귀밝이술, 묵나물, 약밥, 단술, 약과, 나물쌈, 김쌈
이월	영등	나리떡, 수꾸떡, 송편, 쑥떡, 흰떡, 술떡, 꼼바떡, 섬떡, 함만네떡
삼월	삼진	꽃전, 국수
오월	단오	손국수
유월	유두	국수, 수제비
	월중	손국수, 칼국수, 감자, 밀국수
칠월	월중	수제비, 국수, 절편, 찰떡
팔월	추석	송편, 수제비, 기지떡, 절편, 찰떡, 마구실기, 잔편, 경단
동짓달	동지	팥죽

자료: 국립문화재연구소, 『경상북도 세시풍속』, 2002, 593쪽.

우계종택에서 제조하는 국송주에는 국화 외에 솔잎, 대추, 곶감, 생강, 감초, 송이버섯, 엿기름, 누룩, 찹쌀 등의 재료가 포함된다. 가장 중요한 재료인 국화는 영해지역에서 흔히 발견되는 소국화인데, 소국화는 재래종으로서 향이 독특하다고 한다.

〈사진 10〉 국송주와 안주상차림

〈사진 11〉 영해 우계종택 다식

영해지역 반가에서 주로 마련하는 다식에는 송화다식과 흑임자다식이 대표적이다. 송화다식은 송홧가루에 꿀을 넣어 반죽한 뒤 다식판을 이용하여 밤톨 크기로 만들어 낸다. 흑임자다식은 볶아 갈아낸 깨에 물 엿, 설탕, 물을 넣어 찧어낸 다음 꿀로 반죽하여 다식판을 이용하여 만 들어 낸다. 이밖에도 호박씨를 사이에 넣은 곶감과 제사 때 진설하기 위해 설탕, 물엿 등과 함께 찧은 대추를 다식과 안주로 장만하고 있다.

3. 음식문화 전승을 위한 제언

앞서 살펴보았듯이 관광에의 의존도가 날로 높아지는 영덕군에서는 다양한 관광상품의 개발을 필요로 하고 있다. 이런 점에서 영덕군에서 관심을 기울여야 하는 문화상품개발에 영해지역 반가의 음식문화는 매 우 긍정적인 측면을 포함하고 있다. 문화적 정체성의 혼란이 증대되는 후기산업사회에서 문화관광, 전통문화체험의 중요성이 부각되고 있을 뿐 만 아니라, 반가의 전통음식은 그 자체로 참살이(웰빙)가 강조되는 현 상 황에서 문화상품으로서 훌륭한 가치를 지니기 때문이다. 따라서 영해지 역에서 고택의 정비사업 위주로 진행되는 유교문화권개발사업에 유교문 화체험 프로그램의 개발이 병행되어야 할 것이다. 이는 반가의 음식문화 를 비롯한 전통문화의 보존과 활용에도 긍정적으로 작용할 것이다.

이를 위한 방안은 전통문화전수회의 구성, 음식문화체험 프로그램의 개발과 운용, 음식문화체험 프로그램의 공식 교육과의 연계 등을 언급 할 수 있다. 전통문화전수회는 앞서 언급하였듯이 음식문화체험을 비롯 한 영해지역 전통문화체험 프로그램을 주관하는 기구로서 체험프로그 램의 기획과 운용, 강사진 혹은 전문가의 구성과 교육을 주도하기 위하 여 필수적이다.

둘째, 음식문화에 국한하여 볼 때 현재까지 반가에서 실천하고 있는 제례 등의 의례용 음식과 가양주를 비롯한 절식을 우선적으로 활용하는 것이 바람직하다. 제례용 음식의 장만과 가양주의 제조는 영해지역 여러 반가에서 실천하고 있어, 강사진은 물론 그 내용을 쉽게 확보할 수 있기 때문이다. 향후에는 안동장씨의『음식디미방』을 주 교재로 활용하여 옛 방식대로 재현하고 음미하는 음식문화체험 프로그램으로 확장시키는 방안을 모색할 수 있다.

보다 효과적인 운용을 위하여 체험프로그램을 실시하는 시기, 체험대상, 체험내용 등을 세분하는 것이 바람직하다. 예컨대, 하절기과 동절기의 방학 기간에는 청소년을 대상으로 제사상차리기와 함께 제사상에 진설하는 밤, 대추 등을 제기에 쌓는 것과 다식만들기를 위주로 하는 비교적 간단한 음식문화체험 프로그램을 적용하는 것이 바람직하다. 청소년을 대상으로 밤, 대추, 호두 등의 과일을 제기에 쌓는 것과 다식만들기 등의 프로그램은 전통문화에 대한 이해와 함께 인내심과 정교함을 발휘해야 한다는 점에서 인성교육에도 도움이 될 것으로 기대된다.

또한 주말이나 연휴에 방문하는 가족단위, 외국인 등을 대상으로 하는 프로그램에서는 영해지역 반가의 한정식을 장만하고 음미하는 프로그램을 운영할 수 있다. 영해지역의 한정식에 지역 특산물인 대게, 송이버섯 등을 포함시켜 향후 지역을 대표하는 음식문화상품으로 개발할 수 있다. 특히,『음식디미방』에 소개된 면병류, 어육류, 소과류 및 가양주 등은 향후 지역을 대표하는 문화상품으로 개발될 가능성을 크게 반영하고 있다.

셋째, 영해지역 반가의 의례와 생활문화를 체험하는 프로그램을 초·중등 교육기관의 교과과정에 적용시키는 방안을 적극적으로 고려함이 바람직하다. 이로써 전통문화의 전수와 계승에 최선의 방안이 될 수 있기 때문이다. 이를 위해 우선 앞서 언급한 영해지역 전통문화전수회에 교육기관 관계자를 포함시켜야 한다. 나아가 지역문화의 이해와 문화상품의 개발에 관한 교과과정을 개설하여야 한다. 이런 교과과정을 통해서 향토의식의 고양과 전통문화의 보존과 활용의 효과를 최대화할 수 있다.

VI. 맺음말

해안지역에서는 드물게 반촌이 밀집된 경상북도 영덕군의 영해지역에는 반가의 생활문화를 이해할 수 있는 유교관련 역사문화자원이 비교적 많이 남아 있다. 영해지역의 이러한 역사문화자원은 이 지역에서 충효사상에 대한 높은 가치와 그 실천에 대한 관념이 오랫동안 충적되어 왔음을 반영하고 있다. 근대화와 도시화에 따른 농촌지역의 급격한 쇠퇴는 영해지역에도 영향을 주어 오랫동안 전승되어 온 반촌의 생활문화가 점차 사라지고 있다. 최근 경북북부지역에 산재한 유교문화자원의 보존과 활용을 위한 사업이 정부의 지원으로 진행되면서 그나마 고택 위주의 건축물에 대한 보존사업이 성과를 이루고 있다.

경북북부지역 유교문화권 개발사업은 역사적, 문화적 의미가 큰 유교관련 문화자원을 정비하여 문화관광의 자원으로 활용하는 것이 사업시행의 주요 목적이다. 그런데 정비보존을 위한 사업의 성과에 비하여 이를 문화관광과 연계하여 활용할 수 있는 구체적인 프로그램은 매우 빈약한 실정이다. 역사와 문화적 가치가 큰 문화재는 보존을 우선시 하여야 하지만, 이를 문화관광과 연계하여 이용자들의 역사, 문화 교육의 장으로 활용될 때 그 보존의 의미는 더욱 빛을 발휘하기 마련이다. 또한 반가의 의례와 생활문화를 발굴하여 체계적으로 전승하는 것은 전통적 생활양식이 빠르게 소멸되는 현대사회가 당면한 시급한 과제이기도 하다.

이를 위해서는 무엇보다도 반촌의 역사와 문화의 진정한 의미를 발굴하고, 이를 전수하고 공유할 수 있는 다양한 프로그램의 개발이 이루어져야 한다. 영해지역의 역사문화적 특성은 학업과 의를 숭상한 선비정신과 반가의 의례 및 생활문화로 대표된다. 조선시대 국가이념의 근간을 이룬 영남 유학에서 퇴계학맥을 계승한 영해지역의 높은 학문적 전통과, 국난 시 구국활동의 전면에 나선 선비정신의 실천은 현재까지도 반가의 의례와 향례를 통해서 이어지고 있다. 또한 반가의 의례를 통해서 조상숭배와 가계계승을 통한 효 사상과 향례를 통한 지역공동체 의식이 제고되는 효과를 기대할 수 있다. 현대사회에서 많이 간소화되었으나, 영해지역 반촌에서 전승되고 있는 의례용 음식과 가양주를 비롯한 반가의 음식은 최근 증대된 참살이와 관련하여 관심을 갖기에 충분하다. 이처럼 역사적, 문화적, 교육적, 실용적 가치가 높은 영해지역의 역사문화자원을 응용한 문화프로그램을 운용한다면, 영해지역의 역사와 문화의 전승에 미치는 효과가 클 것으로 기대된다.

영해지역의 역사와 문화적 특성의 전승과 공유를 위한 프로그램의 적절한 운용을 위해서 다음과 같은 몇 가지 전제가 선결되어야 한다. 우선 영해지역의 역사적 사실에 해박하고, 반가의 생활문화에 익숙한 지역의 주민을 확보하여 이들을 영해지역 역사문화자원의 전승을 위한 전문가로 양성하여야 한다. 이들의 역사적 지식과 문화적 실천이 바로 영해지역의 역사와 문화의 전수와 공유를 위한 가장 소중한 자원이기 때문이다. 또한 영해지역의 역사문화자원에 대한 문화체험프로그램의 체계적인 관리와 운용을 위하여 지역 주민, 문화 전문가, 지방자치단체로 구성된 관리기구의 편제가 병행되어야 한다. 이는 지역의 역사와 문화의 전승과 관련한 다양한 의견을 수렴하여 대립과 갈등을 방지하는 동시에 적절한 운영의 방향을 제시하기 위해서 필요한 부분이다.

역사와 문화자원이 풍부한 반촌과 같은 전통문화마을의 보존과 활용은, 제공자와 이용자 모두가 그 역사적, 문화적 의미를 공유하고 창조적으로 전승할 때 가장 적절하게 이루어질 수 있다. 전통은 새로운 창조의 기반으로 작용한다는 역동적 측면에서 볼 때, 역사문화자원의 활용은 매우 신중한 접근을 필요로 한다. 무엇보다도 막대한 자금을 들여 실시되는 유교문화권 개발사업이 또 다른 '박제관'을 양산하는 시행착오를 방지하고, 소통의 공간으로 작용할 수 있는 관심과 노력이 지속적으로 뒷받침되어야 한다.

참고문헌

경상북도,『경북북부 유교문화 관광자원 조사연구』, 2000.

경상북도 의성군,『의성 사촌·산운마을 정비 기본계획』, 영남대학교 민족 문화연구소, 2002.

국립문화재연구소,『경상북도 세시풍속』, 2002.

국립문화재연구소 편,『종가의 제례와 음식 5』, 서울: 김영사, 2005.

김용환·오석민,「전통문화의 보존과 민속마을」『비교민속학』제12집, 비교민속학회, 1995.

김필동,「민촌형 배경을 갖는 종족마을의 종족집단과 그 변화: 충남 부여군 한 농촌 마을의 사례」『농촌사회』16(1), 한국농촌사회학회, 2006.

남 훈,『영해유록』, 향토사연구회, 2004.

문옥표,『일본의 농촌사회: 관광산업과 문화변동』, 서울: 서울대학교출판부, 1994.

문화공보부 문화재관리국,『한국민속종합조사보고서(경상북도편)』, 형설출판사, 1977.

박성용,「전통의 생산과 유교문화경관의 공간적 실천」『대구경북학연구논총』제1집, 대구경북연구원 대구경북학연구센터, 2006.

박홍식,「갈암 이현일과 영해 지역의 퇴계학맥」『퇴계학맥의 지역적 전개』, 보고사, 2004.

손재완,「안동지역 동성마을 유교적 문화경관에 관한 고찰」『안동지역 동성마을의 존재양상과 역사·문화적 특성』, 안동대 안동문화연구소 기초학문육성지원 사업단 중간발표회 발표요지, 2004.

영덕군,『영덕군지』, 2002.

영덕군,『문화유적분포지도』, 2004.

이수환,「조선후기 영해지역 재지사족의 향촌지배」『울릉도·독도 동해안 주민의 생활구조와 그 변천·발전』민족문화연구총서 26, 영남대 출판부, 2003.

이창언, 「문화유산에 대한 새로운 인식」 『민족문화논총』 제18·19합집, 영남대 민족문화연구소, 1998.

이창언, 「어촌지역 관광개발의 사회문화적 영향」 『비교민속학』 제23집, 비교민속학회, 2002.

이창언, 「영해지역 반촌 음식문화의 특성과 전승 방안」 『2006 한국민속학자대회』, 한국민속학자대회조직위원회·국립민속박물관, 2006.

이창언, 「동해안지역 반촌 역사·문화자원의 문화관광 자원화 방안」 『지방사와 지방문화』 10(1), 역사문화학회, 2007.

이창언, 「경북 동해안지역 동제의 지속과 변화」 『민속학연구』 제21호, 국립민속박물관, 2007.

임재해, 「마을민속 왜 어떻게 전승할 것인가」 『마을민속전승 어떻게 할 것인가』, 민속원, 2004.

전경수 편역, 『관광과 문화: 관광인류학의 이론과 실제』, 까치, 1987.

정진영, 「『경자향변일기』 해설」 『민족문화논총』 제9집, 영남대 민족문화연구소, 1988.

타마키 야스아키, 「'지속가능한 관광개발': 리조트의 빛과 그림자」 『관광인류학의 이해』, 일신사, 1997.

홍석준, 「지역축제를 통해 본 지역정치와 정체성」 『지방사와 지방문화』 6(2), 역사문화학회, 2003.

황달기 역, 『관광인류학의 이해』, 일신사, 1997.

황혜성 외, 『다시 보고 배우는 음식디미방』, 궁중음식연구원, 2000.

Brohman, J., "New Direction in Tourism for Third World Development", *Annals of Tourism Research* 23(1), 1996.

Cohen, E., "The Sociology of Tourism: Approaches, Issues and Findings", *The Sociology of Tourism: Theoretical and Empirical Investigations*, London: Routledge, 1996.

Graburn, N., "The Anthropology of Tourism", *Annals of Tourism Research* 10, 1983.

Smith, V., *Hosts and Guests: The Anthropology of Tourism*. Philadelphia: University of Pennsylvania Press, 1977.

〈부록〉영해지역 주요 문화유산 현황

번호	명칭	소재지	분류	연대	지정번호	비고
1	유금사 삼층석탑	병곡면 금곡리	불탑	통일 신라	보물 674호	
2	장육사건칠보살좌상	창수면 갈천리	불상	여말 선초	보물 993호	
3	인량 충효당	창수면 인량리	고택	임난 전후	국가지정 민속자료 168호	재령이씨 영해입향조
4	축산 대소산 봉수대	축산면 도곡리	봉수	조선	경상북도 기념물 37호	
5	인량 갈암종택	창수면 인량리	고택	17세기	경상북도 기념물 84호	재령이씨 갈암종택
6	신돌석장군 생가지	축산면 도곡리	초가	19세기	경상북도 기념물 87호	의병장 생가지
7	원구 경수당 향나무	영해면 원구리	식물		경상북도 기념물 124호	
8	원구 난고종가 정침	영해면 원구리	고택	1624년	경상북도 민속자료 29호	만취헌, 난고정, 별묘
9	인량 용암종택	창수면 인량리	고택	1728년	경상북도 민속자료 61호	일선김씨 종택
10	갈천초가까치구멍집	창수면 갈천리	초가	17세기 후반	경상북도 민속자료 2호	
11	도곡 무의공종택	축산면 도곡리	고택	16세기 후반	경상북도 민속자료 74호	무안박씨 박의장
12	괴시파 종택	영해면 괴시리	고택	17세기	경상북도 민속자료 75호	영양남씨 남붕익
13	도곡 충효당	축산면 도곡리	고택	1620년	경상북도 민속자료 83호	무안박씨 박선
14	오촌 면운재고택	창수면 오촌리	고택	1750년	경상북도 민속자료 96호	재령이씨 이주원
15	옥금 곡강정고택	영해면 원구리	고택	16세기 후반	경상북도 민속자료 123호	안동권씨 권응주
16	갈천 화수루	창수면 갈천리	누정	17세기 후반	경상북도 유형문화재 82호	안동권씨 누각

17	장육사	창수면 갈천리	사찰	14세기 후반	경상북도 유형문화재 82호	나옹선사
18	원구 난고종가문서	영해면 원구리	서석 문서	16~18 세기	경상북도 유형문화재 148호	
19	수리 덕후루	창수면 수리	누정	18세기	경상북도 유형문화재 82호	무안박씨 재실
20	원구 경수당 종택	영해면 원구리	고택	1570년	경상북도 유형문화재 82호	무안박씨 박세순
21	주씨 종택 고문서	창수면 인량리	문서	16~18 세기	경상북도 유형문화재 347호	신안주씨 주경호
22	영해 별신굿놀이		민속		경상북도 무형문화재 3호	
22	정단 정려비	창수면 인량리	정려	1690년	경상북도 문화재자료 380호	정담장군
23	송천 세려고택	병곡면 송천리	고택	18세기 초반	경상북도 문화재자료 86호	안동권씨 권득어
24	괴시 대남댁고택	영해면 괴시리	고택	1776년	경상북도 문화재자료 197호	영양남씨 남준형
25	괴시 물소와고택	영해면 괴시리	고택	18세기 초반	경상북도 문화재자료 198호	영양남씨 남유진
26	괴시 물소와서당	영해면 괴시리	서당	1849년	경상북도 문화재자료 394호	
27	괴시 혜촌고택	영해면 괴시리	고택	1775년	경상북도 문화재자료 199호	영양남씨 남극만
28	인량 만괴헌	창수면 인량리	누정	1843년	경상북도 문화재자료 209호	신재수
29	인량 지족당고택	창수면 인량리	고택	1727년	경상북도 문화재자료 274호	안동권씨 권만두
30	관어대 대은종택	영해면 괴시리	고택	1660년	경상북도 문화재자료 278호	안동권씨 권경
31	오촌 존재종택	창수면 오촌리	고택	1650년	경상북도 문화재자료 380호	재령이씨 이휘일
32	오촌 명서암	창수면 오촌리	누정	1733년	경상북도 문화재자료 293-2호	
33	오촌 우헌정	창수면 오촌리	누정	19세기 후반	경상북도 문화재자료 293-3호	재령이씨 이수악

34	신기 사암재	창수면 신기리	재실	1565년	경상북도 문화재자료 306호	재령이씨 이애묘소
35	인량 우계종택	창수면 인량리	고택	1607년	경상북도 문화재자료 307호	재령이씨 이시형
36	칠성 목사공종택	축산면 칠성리	고택	1570년	경상북도 문화재자료 320호	무안박씨 박홍장
37	인량 강파헌정침	창수면 인량리	고택	17세기	경상북도 문화재자료 358호	안동권씨 권상임
38	괴시 천전댁	영해면 괴시리	고택	19세기 초반	경상북도 문화재자료 378호	
39	관어대 번호댁	영해면 괴시리	고택	18세기 후반	경상북도 문화재자료 379호	
40	미곡 대봉재사	창수면 미곡리	재실	1835년	경상북도 문화재자료 380호	대봉서원
41	괴시 입천정	영해면 괴시리	누정	1860년	경상북도 문화재자료 392호	영양남씨 남붕익
42	괴시 주곡댁	영해면 괴시리	고택	19세기 초반	경상북도 문화재자료 393호	영양남씨 남경괄
43	괴시 경주댁	영해면 괴시리	고택	1830년	경상북도 문화재자료 395호	수안김씨
44	괴시 구계댁	영해면 괴시리	고택	1805년	경상북도 문화재자료 396호	영양남씨 남경악
45	괴시 괴정	영해면 괴시리	누정	1766년	경상북도 문화재자료 397호	영양남씨 남준형
46	각리 언곡재	병곡면 각리	재실	1750년	경상북도 문화재자료 398호	안동권씨 재사
47	오촌 갈암종택	창수면 오촌리	고택	1673년	경상북도 문화재자료 399호	재령이씨 이현일
48	화전재사 및 육영루	축산면 칠성리	재실 누정	1774년	경상북도 문화재자료 416호	영양남씨 재실·누정
49	괴시 영감댁	영해면 괴시리	고택	1848년	경상북도 문화재자료 424호	영양남씨 남홍수
50	괴시 사곡댁	영해면 괴시리	고택	1900년	경상북도 문화재자료 425호	영양남씨 남용
51	괴시 영은고택	영해면 괴시리	고택	1871년	경상북도 문화재자료 459호	영양남씨 남공수

52	괴시 스므나무골 재사	영해면 괴시리	재실	1870년	경상북도 문화재자료 460호	영양남씨 남준형
53	괴시리 남영충 가옥	영해면 괴시리	고택	1920년		
54	괴시리 동제유적1	영해면 괴시리	민속			큰 동신
55	괴시리 동제유적2	영해면 괴시리	민속			작은 동신
54	괴시리 남창호 가옥	영해면 괴시리	고택			
55	괴시리 남중칠 가옥	영해면 괴시리	고택			
56	괴시리 남학순 가옥	영해면 괴시리	고택			
57	괴시리 남시중 가옥	영해면 괴시리	고택			
58	괴시리 남화선 가옥	영해면 괴시리	고택			
59	괴시리 윤상택 가옥	영해면 괴시리	고택			
60	괴시리 소나무	영해면 괴시리	식물		보호수 11-17-17	수령 400년
61	가정·목은선생 유허비	영해면 괴시리	비갈	1789년		
62	괴시리 침수정	영해면 괴시리	누정	1857년		영양남씨 남공수
63	원구리 상의당	영해면 원구리	누정	1866년		대흥백씨 백충언
64	원구리 난고정	영해면 원구리	누정	1878년		영양남씨 남경훈
65	원구리 남병수 가옥	영해면 원구리	고택	20세기 초반		
66	원구리 남영호 가옥	영해면 원구리	고택			
67	원구리 남희원 가옥	영해면 원구리	고택	20세기 초반		

68	원구리 남명 가옥	영해면 원구리	고택			
69	원구리 남종호 가옥	영해면 원구리	고택			영양남씨 남경조
70	원구리 금서헌	영해면 원구리	누정	1943년		
71	원구리 추원재	영해면 원구리	재실	1928년		무안박씨 재실
72	원구리 박경호 가옥	영해면 원구리	고택			
73	원구리 구성헌	영해면 원구리	누정			무안박씨 박영호
74	원구리 고은정	영해면 원구리	누정	1899년		무안박씨 박용찬
75	원구리 구봉서원	영해면 원구리	서원	1666년		훼철
76	원구리 동제유적	영해면 원구리	민속			
77	인량리 추모재	창수면 인량리	재실			함양박씨 재실
78	영해 신안주씨 종택	창수면 인량리	고택			
79	인량리 처인당	창수면 인량리	재실			영양남씨 재실
80	갈암선생 신도비	창수면 인량리	비갈			재령이씨 이현일
81	인량리 참회나무	창수면 인량리	식물		보호수 11-14-26	
82	인량리 서산정	창수면 인량리	누정	1875년		
83	인량리 소택정	창수면 인량리	누정	1918년		
84	인량리 자운정	창수면 인량리	누정			재령이씨 이현일
85	인량리 전정웅 가옥	창수면 인량리	고택			

86	인량리 이종은 가옥	창수면 인량리	고택			
87	인량리 이교익 가옥	창수면 인량리	고택			
88	인량리 권동춘 가옥	창수면 인량리	고택			
89	인량리 팽나무	창수면 인량리	식물			수령400년
90	인량리 동제유적1	창수면 인량리				팔풍정제당
91	인량리 동제유적2	창수면 인량리				모개제당
92	인량리 동제유적3	창수면 인량리				뒷몰제당
93	도해단	영해면 대진리	비갈	1971년		김도현 유적
94	신돌석장군 기념관	축산면 도곡리		1999년		
95	영해향교	영해면 성내리		1346년		
96	영해 구 관아	영해면 성내리				
97	3·1의거탑	영해면 성내리	탑	1983년		

자료: 남훈 편, 『영해유록』, 향토사연구회, 2004
　　　영덕군, 『문화유적분포지도』, 2004

제4부

반촌언어 _전혜숙

제7장

괴시리의 반촌언어 재고찰

I. 서 론

1. 연구개요

이 연구는 반촌이라는 하나의 언어공동체 속에서, 사회계층이 다름에 따라 일어날 수 있는 언어분화 현상을 살펴보는 데 그 목적을 두기로 한다. 지금까지 반촌언어에 대한 연구 결과는 그리 많지 않다. 이는 강신항(1976)과 최명옥(1980, 1982), 정종호(1990), 조숙정(1997)이 있는 정도다. 강신항(1976)은 구개음화현상이나 가족호칭 등 몇 개의 언어 현상을 실례로 반촌의 언어를 설명하였으며, 최명옥(1980)은 음운과 문법, 어휘 등에 걸친 종합적인 연구 결과를 보여주었다. 특히 최명옥(1982)의 친족명칭에 대한 연구는 반촌과 민촌의 언어분화 현상을 살필 수 있는 매우 상세한 연구 자료가 된다 하겠다. 이어 정종호(1990)는 호칭체계의 의미구조와 사회적 사용에 관한 기술 및 분석을 통하여 반촌어의 친족호칭체계를 상세하게 정리하였으며, 호칭에 관한 연구는 조숙정(1997)으로 이어진다.

본 연구의 대상 지역은 경상북도 영덕군 영해면 괴시리 마을이다. 이 곳은 이미 이 지역 언어의 쓰임이 인근 민촌에 비해 다소의 차이점을 가지고 있는 것으로 연구 결과가 나타난 곳이다(최명옥 1980). 따라서 본 연구는 기존의 연구 업적을 토대로 시간적인 차이에 따른 언어 변화 현상과 아울러 신분이 다름에 따른 언어 변화 현상이 어떠한지를 살펴보는 데 주안점을 두고자 한다. 이는 기존의 반촌과 민촌의 언어 차이를 규명한 것과는 다른 차원의 논의라 할 수 있다. 기존 반촌어 연구는 인근, 또는 다른 지역과의 언어생활, 즉 생활권이 다른 곳과의 언어 차이를 규명한 것임에 반해, 본 논의는 반촌 내에서 일어나는 언어 분화 현상을 다룬다는 것이다. 좀 더 부연하여 설명한다면 한 집안에 같이 살거나, 또는 앞집이나 바로 이웃한 옆집 혹은 뒷집에 살더라도 각자의 신분[1]이 다르면 사용하는 언어도 달라진다는 것이다.

이 연구의 조사방법[2]은 면접을 통한 직접조사와 설문지를 활용한 간접조사의 두 가지 방법을 사용하였다. 조사를 위한 제보자[3] 또한 직접 면접을 위한 경우와 설문지 작성을 위한 경우로 나누어 선정하였다. 직접 면접을 위한 제보자 선정은 해당 지역에서 3대 이상을 거주한 토박

---

1) 여기서 '신분'이라 함은 양반과 상민의 그것이기보다는 '姓氏의 다름'을 말한다 함이 더 정확한 표현이라 하겠다.

2) 본고를 위한 방언자료 수집은 2004년 10월부터 시작되었다. 예비조사라 할 만한 이 조사에서는 주로 조사대상 주민들의 언어 사용의 특징적인 점을 관찰했다. 그 후 예비조사 결과와 반촌어에 대한 연구물들을 참고하여 '사회방언 조사 질문지'를 만들었다. 이 질문지는 2005년 1월부터 진행된 본조사에 사용되었으며, 본조사는 2005년 1월 10일부터 4월까지 모두 3차례에 걸쳐 이루어졌다.

3) 괴시1리는 동내에 거주하는 영양남씨와 타성으로, 괴시2리 또한 안동권씨와 타성으로 각각 구분하여 선정하였으며, 괴시3리는 영양남씨와 안동권씨가 아닌 타성으로 각각 선정하였다. 괴시1리와 2리의 경우 여자는 주제보자에서 제외시켰다. 이는 이들 지역이 집성촌인 관계로 혼인을 모두 외지 마을과 했기 때문이다. 이 경우 토박이라 할 여자 제보자는 찾기가 어렵다.

이로서, 가능한 외지 생활을 하지 않은, 농업이 주업인 사람을 우선으로
하였다. 설문지 작성을 위한 제보자의 조건은 직접 면접을 위한 경우보
다는 조금 완화시켰다. 그러나 부모 세대가 해당지역에서 출생하여 현
재까지 함께 생활하고 있어야 하고 부모 중 어느 한 사람도 타지역 출
신이 아니어야 한다는 점을 분명히 했다.[4] 이 조건에 맞추어 설문지 제
보자를 찾기는 쉽지 않았다. 이 경우는 해당 지역의 중·고등학교 국어
교사를 찾아가 조사의 취지와 설문 작성 방법을 설명하고 학생과 학
부모를 연계하여 설문지를 받을 수 있도록 부탁하였다.

언어라는 것이 어느 한 틀 속에 고정되어 있는 불변의 것이 아니라,
시대와 지역, 사회적인 요건 등에 따라 끊임없이 변해가고 있는 것이고
보면, 사회의 다변화 속에서도 그 맥이 유지되고 있는 반촌어의 존재는,
연구의 가치를 충분히 부여한다고 할 수 있다. 여기서는 다만 반촌어의
존재를 재확인하는 데 그치지 않고 그 존재의 정체성과 아울러 이웃한
다른 姓氏의 언어도 함께 살펴볼 것이다.

2. 마을 개관

괴시槐市라는 마을 이름의 유래는 고려 말엽 목은 이색牧隱 李穡이 중
국에 사신으로 갔다가 그곳의 괴시가 자신의 고향인 호지촌의 지형과
비슷하다 하여 괴시라는 이름으로 바꾼 데에서 유래한다고 전한다. 행
정적으로는 괴시1리(호지말)와 2리(관어대) 그리고 3리(교촌)로 각각 나뉘어

---

4) 부모 중 한 사람이 대구나 포항은 물론 가까운 영덕군 내 面이 다른 경우
도 제외하였다. 방언조사에 있어 제보자의 역할은 언어 조사의 성패를 좌
우시키기에 충분하기 때문이다. 여기서 제보자의 학력에는 크게 제한을 두
지 않았다. 이는 본고의 관심이 음운이나 문법과 같은 현상을 찾으려는 데
중점을 둔 것이 아니라 변화에 초점을 더 크게 두었기 때문이다. 물론 가
능한 교육을 덜 받은 사람을 찾으려 했음은 물론이다.

진다(<지도 1> 참조).

1) 괴시1리(호지말)

괴시1리는 보통 호지말이나 호지촌, 호촌이라는 자연명칭으로 많이 불린다. 현재는 없지만 예전에 이곳에 큰 못이 있고 주위에 소沼가 있어 이러한 명칭을 얻었다고 한다. 호지말은 고려 말에 함창김씨가 입주하여 세거했으며, 그 뒤로 16세기 명종 연간에 수안김씨와 영해신씨가, 17세기 1630년경에 영양남씨가 각각 입주하였다고 전한다. 현재는 영양남씨가 집성촌을 이루고 있으며 전통민속마을로 지정되어 있다. 생업은 농사이나 농사를 짓는 사람 대부분은 노년층이고 젊은 사람은 공무원이나 회사원 기타 상업에 종사한다고 할 수 있다. 2004년말 현재 이 마을에 거주하고 있는 인구는 126가구 278명이며 여기에 양양남씨는 37가구뿐이다. 마을 안에서 영양남씨와 타성들과의 교류는 원활한 편이 못된다.

2) 괴시2리(관어대)

괴시2리는 영해의 중심이 되는 성내리에서 호지말을 거쳐 대진1리와 2리로 가는 갈라진 길 사이 매우 유벽한 곳에 위치하고 있으며 안동권씨들이 집성촌을 이루고 사는 마을이다. 보통 관어대로 불린다. 관어대는 고려말의 유학자인 목은 이색 선생이 상대산의 경치 좋음을 즐겨 산책하면서, 상대산 봉우리에 올라가면 바닷가의 고기떼를 볼 수 있는 곳이라 하여 관어대觀魚臺라 이름지은 것이, 마을 이름이 되었다고 한다. 관어대는 16세기 초인 중종 연간에 안동권씨가 입주하였으며 취옹 권의협醉翁 權宜浹과 만취 권의철晩翠 權宜喆 형제가 마을을 개척하였다고 전한다. 그 후 자손이 번성하고 학문이 크게 명성을 얻어 마을 이름이 고을 안과 밖에 널리 알려지게 되었다고 한다. 2005년 4월 현재 마을

인구는 153명이며 그 중 안동권씨는 18가구가 살고 있다. 마을 안에서 안동권씨와 타성들 간의 교류는 원활한 편이 못되며, 바로 이웃하여 대진 어촌마을이 형성되어 있으나 해산물을 사는 경우에도 그쪽 마을로 왕래하지 않는다.

3) 괴시3리(교촌)

괴시3리는 동으로는 괴시1리와, 남으로는 성내와 이웃하고 있다. 보통은 교촌이라 부른다. 처음 이 마을에 입주한 사람은 17세기경 파평윤씨 윤태남尹泰南이라 전한다. 이전에는 파평윤씨와 영해박씨가 주축을 이루고 살았으나 지금은 각성들이 모여 산다. 주생업이 농업이나 영세한 편이고 상업과 노무에 종사하는 사람도 여럿이다. 따라서 마을 전체적으로 경제적 여유가 없는 집들이 많은 편이다. 마을 안에 영해여중과 여자정보고등학교가 있다. 현재 마을 인구는 2005년 4월 현재 795명이며 원 토박이는 한두 집에 불과하다. 괴시1리의 영양남씨와 2리의 안동권씨와는 거의 교류를 하지 않는다.

II. 친족어를 통해 본 반촌언어

반촌언어의 특징을 가장 극명하게 잘 보여주는 요소 중의 대표적인 것이 친족어이다. 따라서 이들을 먼저 살펴봄으로써 반촌언어의 특징을 파악한 연후에, 반촌 지역에서의 언어 분화에 대해 고찰하는 순서로 기술하고자 한다.

혈연이나 혼인과 같은 관계로 결합된 가족이나 친족에 속한 구성원들은, 그들 상호간의 관계와 위치에 따라 서로 통용하는 언어적인 명칭을 가지게 되는데 이를 보통은 친족어라 한다. 이는 화자가 직접 청자

를 부르는 호칭어와 제3자에게 화자가 자신의 친족을 가리키는 지칭어
로 나뉜다. 여기에는 부계와 모계, 처계라는 범주가 함께 설정된다.[5]

이 지역의 호칭과 지칭에 관한 연구는 강신항(1976)과 최명옥(1982)에
서 이미 정리된 바 있다. 따라서 본고는 호칭이나 지칭의 체계라든가
사용규칙 또는 친족용어의 의미구조와 같은 내용은 살피지 않겠다. 대
신 기존에 사용하고 있던 호칭 및 지칭을 바탕에 두고, 현 시점에서 그
사용 정도를 확인하는 것에 목적을 두고자 한다. 즉 반촌으로 알려진
조사지역의 주민들이 급변하는 사회·문화적인 변화에도 불구하고 여
전히 집성촌의 정체성을 강조하며 언어 변화를 배척하고 있는가, 혹 변
화를 수용하고 있다면 그 정도는 어떠한가를 살펴보는 데 의의를 두고
자 한다. 여기서는 호칭어와 지칭어를 아울러 살펴보되, 화자를 기준으
로 하여 부모와 조부모의 부계 형제자매로만 한정한다.

다음의 가계도를 보면서 하나하나 살펴보기로 한다.[6]

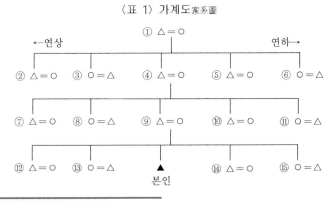

〈표 1〉 가계도家系圖

5) 반촌의 친족명칭에 대하여는 최명옥(1982)을 참조하기 바란다. 여기에는 호
   칭과 지칭, 부계와 모계, 처계 그리고 화자가 부계의 남자인 경우와 여자인
   경우, 기타 등등으로 나누어 매우 상세하게 정리되어 있다.
6) 위 가계도는 본인을 기준으로 하여 부계직계존속을 표시한 것이다. 여기서
   ⑨는 아버지父를 ④는 할아버지祖父를 ①은 증조부曾祖父를 각각 나타낸다.
   '△'는 남자, '○'는 여자, '='는 부부관계를 표시한 것이다.

〈표 2〉괴시리의 친족 호칭[7]
－화자가 부계의 남자인 경우－

구분	괴시리 반촌 친족명칭	영양남씨(괴시1리)	안동권씨(괴시2리)
①	큰할배＝큰할매	할배＝할매	할배＝할매 증조할배＝증조할매
②	할배＝할매	큰할배＝큰할매 큰할아버지＝큰할매	큰할배＝큰할매
③	할매＝새할배	할매＝새할배	할매＝새할배 ○○가신 할매＝○○새할배
④	큰아배＝큰어매	큰아배＝큰어매 할배＝할매	큰아배＝큰어매 할배＝할매
⑤	할배＝할매	할배＝할매 작은할배＝작은할매	작은할배＝작은할매
⑥	할매＝새할배	할매＝새할배	할매＝새할배 ○○가신 할매＝○○새할배
⑦	맏아배＝맏어매	맏아배＝맏어매 맏아버지＝맏어매	맏아배＝맏어매 맏아버지＝맏어머니 맏아버지＝맏어매
⑧	아지매＝새아재	아지매＝새아재 고모＝새아재	아지매＝새아재 고모＝새아재 ○○가신 아지매＝ ○○새아재
⑨	아배＝어매	아배＝어매 아버지＝어매	아배＝어매 아버지＝어매
⑩	작은아배＝ 작은어매	작은아버지＝작은어매	작은아재＝작은어매 작은아버지＝작은어매
⑪	아지매＝새아재	아지매＝새아재 고모＝새아재	아지매＝새아재 작은아지매＝작은새아재 ○○가신 아지매＝ ○○새아재
⑫	형님＝(새)아지매	형님＝새아지매 큰형님＝큰새아지매	큰형님＝아지매 큰형님＝큰새아지매
⑬	눈님＝새형님	누님＝새형님	눈님＝새형님

7) 괴시리 반촌지역의 친족어(친족명칭)는 최명옥(1982:663-671)에서 발췌하였다.

		눈님=새형님	큰누나=새형님
⑭	～야 ～야=제수	～아/야(결혼전) ～애비야=제수씨(결혼후)	～아/야(결혼전) 동생=제수씨(결혼후)
⑮	～실=～서방	～아/야(결혼전) ～실아/～서방(결혼후)	～아/야(결혼전) ～실이/실아～서방(결혼후)

    <표 2>에서 우리는 이 지역 반촌의 친족어 사용이 최명옥(1982)에 조사된 내용과 크게 다르지 않음을 알 수 있다. 다만 증조부모曾祖父母를 호칭하는 ①과 백종조부모伯從祖父母을 호칭하는 ②의 호칭이 서로 바뀌었음이 변화로 나타났을 뿐이다. 증조부모를 '큰할배'와 '큰할매'로 호칭하는 것이 이 지역 친족호칭의 한 특징이었음을 생각하면 변화라면 큰 변화라 할 수 있다. 그러나 여기서는 이를 '변화가 기대되는 언어' 정도로만 정의해 두고자 한다. 이는 자식 세대들의 호칭에 익어서 자신들의 호칭도 그와 같으리라 생각하고 응답한 것일 수 있다는 생각이 들어서이다. 실제로 한 제보자는 '고모'에 대하여, 본인들은 '아지매'라 하지만 자식들은 모두 '고모'라 한다고 하면서, 자식들의 호칭을 따라 때론 '고모'라 부른다고 했다. 따라서 실제적으로 증조부모와 백종조부모를 호칭해야 할 상황에 놓인다면 각각 '큰할배, 큰할매'와 '할배, 할매'로 호칭했으리라는 생각이 지배적이다.[8]

    위와는 성격이 다르지만 '아배'가 '아버지'로 변한 것도 한 변화로 볼 수 있다. 또한 '아배'는 '아버지'로 변화하면서 '어매'는 여전히 '어매'로 자리하는 것도 함께 볼 수 있다. 이는 가족에 있어 '어머니'란 존재에 친근감이라는 정서가 내재되어 있음을 보여주는 것이라 할 수 있다. 이것이 조금은 덜 격식적일 듯싶은 '어매'를 계속적으로 선택하게 하는 이유가 아닌가 한다. 또한 손위 친척인 '왕고모'를 단순히 '할매', '새할배'라 부르기보다는 배우자의 출신지명을 앞에 붙여 'ㅇㅇ로 가신 할매'나 'ㅇㅇ새할배'라 부르는 정도의 차이도 나타난다. 물론 '고모'를

---

8) 조사가 잘못 되었을 수도 있다는 점을 배제하지 않는다.

'○○로 가신 아지매', '고모부'를 '○○새아재'와 같이 부르기도 한다.

이 지역의 친족호칭의 가장 두드러진 특징은 조부모를 호칭하는 ④번이 아닌가 싶다. 이는 표준어에서는 '할아버지'와 '할머니'로 호칭하는 것인데 여기서는 '큰아배'와 '큰어매'로 호칭한다.9) 이 외에도 이 지역의 친족호칭은 여러 가지 특징을 가진다. '큰아버지', '큰어머니'를 '맏아배'와 '맏어매'로 호칭하는 것이 그것이고, '왕고모'나 '고모'와 결혼한 사람에게 '새할배'나 '새아재'라 하고, 누나와 결혼한 사람을 '새형님'이라 하는 것이다. 혼인으로 인한 부계의 여자 형제 남편에게 붙는 '새-'의 의미는 새로이 들어온 사람 정도로 이해하는 것이 좋을 듯싶다.

이상에서 살펴본 바와 같이 이 지역 가족호칭은 대체적으로 이전의 자료와 별반 다른 것이 없을 정도로 변화에 매우 수동적이었음을 알 수 있다.

다음은 화자가 부계의 여자인 경우 사용하는 친족호칭에 대하여 살펴보기로 한다.

〈표 3〉 괴시리의 친족 호칭
－화자가 부계의 여자인 경우－

구분	괴시리 반촌 친족명칭	영양남씨(괴시1리)	안동권씨(괴시2리)
①	큰할배=큰할매	할배=할매	증조할배=증조할매
②	할배=할매	큰할배=큰할매	큰할배=큰할매
③	할매=새할배	할매=새할배	할매=새할배 ○○가신 할매=

---

9) 이 호칭에 관하여 한 제보자는 다음과 같은 말을 해주었다.
　　'아배보다 으:른이니까 큰아배. 모리는 사람들은 아배 형님이 큰아배지, 할배가 우에 큰아배고 이래는 사람도 있잖아요. 큰아배캐도 아배보다 높으니까, 아배보다 으:른이니까 큰아배, 큰아배캐도 된대요. 우리 반촌에는 그렇게 불러도 나쁜 말이 아니라. 할배를 큰아배라 캐도 나쁜 말이 아니라 이래시드라고. 40대 중반 이래 되는 사람들은 큰아배 이래 부리는 집도 있고 '할배' 이래 부리는 집도 있고 그래지. 그래도 언간하면 다 '큰아배', '큰어매' 이래 부리지.…'

			○○새할배
④	큰아배=큰어매	큰아배=큰어매	큰아배=큰어매 할배=할매
⑤	할배=할매	작은할배=작은할매	작은할배=작은할매
⑥	할매=새할배	할매=새할배	할매=새할배 ○○가신 할매= ○○새할배
⑦	맏아배=맏어매	맏아배=맏어매 맏아버지=맏어매	맏아배=맏어매 맏아버지=맏어매
⑧	아지매=새아재	아지매=새아재	아지매=새아재 큰아지매=큰새아재 ○○가신 아지매= ○○새아재
⑨	아배=어매	아배=어매 아버지=어매	아배=어매
⑩	작은아배=작은어매	작은아배=작은어매 작은아버지=작은어매 아재(미결혼)	작은아배=작은어매 작은아재(미결혼)
⑪	아지매=새아재	아지매=새아재 고모=새아재	작은아지매=작은새아재 ○○가신 아지매= ○○새아재
⑫	오라배=(새)형님	오라배=형님 오라배=새히	큰오라배=큰형님
⑬	형님=새아재	형님=새아재 형아=새아재	큰형님=큰새아재
⑭	~아/~애비야=새덕	~아/야(결혼전) ~애비야=새댁(후)	~아/야(결혼전) 동생=새댁(결혼후)
⑮	~아/~실=~서방	~아/야(결혼전) ~실아/실이=~서방	~아/야(결혼전) ~실아/실이=~서방

<표 3>에서 살펴보았듯이 이는 화자가 부계의 남자인 그것과 별반 다르지 않음을 알 수 있다. 다만 같은 항렬의 친족에 대하여 부르는 호칭이 다를 뿐이다. 여자를 기준으로 하였으므로 간은 항렬의 손위 남자는 '오라배'라 하고 오라배와 혼인한 사람은 '(새)형님'이라 한다. 또한 표준어의 '언니'에 해당하는 사람을 '형님'이라 하고, 남동생이 혼인하

면 그 배우자를 '새덕'이라 하며, 결혼한 여동생은 배우자의 성姓을 따라 '○실아/실이'라고 부르는 것이 다른 지역과의 차이라면 차이라 할 수 있다. 따라서 이 지역의 부계 가족 호칭은 화자가 남자이거나 여자이거나 크게 구분 없이 이전부터 전해지는 가족호칭을 그대로 쓰고 있음을 알 수 있다.

이어 친족을 남에게 지칭하는 경우를 살펴보기로 한다. 여기서는 화자가 부계의 남자인 경우만을 살펴보기로 한다.[10]

〈표 4〉 괴시리의 친족 지칭
－화자가 부계의 남자인 경우－

구분	괴시리 반촌 친족명칭	영양남씨(괴시1리)	안동권씨(괴시2리)
①	징조부(曾祖父)= 징조모(曾祖母)	징조부=징조모 증조부=증조모	증조부=증조모
②	종조부(從祖父)= 종조모(從祖母)	종조부=종조모	종조부=종조모 큰집종조부=큰집종조모 맏종조부=맏종조모
③	존고모(尊姑母)= 존고모부(尊姑母夫)	존고모=존고모부 종고모=종고모부	존고모=존고모부 맏존고모=맏존고모부 왕고모=왕고모부
④	조부(祖父)=조모(祖母)	조부=조모	조부=조모
⑤	종조부(從祖父)= 종조모(從祖母)	종조부=종조모	종조부=종조모 작은종조부=작은종조모

10) 화자가 부계의 여자 노년층 제보자인 경우, 부모 세대 이전의 친정 친족을 남에게 지칭할 경우가 거의 없는 관계로 본 논의에서 제외하였다. 이 경우 대부분은 화자가 부계인 남자가 부르는 말에 '친정'자를 붙여 말하는 것으로 나타났다. 예를 들어 '고모'를 남에게 지칭한다면 '우리 친정 고모' 또는 '친정고모'와 같이 말하는 것이다. 친정 쪽으로 같은 항렬의 나이가 가장 많은 큰언니는 '백씨'라 하고, '백씨'와 혼인한 배우자는 '형부'라 한다. 이는 남자가 제일 맏형을 지칭한 '백씨'와 같다. 남동생의 부인은 '동생댁' 여동생의 남편은 제부弟夫라 한다 하였다. 이는 영양남씨와 안동권씨 부인들의 말씨이다.

⑥	존고모(尊姑母)= 존고모부(尊姑母夫)	존고모=존고모부 종고모=종고모부	존고모=존고모부 작은존고모=작은존고모부 작은왕고모=작은왕고모부
⑦	백부(伯父)=백모(伯母)	백부=백모	백부=백모
⑧	고모(姑母)= 고모부(姑母夫)	고모=고모부	고모=고모부 맏고모=맏고모부
⑨	부친(父親)=모친(母親) 밧어른/어른=안어른	부친=모친 밧노친=안노친	부친=모친 노친=모친
⑩	삼촌(三寸)=숙모(叔母)	삼촌=숙모 숙부=숙모	숙부=숙모 작은아버지=작은어머니
⑪	고모(姑母)= 고모부(姑母夫)	고모=고모부	고모=고모부 작은고모=작은고모부
⑫	백씨(伯氏)=형수(兄嫂)	백씨=큰형수	백씨=큰형수 백씨=맏형수
⑬	눈님/누님/姉氏= 妹夫/姉兄	누님=자형	큰누님=자형 맏누님=맏매부
⑭	아우/季氏=弟嫂/季嫂	제씨(弟氏)=제수 제씨=제수씨	동생/제씨(弟氏)=제수씨
⑮	여동생=妹夫	동생=제부(弟夫)	여동생=제매(弟妹) 매씨(妹氏)= 매재(妹弟)/제부(弟夫)

　남에게 친족을 지칭하는 경우는 한자어의 명칭을 주로 사용한다. 친족간의 호칭이 고유어이었던 점을 생각하면 호칭과 지칭의 차이가 크게 다르다 할 수 있겠다. 그러나 남에게 친척이나 가족을 지칭하는 경우는 딱히 반촌인 경우만 한자어를 사용하는 것이 아니라 표준어 화자들 역시 한자어를 쓰는 것이 자유로운 점을 생각하면 이는 보편적인 언어 현상이라 할 수 있다. 다만 '조부'의 남자 형제와 그 배우자들에게는 '종從'이 결합되는 반면 여자 형제와 그 배우자들에게 '존尊'이 결합되는 것이 일반과 크게 다른 점이라 할 수 있다. 다시 설명한다면 '조부'의 남자 형제는 '종조부從祖父'와 같이 지칭하고 여자 형제는 '존고모尊姑母'와 같이 지칭한다는 것이다. 그들의 배우자는 각각 '종조모從祖母'와 '존

고모부尊姑母夫'가 된다. 여기서 두 성씨 간에 약간의 차이를 두고 쓰이는 명칭이 눈에 띄기도 한다. 괴시1리(호지말)의 영양남씨는 '존고모'에 대하여 '종고모'라 하기도 한다는 응답과, 안동권씨의 여동생을 '매씨'라 하고 여동생의 남편을 '제매', '매제', '제부'와 같이 지칭한다는 것 등이 그러하다. 또한 괴시2리(관어대) 안동권씨의 경우 '종조부모'에 대하여 '큰집종조부', '큰집종조모'와 같이 '큰집' 또는 '작은집'과 같이 서열을 붙여 지칭하기도 하는데 이러한 차이는 개인적인 언어 표현 정도의 차이에 불과하다 할 수 있다.

위와 같이 이 지역의 친족어는 최명옥(1982)에 조사된 바와 별다른 변화를 가지지 않는다. 이렇듯 고집스런 언어 정체성의 힘은 어디서 오는 것일까. 이에 대하여는 여러 가지 의견이 있을 수 있겠다. 여기서는 다만 이들이 자신들이 양반가의 자손이라는 신분을 지켜가기 위해 언어를 수단으로 가지는 것이 아닐까 하는 생각을 가져볼 뿐이다. 이것을 지켜나가기 위해 일반적인 언어 현상과 다른, 자신들의 언어라 정의한 것에 대한 강한 집착은 당연할 듯싶다. 이들의 이러한 언어태도에 대해 정도의 차이는 있으나 타성들의 경우는 아집스럽다는 부정적인 감정을 가지는 경우가 종종 있다.11) 이것이 작은 규모의 지역감정이 아닐까 싶기도 하다.

III. 반촌 지역에서의 언어 분화

1. 친족어

여기서는 집성촌을 이루고 있는 괴시1리의 영양남씨와 괴시2리의

---

11) 이 지역에 살고 있는 타성들은 대부분 다른 곳에서 새로 입주해 온 사람들이다. 신분이 낮은 층이었던 원토박이라 할 수 있는 사람들은 모두 외지로 나갔다. 간혹, 한두 집이 남아 있기는 하나 서로 왕래를 하지 않고 지낸다.

안동권씨의 친족어와 이들과 같은 지역에 살고 있으나 姓氏가 다른 타성들 간의 언어 차이가 어떠한지를 살펴보는 데 주안점을 두기로 한다.[12)]

〈표 5〉 괴시리의 친족 호칭
－화자가 부계의 남자인 경우－

구분	괴시리 반촌 친족명칭	영양남씨(괴시1리)	안동권씨(괴시2리)	타성(괴시1, 2, 3리)
①	큰할배＝큰할매	할배＝할매	증조할배＝증조할매 할매＝할매	증조부(님)＝증조모(님)
②	할배＝할매	큰할배＝큰할매 큰할아버지＝큰할매	큰할배＝큰할매	큰할아버지＝큰할머니 큰할배＝큰할매
③	할매＝새할배	할매＝새할배	할매＝새할배 ○○가신 할매＝ ○○새할배	왕고모＝왕고모부 큰고모＝큰고모부
④	큰아배＝큰어매	큰아배＝큰어매 할배＝할매	큰아배＝큰어매 할배＝할매	할아버지＝할머니 할배＝할매
⑤	할배＝할매	할배＝할매 작은할배＝작은할매	작은할배＝작은할매	작은할아버지＝작은할머니
⑥	할매＝새할배	할매＝새할배	할매＝새할배 ○○가신 할매＝ ○○새할배	왕고모＝왕고모부
⑦	맏아배＝맏어매	맏아배＝맏어매 맏아버지＝맏어머니 맏아버지＝맏어매	맏아배＝맏어매 맏아버지＝맏어머니 맏아버지＝맏어매	맏아버지＝맏어머니 큰아버지＝큰어머니
⑧	아지매＝새아재	아지매＝새아재	아지매＝새아재 ○○가신 아지매＝ ○○새아재	고모＝고모부
⑨	아배＝어매	아배＝어매 아버지＝어매	아배＝어매 아버지＝어매	아버지＝어머니 아버지＝엄마
⑩	작은아배＝작은어매	작은아배＝작은어매 작은아버지＝작은엄마	작은아재＝작은어매 작은아버지＝작은어매	작은아버지＝작은어머니 작은아버지＝작은엄마
⑪	아지매＝새아재	아지매＝새아재	아지매＝새아재 작은고모＝새아재 ○○가신 아지매＝ ○○새아재	작은고모＝작은고모부 적은고모＝적은고모부
⑫	형님＝(새)아지매	형님＝새아지매	큰형님＝아지매 큰형님＝큰새아지매	형＝형수 형님＝형수

---

12) 논의 방법은 2장과 동일하다. 논의를 위한 가계도는 <표 1>를 참조.

⑬	눈님=새형님	누님=새형님 눈님=새형님	눈님=새형님 큰누나=새형님	누님=자형
⑭	~야 ~야=제수	~아/야(결혼전) ~애비야=제수씨(후)	~아/야(결혼전) 동생=제수씨(결혼후)	~아/야(결혼전) ~아/야=제수(씨)(후)
⑮	~실=~서방	~아/야(결혼전) ~실아=~서방(결혼후) ~서방댁=~서방	~아/야(결혼전) ~실이/실아=~서방	~아/야(결혼전) ~아/야=~엄마= 매부/매제/제매

<표 5>에서 우리는 하나의 언어공동체 속에서도 성씨가 다름에 따라, 쓰이는 언어도 달라 질 수 있다는 것을 확인할 수 있었다. 여기에 정의된 하나의 언어공동체라 함은 농촌지역의 리里 정도의 작은 마을로 그 크기가 매우 작고 좁다. 그 속에서 이렇듯 확연한 언어 차이가 존재한다는 것은 사뭇 놀라운 일이 아닐 수 없다. 지리적으로, 괴시리 마을에 살고 있는 영양남씨와 안동권씨는 다소의 거리를 두고 있다. 반면 타성으로 정리된 성씨들은 영양남씨나 안동권씨와 바로 한두 집 이웃하거나, 적어도 영양남씨와 안동권씨가 가지는 거리감보다는 작은 곳에 자리한다. 그럼에도 불구하고 집성촌을 이루는 두 성씨는 같은 언어를 쓰는 반면 타성은 다른 언어를 쓰고 있는 것이다. 물론 ②를 '큰할배', '큰할매'라 하고 ④를 '할배', '할매'라 ⑦을 '맏아버지'나 '맏어매'와 같이 쓴다는 경우도 없지 않으나 이것이 이 지역의 언어 사용 정도를 정의하는 데 영향을 주지는 못한다. 이 같은 언어 현상은 인접 지역의 언어에 영향을 받아 나타나는 언어동화 현상이라 할 수 있다.

다음은 화자가 부계의 여자인 경우 사용하는 친족호칭에 대하여 살펴보기로 한다.

〈표 6〉괴시리의 친족 호칭
－화자가 부계의 여자인 경우－

구분	괴시리 반촌 친족명칭	영양남씨(괴시1리)	안동권씨(괴시2리)	타성(괴시1, 2, 3리)
①	큰할배=큰할매	할배=할매	증조할배=증조할매	증조할아버지= 증조할머니
②	할배=할매	큰할배=큰할매	큰할배=큰할매	할아버지=할머니

③	할매=새할배	할매=새할배	○○가신 할매=○○새할배	왕고모=왕고모부
④	큰아배=큰어매	큰아배=큰어매	큰아배=큰어매 할배=할매	할아버지=할머니
⑤	할배=할매	작은할배=작은할매	작은할배=작은할매	작은할아버지= 작은할머니
⑥	할매=새할배	할매=새할배	○○가신 할매= ○○새할배	작은왕고모= 작은왕고모부
⑦	맏아배=맏어매	맏아배=맏어매 맏아버지=맏어매	맏아배=맏어매 맏아버지=맏어매	큰아버지=큰어머니
⑧	아지매=새아재	아지매=새아재	큰아지매=큰새아재 ○○가신 아지매= ○○새아재	고모=고모부
⑨	아배=어매	아배=어매 아버지=어매	아배=어매	아버지=어머니
⑩	작은아배= 작은어매	작은아배=작은어매 작은아버지= 작은어매 아재(미결혼시)	작은아배=작은어매 작은아재(미결혼)	작은아버지=작은어매 삼촌=숙모
⑪	아지매=새아재	아지매=새아재 고모=새아재	작은아지매=작은새아재 ○○가신 아지매= ○○새아재	고모=고모부
⑫	오라배=(새)형님	오라배=형님 오라배=새히	큰오라배=큰형님	오빠=형님
⑬	형님=새아재	형님=새아재 형아=새아재	큰형님=큰새아재	
⑭	~아/~애비야= 새덕	~아/야(결혼전) ~애비야=새덕(후)	~아/야(결혼전) 동생=새대(결혼후)	
⑮	~아/~실= ~서방	~아/야(결혼전) ~실아/실이=~서방	~아/야(결혼전) ~실아/실이=~서방	

영양남씨와 안동권씨의 언어 사용이 타성과 다르게 나타남은 화자가 부계의 남자인 그것과 별반 다르지 않다. 다만 남자 화자에게서 나타났던 ②의 '큰할배'와 '큰할매', ④의 '할배'와 '할매'와 같은 호칭의 쓰임이 나타나지 않음이 다르다 하겠다.[13]

이어 친족을 남에게 지칭하는 경우를 살펴보기로 한다. 여기서는 화자가 부계의 남자인 경우만을 살펴보기로 한다.

---

13) 타성의 ⑬과 ⑭, ⑮는 조사하지 못했다.

〈표 7〉 괴시리의 친족 지칭
-화자가 부계의 남자인 경우-

구분	괴시리 반촌 친족명칭	영양남씨(괴시1리)	안동권씨(괴시2리)	타성(괴시1, 2, 3리)
①	징조부(曾祖父)= 징조모(曾祖母)	징조부=징조모 증조부=증조모	증조부=증조모	증조부=증조모 현(顯)조부=현조모
②	종조부(從祖父)= 종조모(從祖母)	종조부=종조모	종조부=종조모	종조부=종조모 큰할아버지=큰할머니
③	존고모(尊姑母)= 존고모부(尊姑母夫)	존고모=존고모부 종고모=종고모부	존고모=존고모부 맏존고모= 맏존고모부 왕고모=왕고모부	종고모=종고모부 왕고모=왕고모부
④	조부(祖父)=조모(祖母)	조부=조모	조부=조모	조부=조모 할아버지=할머니
⑤	종조부(從祖父)= 종조모(從祖母)	종조부=종조모	종조부=종조모 작은종조부= 작은종조모	종조부=종조모 작은할아버지= 작은할머니
⑥	존고모(尊姑母)= 존고모부(尊姑母夫)	존고모=존고모부 종고모=종고모부	존고모=존고모부 작은존고모= 작은존고모부 작은왕고모= 작은왕고모부	종고모=종고모부 왕고모=왕고모부
⑦	백부(伯父)=백모(伯母)	백부=백모	백부=백모 맏아배=맏아매	백부=백모 큰아버지=큰어머니 맏아버지=맏어머니
⑧	고모(姑母)=고모부(姑母夫)	고모=고모부	고모=고모부 맏고모=맏고모부	고모=고모부
⑨	부친(父親)=모친(母親) 밧어른/어른=안어른	부친=모친 밧노친=안노친	부친=모친 노친=모친	부친=모친 아버지=어머니
⑩	삼촌(三寸)=숙모(叔母)	삼촌=숙모 숙부=숙모	숙부=숙모 작은아버지= 작은어머니	삼촌=숙모 작은아버지= 작은어머니
⑪	고모(姑母)=고모부(姑母夫)	고모=고모부	고모=고모부 고모=고모부	고모=고모부
⑫	백씨(伯氏)=형수(兄嫂)	백씨=형수	백씨=큰형수	백씨=형수
⑬	눈님/누님/姉氏=妹夫/姉兄	누님=자형	큰누님=자형	누님/누나=자형/매형
⑭	아우/季氏=弟嫂/季嫂	제씨(弟氏)=제수	제씨(弟氏)=제수씨	동생=제수
⑮	여동생=妹夫	～=제부(弟夫)	매씨(妹氏)= 매재(妹弟)	동생=매부/매제/제매

남에게 친족을 지칭하는 경우는 표준어 화자의 그것과 크게 다르지
않다. 다만 영양남씨와 안동권씨의 경우 타성에 비해 한자어 명칭을 더

즐겨 쓰는 것이 차이라면 차이라 할 수 있다. 여기서 관심을 끌게 하는 것은 다성으로 묶인 집단의 언어 사용이다. 즉, 집성촌을 이루는 성씨들과의 거리 차이에 따라 언어 대립의 정도가 달라진다는 것이다. 우선 괴시3리(교촌)에 거주하는 타성들은 영양남씨와 안동권씨와 같은 호칭을 주로 사용한다. 예를 들면 '종조부'를 '종조부', '조부'를 '조부', '부친'을 '부친'이라 한다. 이에 반해 괴시1리(호지말)와 2리(관어대)에 거주하는 타성들은 이런 명칭을 거의 쓰지 않는다. 이들은 모두 '큰할아버지'와 '할아버지', 그리고 '아버지'와 같은 말을 쓴다. 이는 한 마을 안에서 집성촌을 이루는 성씨들과 쓰는 말이 다르다는 것을 타성들이 나서서 보여주는 것인데, 가까이 살면 살수록 이러한 언어 이질화 문제는 크고 강하다. 타성들이 보여주는 이러한 언어태도는 무엇에 기인한 것일까. 여기에는 집성촌을 이루는 사람들의 언어를 은연중 무시하는 듯한 태도도 함께 포함된다.[14] 이러한 언어 현상을 일상적으로 쉽게 생각할 수 있는 반촌과 민촌의 언어차이로만 해석할 수 있는 문제는 아닌 듯하다.

2. 문종결어미 '-니껴'와 '-는교'

'-(시)니껴'와 '-(시)는교'는 표준어 '-ㅂ니까'에 대당하는 존대를 나타내는 의문형 어미이다. 이는 나이든 노년이나 사회적인 신분이 높은 경우의 대상에게 주로 사용하는 말로, 이 지역에서는 이 어미가 성씨를 구분하는 하나의 언어 도구로 사용되고 있다. 이것에 대하여 살펴

---

14) 조사 중에 괴시1리 타성의 한 제보자에게 '-니껴'와 '-는교'의 쓰임을 물은 적이 있다. 그냥 길을 가다 혹시나 해서 물었는데, 이 제보자는 마을 안쪽을 손짓하며 '꺼이 꺼이 안동 꺼이 저기 꺼이. 꺼꺼이'라는 말을 노래처럼 하면서 집성촌 사람들이 '-껴'를 쓰는 것에 대해 비아냥거리는 듯한 눈치를 주었다. 이러한 태도는 괴시2리보다 괴시1리가 더욱 심하다.

보기 전에 먼저 아래의 지도를 보면서 이 지역의 성씨들의 분포를 확인해 보기로 한다.

우리는 <지도 1>에서 호지마을로 표시된 괴시1리와 관어대로 표시된 2리가 거리상으로 꽤 떨어진 곳에 위치하고 있음을 알 수 있다. 반면 교촌으로 표시된 괴시3리는 괴시1리와 매우 가까이 인접해 있음도 알 수 있다. 원칙으로 본다면 괴시1리 2리 3리, 또는 괴시3리 2리 1리의 순서로 마을이 서야 할 듯한데 분동되는 과정에서 2리 1리

〈지도 1〉 영해면 내 괴시리 위치

3리와 같은 지리적인 구획이 이루어졌다고 한다. 괴시1리와 2리는 반촌으로 명명되고 누차 언급되었듯이 양반가의 자손들이 집성촌을 이루고 사는 마을이다.

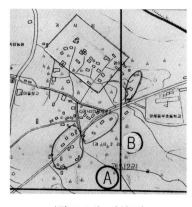

〈지도 2-1〉 괴시2리

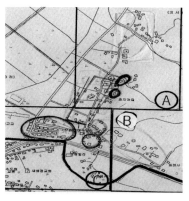

〈지도 2-2〉 괴시1리

<지도 2>는 반촌으로 명명된 괴시1리와 2리의 성씨들의 거주분포를 보인 것이다. 여기서는 A와 B와 같이 마을 안을 구획지어 놓은 것을 볼 수 있다. 정확하다고는 할 수 없지만 대체로 이 구획에 따라 집성촌을 이루는 성씨와 그렇지 않은 성씨들의 거주 상황이 결정된다. 좀 더 설명하자면 괴시1리의 A지역에는 대체로 영양남씨가 거주하고 B지역과 C지역에는 타성들이 주로 거주한다. 괴시2리의 경우 A지역에 안동권씨가 집성촌을 이루고 B지역은 타성들이 거주한다. 그러나 별도 ○로 표시된 것과 같이 집성촌 안과 주변에 타성들이 거주함은 물론이다. 괴시3리의 경우 이러한 구분에 의미가 없음은 당연하다. 여기서는 괴시리 집성촌의 언어와 ○로 표시된 집성촌 내의 타성들의 언어 현상을 살펴보는 데 주안점을 둔다.

결론부터 정리를 한다면 집성촌을 이루고 있는 영양남씨와 안동권씨의 의문형어미 '-ㅂ니까'의 쓰임은 반드시 '-(시)니껴'이고, 이에 반해 ○속의 타성들은 한결같이 '-(시)는교'를 쓴다는 것이다. 괴시3리에 거주하는 타성의 경우도 ○과 같다. 이것은 매우 엄격한 규칙처럼 보이는데 위 지도에서 보듯 바로 윗집 아랫집인 경우라도 이러한 언어차이를 가진다.

이 점은 영양남씨나 안동권씨 마을 모두 그러하다. 이러한 언어 사용은 실제 거주하고 있는 주민들 스스로도 인정하고 있다. 다음의 대화 내용에도 그러한 사실은 입증된다.

(1) ㄱ. 아니껴? 그기 돌쩌귀라 하니껴?
   (영양남씨 부인인 60대 초반의 여자가 60대 중반의 남자에게)
   【괴시리 호지마을 안에서】
 ㄴ. 식사는 하시니껴
   (영양남씨 부인인 60대 초반의 여자가 70대 중반의 여자에게)
   【괴시리 호지마을 안에서】
 ㄷ. 안주 안 갔니껴? 그만 자고 가소.
   (안동권씨 60대 후반의 남자가 60대 중반으로 보이는 남자에게)

【괴시2리 관어대마을 안에서】

ㄹ. 뭘 파니껴. 이것 좀 파소. 아지매 이 파 좀 팔리주소.

(=뭘 사려고 합니까. 이것 좀 사시오. 아주머니 이 파 좀 팔아주시오.)

(괴시1리 영양남씨 부인 60대 초반의 여자가 50대 후반으로 보이는 여자에게)

【성내동에서】

(2) ㄱ. 어데 가시는교?

(타성으로 축산면이 고향인 60대 여자가 타성인 남자에게)

【괴시1리 호지마을 안에서】

ㄴ. 밥그륵이 맞는교? 눈:이 안 좋으이께네. 똑바로 보이지 아내.

(타성으로 대진이 고향인 70대 초반의 여자가 60대 정도의 여자에게)

【괴시3리 마을 안에서】

그러나 우리는 이들 語尾가 괴시리를 벗어난 지역에서는 성씨 구분 없이 자유롭게 쓰이고 있음도 확인할 수 있다.

*(3) ㄱ. 올개는 배추가 좋니더. 배추 샀니껴?

(타성으로 안동이 고향이라는 50대 중반의 여자가 50대 정도의 여자에게)

【성내리에서】

ㄴ. 포이가 좋기 때미레 비:가주 가는데, 이 푸러치도 파니껴

(고향과 성을 알 수 없는 50대 후반 정도의 여자가 60대 정도의 여자에게)

【성내리에서】

ㄷ. 어디서 왔니껴?

(40대 후반 정도의 여자가 본 조사자에게) 【성내리에서】

물론 어느 지역이든지 괴시1리의 영양남씨와 괴시2리의 안동권씨는 '-(시)니껴'를 고집하고 괴시리의 타성은 '-(시)는교'를 고집하지만 괴시 이외의 지역민들은 이 둘을 적당히 아울러 쓰고 있다는 것이다. 그도 대개는 안동 쪽에서 이사를 왔다고 하는 경우는 '-(시)니껴'를 쓰고, 어촌이나 기타의 지역에서 온 경우는 '-(시)는교'를 주로 쓴다.[15] 여기서 우리는 괴시리 주민들이 선택적으로 사용하는 어미 '-(시)니

---

15) 이 어미는 '-ㅂ니까', '-(아/어)요'로 대체되어 쓰임이 자유롭다. 이에 대하여는 논외로 한다.

껴'와 '-(시)는교'가 집성촌을 이루고 사는 성씨들과 그렇지 않은 성씨들 간의 언어 실상을 단면에 볼 수 있게 한 중요한 자료가 됨을 알 수 있다. 이러한 언어 규칙을 언제까지 이어갈지 지켜볼 일이다.

3. 구개음화

보통 구개음화를 '시골말' 또는 '촌스러운 말'이라고 한다. 이는 구개음이 아닌 자음들이 'ㅣ'나 혹은 활음滑音 'j'의 영향으로 구개음으로 변하는 음운 현상의 하나일 뿐인데, 이 말을 쓰면 때론 배우지 못한 사람 취급을 받기도 한다. 본 조사지역은 반촌이다. 따라서 구개음화 현상은 쉬이 발견되지 않을 것이라는 생각이 없진 않았으나 지역이 시골임을 생각하여 조사 가치가 높으리라 판단했다. 우선 <표 8>을 보기로 한다.

〈표 8〉 괴시리의 구개음화 실현 양상

실현양상 \ 구분		영양남씨(괴시1리)	안동권씨(괴시2리)	타성(괴시1, 2, 3리)
구개음화실현	ㄱ	g	g	ʥ(ㅈ)
	ㅎ	h	h	ʃ(ㅅ)
기름(油)[girim]		g	g/*ʥ	g-ʥ
길다(長)[gilda]		g	g	g
겨드랑이 [gjədirangi]		g	g	g-ʥ
겨울(冬)[gjəul]		g	g	g
견디자[gjəndiʥa]		g	g	g-ʥ
키[khi]		g	g	g-ʥ
형(兄)[hjəng]		h	h	h-ʃ
힘들다[himdilda]		h	h	h

여기서 우리는 하나의 언어공동체로 인정되고 있으나 성씨에 따라 이 현상이 적용되는 집단과 그렇지 않은 집단이 구분되고 있음을 알 수

있다. 괴시1리(호지말)에 집성촌을 이루고 있는 영양남씨와 괴시2리(관어
대)에 집성촌을 이루고 있는 안동권씨의 경우는 구개음화 현상이 전혀
나타나지 않았다. 그러나 같은 괴시에 속하나 두 성씨가 아닌 타성들은
이 언어 현상이 몹시 자연스럽다. 괴시2리의 안동권씨 한 제보자는 '기
름'을 묻는 질문에 우리 쪽은 '기름'이라고 하지만 저쪽16)에서는 '지름'
이라 한다는 얘기를 덧붙여 주었다. 이러한 언어 판단은 괴시1리의 영
양남씨도 마찬가지다. 괴시2리가 대진을 가리켜 '저쪽'이라 했다면 괴
시1리는 괴시3리(교촌)를 가리킴이 달랐다. 본 조사 결과도 이들이 인식
하고 있는 대로 나타났다. 신기하다 할 정도로 같은 괴시1리와 2리에
속한 사람이라 해도 집성촌을 이루지 않은 타성들은 구개음화 현상이
나타난다는 것이다. 괴시1리에 살고 있는 토박이 타성의 한 제보자와
면담을 했을 때 이 제보자는 거의 표준말에 가까운 발음을 구사하였다.
하여 '예전에 이런 말 사용하지 않으셨습니까?'라고 구개음화된 소리를
질문하면 '썼지'라고 너무도 당연하다는 듯이 질문에 응답을 해 주곤
하였다. 이 경우 이 제보자가 구개음화를 발화한다고 해야 하는가? 생
각해 볼 문제다. 괴시3리 노인정에서 뵌 몇 분은 심한 구개음화 현상을
보였다.

　물론 타성으로 분류된 괴시1리와 2리, 3리의 제보자들이 조사된 어휘
를 한결같이 구개음으로만 실현한 것은 아니다. 몇 단어에 대하여는 전
혀 구개음이 실현되지 않았는데 대표적인 것이 '겨울'이었다. 구개음화
가 표준어의 영향을 받아 점차 사라지고 있는 언어현상이라면 이 같은
물살에 가장 먼저 변화를 입은 것이 생활 속에서 쉽게 찾아볼 수 있는
말들이 아닌가 싶다. TV나 각종 매체, 그리고 학교 교육으로 사용도가
높은 어휘는 그만큼 빠르게 변화를 수용하기 때문이다.

---

16) 대진을 가리킴.

4. 움라우트

국어의 움라우트(umlaut)에 관한 문제는 그 발생 원인이나 규칙에 대하여 현재까지도 계속적인 논의가 이루어지고 있는 실정이다. 이 언어 현상은 대략 다음과 같은 제약조건을 가지고 일어난다. 그 하나는 어휘형태소 내부에서 일어나는 것과 어휘형태소와 문법형태소의 결합에서 일어나는 것이다. 이러한 조건은 지역에 따라 다소의 차이를 가진다. 조사지역의 경우 이 두 가지 조건이 동시에 존재하는 곳이기도 하다. 다만 반촌이라는 사회적 언어 변수가 이 조건을 어느만큼 배제시킬 수 있을까 하는 문제가 관심의 대상이다. 먼저 <표 9>를 보기로 한다.

〈표 9〉 괴시리의 움라우트 실현 양상

구분 실현양상		영양남씨(괴시1리)	안동권씨(괴시2리)	타성(괴시1, 2, 3리)
움라우트 실현 유무	형태소 내부	무	무	유
	형태소 경계	유	유	유
학교[hakgjo]		-a-	-a-	-a/ɛ-
치마[ʧhima]		-a-	-a-	-a/ɛ-
토끼[tokʼi]		-o-	-o-	-o-
사람+이[sarami]		-a-	-a-	-a/ɛ-
법+이[bəpi]		-ə/e-	-ə/e-	-ə/e-
먹+이다[məkida]		-i-	-i-	-i/e-
잡+히다[ʧaphida]		-a-	-a-	-a-
속+이다[sokida]		-o-	-o-	-o-
죽+이다[ʧukida]		-u-	-u-	-u-
옮+기다[omgida]		-o-	-o-	-o-

이 지역의 움라우트 실현 역시 성씨에 따라 차이를 가진다. 집성촌을 이루는 영양남씨와 안동권씨의 발음이 같은 것으로 나타났고 타성은 이

두 집단과 대립되는 것으로 나타났다. 즉 영양남씨와 안동권씨는 형태소 내부에서 일어나는 움라우트 현상은 전혀 실현되지 않았으며 형태소 경계에서도 '법+이'만 '벱이'와 같이 실현되었다. 반면 타성의 경우는 형태소 내부와 형태소 경계에 걸쳐 두루 움라우트를 실현하는 것으로 나타났다. 하지만 <표 9>에서 알 수 있듯이 타성들 또한 주어진 단어에 대하여 한결같이 움라우트형만 발화하는 것은 아니다. 일부 화자들은 움라우트형과 비움라우트형을 선택적으로 사용하고 있으며, 어느 것이 자신의 정확한 발음인지를 모르는 경우도 종종 있다.

이러한 상황이 전개되는 것은 무엇보다도 제보자가 조사자에게 정확한 답변을 해야 한다는 책임감에 따른 표준발음의 사용 때문이라 할 수 있다. 물론 실제적으로 표준어에 동화되어 비움라우트형을 발음하는 경우도 있다.[17] 그러나 대부분은 전자의 경우에서 제보자가 심리적으로 부담감을 느껴 제보자 스스로 자신의 말씨를 격식화시켜 버리는 경우가 많다. 이는 집성촌을 이루는 두 성씨의 경우도 마찬가지다.[18]

지금까지 우리는 몇 가지 언어 현상을 들어 반촌 내 집성촌을 이루고

---

17) 본 조사자가 '학교'를 질문했을 때 괴시1리 영양남씨의 한 제보자는, "우리는 '학교'라고 하지만 저짝 사람들은 '핵죠'라고 하더라"는 말을 전해주었다. 또한 괴시3리의 노인정에서 만난 한 제보자에게 '핵교'라는 응답을 얻어내기 위하여 "손자가 있습니까? 몇 살입니까? 유치원에 다닙니까?"와 같이 연계하여 질문하였을 때, "학교에 댕기지"라는 답변을 하면서 초등학교 1학년인 손자가 할아버지는 왜 '핵교'라 하느냐고 핀잔을 준다고 하였다. 이 이야기를 옆에서 듣고 계시던 다른 분이 중학교에 다니는 손녀가 할아버지는 왜 '할배', '할매' 하느냐고 자꾸 이상하다고 해서, 딱히 손녀 때문은 아니지만 자연스럽게 예전에 쓰던 말씨를 고쳐 요즘말(표준말)로 쓴다고 했다. 이런저런 여러 가지 상황에 맞물려 언어는 변화를 거듭해 나가는 듯하다.

18) 실제로 영양남씨와 안동권씨를 면담했을 때 질문지와 무관한 일상적인 대화를 하는 중에는 꽤 여러 가지의 움라우트 발음을 들을 수 있었다. 일례로 '도깨비 방매이'라든가 '바지 가래이', '줄을 땡기다', '걸어 댕기다'와 같은 것들이다.

있는 성씨와 타성들 간의 언어 차이가 어떠한지를 대략적으로 살펴보았다. 사실 위에서 언급한 간단한 몇 개의 언어 현상으로 이들 간의 언어 차이가 어떻다고 정의를 내리는 것은 다소 성급한 판단이 될 수도 있겠다는 생각이다. 여기서는 다만 이러한 언어 현상이 존재하고 있다는 정도를 확인하는 것에 한계를 두고자 한다.

IV. 반촌언어의 새로운 변화

1. 단모음

현대 국어의 단모음 체계는 10모음 체계를 이룬다. 이는 모음 'ㅟ'와 'ㅚ'가 모두 단모음 [y]와 [ø]으로 발음된다는 것과 'ㅔ'와 'ㅐ'는 [e]와 [ɛ]로 'ㅡ'와 'ㅓ'는 [ɨ]와 [ə]로 각각의 제 음가를 드러내고 있다고 인정함이다. 이러한 모음들이 반촌으로 정의된 지역에서는 어떻게 실현되고 있는지를 살펴보는 것이 본 논의의 목적이다.

우선 모음 'ㅟ'와 'ㅚ'가 단모음으로 발음되고 있는지 여부를 살펴보기로 한다. 일부 지역에서 지적되고 있듯이 이 모음은 보통 이중모음 [wi]나 [we]로 발음되고 있다. 표준발음법에서조차 이를 허용하고 있는 정도다. 그러나 지역별로 정도의 차이는 있으나 노년층의 경우 대부분은 여전히 'ㅟ'와 'ㅚ'를 단모음 [y]와 [ø]로 발음하고 있다는 것이 아직까지의 결과이다. 따라서 이 지역의 노년층 화자들도 이 같은 발음을 하고 있는지 그 양상을 살펴보기로 한다.

<표 10>에서 볼 수 있듯이 이 지역 노년층의 단모음 'ㅟ'와 'ㅚ'의 발음은 성씨 구분 없이 모두 이중모음 [wi]와 [we]로 발음되는 것으로 나타난다. 그러나 자세히 살펴보면 같은 이중모음으로 변화를 입었다고

〈표 10〉괴시리의 단모음 'ㅟ'와 'ㅚ'의 실현 양상

실현양상 \ 구분		영양남씨 (괴시1리)	안동권씨 (괴시2리)	타성 (괴시1, 2, 3리)
단모음 'ㅟ'와	위	wi-ɥi	y-wi	wi-ɥi-i
'ㅚ'의 실현 양상	외	wE	ø-we-wE	wE-ɛ
위장병[yjangbjəng]		wi	wi	wi
위하여[yhajə]		wi	wi	wi
귀(耳)[gy]		wi-ui-ɥi	y-wi-ui	wi-ɥi-i
뒤(後)[dy]		wi-i	wi	wi-ɥi-i
쥐(鼠)[ʧy]		wi	wi	wi-ɥi-i
외상[øsang]		we-wE-wɛ	we-wE	wE-ɛ
외갓집[øgatʧip]		we-wE-wɛ	we-wE	wE-ɛ
되(升)[dø]		wE-wɛ-E	we-wE	wE-wɛ-E
쇠(金)[sø]		we-wE	ø-we-wE	wE-wɛ
죄(罰)[ʧø]		we-wE	we-wE	wE-ɛ
쇠귀에 경읽다[-gy-]		wi-ɥi	wi	wi-ɥi-i
참외가 맛있다[chamø-]		wE-ɛ	we-wE	wE-ɛ

는 하나 세 성씨의 발음이 각각 조금씩 다르게 실현되고 있음을 알 수
있다. 우선 영양남씨와 안동권씨의 발음은 단모음 'ㅟ'와 'ㅚ'가 본래
가지고 있는 원순성을 대부분 그대로 간직한 반면, 타성의 경우는 약화
된 원순성이나 변이된 새로운 단모음으로 변화되어 나타나는 경우가 더
많은 것으로 나타난다. 또한 안동권씨가 영양남씨에 비해 더욱 보수적
인 언어 성향을 가지고 있음도 알 수 있다. 위의 내용을 정리하기 위하
여 질문지를 이용하였으나 대부분은 일상적인 대화 말투에서 그 발음을
찾아냈다. 질문지를 통하여 질문했을 때 나타나는 오류를 줄이기 위해
서는 자연스러운 말투에서 발음 현상을 찾는 것이 좋은 방법임을 여러
번의 조사에서 확인하였기 때문이다. 특히 모음이나 음운규칙과 같은
언어현상을 조사할 때 질문지를 제보자 앞에 두고 이것저것 질문을 하
면 평소 자신이 발음하는 것과는 다른 형태로 응답하는 경우가 많기 때
문이다. 괴시2리 안동권씨의 경우 이러한 결과에 확신을 심어주는 계기
가 되었다. 조사자가 본인의 귀를 잡고 '이것이 무엇입니까'라고 질문했

을 때 한 제보자는 '귀[-wi]가 아니요'라고 응답을 했다가 조사자가 정
확히 못 들었다는 뜻으로 '예?'라고 했더니 '귀'[-y]라고 매우 정확한
단모음 [y]를 발음해 주었다. 다음으로 단모음 'ㅔ'와 'ㅐ'의 변별 정도
를 살펴보기로 한다.

단모음 'ㅔ'와 'ㅐ'는 이미 여러 지역 방언에서 이 둘을 구별하여 발
음하지 못함이 지적되어 왔으며 특히 본 조사 지역의 연구 결과는 최명
옥(1980)에서 정의가 끝난 상태라 할 수 있다. 최명옥(1980)에서는 괴시리
의 경우 60대 이상의 화자들에게 이들은 음소적 대립을 가지나 50대 이
하의 세대에서는 음소적 대립을 가지지 않음을 설명하였다. 각주를 두
어 'ㅔ'의 발음이 노년층의 경우라 해도 'ㅐ'와 가까운 곳에서 조음됨도
설명하였다. 이러한 결과는 대부분 정확한 것으로 확인되었다. 다음
<표 11>을 보면서 다시 생각해 보기로 한다.

〈표 11〉 괴시리의 단모음 'ㅔ'와 'ㅐ'의 실현 양상

실현양상 \ 구분		영양남씨 (괴시1리)	안동권씨 (괴시2리)	타성 (괴시1, 2, 3리)
단모음 'ㅔ'와 'ㅐ'의 실현양상	ㅔ	E	E-e	E
	ㅐ	ɛ	ɛ	ɛ
게(바닷게)[ge]		E-ɛ	E-e	E-ɛ
떼(群)[t'e]		E-ɛ	E-e	E-ɛ
베다(칼로)[beda]		E-ɛ-*i	e-*i	E-ɛ-*i
개(犬)[gɜ]		E-ɛ	E-ɛ	E-ɛ
때(時)[t'ɜ]		E-ɛ	E-ɛ	E-ɛ
배다(아이를)[bɜda]		E-ɛ	E-ɛ	E-ɛ

<표 11>은 단모음 'ㅔ'[e]와 'ㅐ'[ɛ]가 중화된 'ㅐ'[E]로 발음되고
있음과 동시에 [e]와 [ɛ]의 변별력이 상실되고 있음을 알게 한다. 영양
남씨와 타성의 발음이 이러한 사실을 매우 선명하게 증명해 주고 있다.
그러나 안동권씨 한 제보자의 발음이 약간의 문제를 제기하게 만든다.
이는 'ㅔ'에 대하여 너무도 정확하게 단모음 'ㅔ'[e]로 발음했기 때문

이다.[19] 또한 이 제보자의 매우 정확한 'ㅔ'[e] 발음에 못지않게 안동 권씨 마을의 화자들 발음 'ㅔ'[E]의 조음 위치가 [ɛ]보다는 [e]에 가깝 게 실현되는 경향이 다수 있었다. 이러한 정황으로 이 지역의 단모음 'ㅔ'와 'ㅐ'를 변별적이라고 정의를 해야 하는지에 대하여는 좀 더 고민 을 해야 할 듯하다.

다음으로 모음 'ㅡ'와 'ㅓ'의 변별에 대하여 살펴보기로 한다. 이 모 음에 대하여는 최명옥(1980)에서 이 지역의 노년층과 장년층의 경우 그 각각의 음가는 'ㅡ'[ɨ]와 'ㅓ'[ə]로 음소적 대립의 관계에 있음을 설명 하였다. 이러한 결과는 다음의 <표 12>에 보인 바와 같이 현재까지 유 효한 것으로 나타난다. 그러나 최명옥(1980)에서 설명한 30대 이하의 세 대와 어촌지역에서의 이 모음의 음가 설명에 대하여는 재고再考할 필요 가 있다.

〈표 12〉 괴시리의 단모음 'ㅡ'와 'ㅓ'의 실현 양상

구분 실현양상		영양남씨 (괴시1리)	안동권씨 (괴시2리)	타성(김씨, 전씨, 배씨) (괴시1, 2, 3리)
단모음 'ㅡ'와 'ㅓ'의 실현양상	ㅡ	ɨ	ɨ	ɨ
	ㅓ	ə	ə	ə
글(書)[gɨl]		ɨ-*E	ɨ-*E	ɨ-*E
틀(機)[thɨl]		ɨ	ɨ	ɨ
한글[hangɨl]		ɨ-*E	ɨ-*E	ɨ-*E
베틀[bethɨl]		ɨ	ɨ	ɨ
걸(girl)[gəl]		ə	ə	ə
털(毛)[thəl]		ə	ə	ə

19) 이 발음 때문에 무척 많은 고민을 했다. 조사자가 잘못 들은 것인가? 아니 면 제보자의 개인적인 언어 성향이 그러한가. 이 문제를 위하여 재답사 기 간에 같은 제보자를 만나 또 다른 단어를 제시하여 단모음 'ㅔ'와 'ㅐ'를 살폈다. 여전히 같은 발음에 놀라지 않을 수 없었다. 하여 집으로 돌아와 처음 답사 때 녹음해 두었던 제보자 부인의 음성 녹음을 들어보기로 했다. 대부분 제보자와 같은 발음을 구사하고 있었다.

턱걸이[thəkgəli]	ə	ə	ə
새털[sɛthəl]	ə	ə	ə

최명옥(1980)에서는 괴시 마을의 30대 이하의 화자와 어촌마을인 대진의 모든 화자의 단모음 '一'와 'ㅓ'의 발음이 'ㅓ'[ɘ/3]와 같이 중화되었다고 하였다. 다시 말하면 이 두 모음이 제 음가를 상실하여 음소적 대립관계를 이루지 못한다는 것인데 조사해 본 바에 의하면 이러한 현상은 어쩌면 노년층에만 유효했던 것이 아닌가 한다.20) <표 12>에서 보듯 괴시의 두 반촌과 기타 성씨들 모두 이들 모음에 관한 한 변별력을 가지고 있었기 때문이다.21) 따라서 이 지역의 모음 '一'와 'ㅓ'는 음가 [i]와 [ə]로 비교적 정확하게 변별되고 있으며 이는 어떤 성씨인가에 관계없이 두루 실현된다고 할 수 있다.

2. 경음화 현상

경음화는 평음이 음성적으로 무기 긴장음으로 바뀌는 현상을 말한다. 이 현상이 노년층에서 젊은층으로 올수록 그 경향이 뚜렷해짐은 어제, 오늘의 일이 아닌 것으로 지적되어 왔다. 이러한 현상은 사회적인 여러 가지 영향 때문인 것으로 보인다. 따라서 반촌으로 명명된 괴시리의 경음화 현상이 어떠한 양상으로 자리를 잡고 있는지, 또한 같은 마을에

---

20) 20년이 넘는 커다란 시간적인 차이가 있음을 생각하면 본 조사자의 연구는 최명옥(1980)과 비교의 대상이 될 수 없음은 당연하다. 여기서는 다만 현재 청소년의 발음을 생각하면서 교육이라는 도구가 음가를 결정하는 데 적극적인 참여를 하지 않았을까 하는 조사자 개인적인 생각을 정리했을 뿐이다.

21) 격식적인 말투에서 모음 '一'[i]의 경우 'ㅓ'[ə]로 발음되면서 조음 위치가 [i]에 가깝게 발음되는 경우도 없지 않았다. 이 현상은 노년층에 유효한 발음이었다. 이 경우 *표를 하여 [Ɛ]와 같이 표시해두었다.

사는 타성과 어떠한 차이를 가지는지, 어두 경음화를 위주로 살펴보기로 한다.

본 논의를 위해 최근 흔히 경음으로 발음되고 있는 단어를 조사하여 질문지에 수록하였다. 다음으로 제보자로 하여금 자연스럽게 읽고 평소 자신이 사용하는 발음에 0표를 하도록 했다. 이 과정에서 주지시킨 사항은 표준말을 조사하는 것이 아니라는 사실이었다. 이 조사를 위해 직접 면담과 간접질문지 두 가지 방법이 모두 동원됐다.

조사된 단어는 모두 40개이다. 이들 단어는 모두 무성음 계열의 예사소리가 된소리로 발음되고 있는 것으로 그 구분은 어두음 별로 폐쇄음 ㄱ-12개, ㄷ-6개, ㅂ-6개, 파찰음 ㅈ-9개, 그리고 마찰음 ㅅ-7개이다.[22]

<표 13>은 한 언어공동체 속에서 성씨가 다름에 따라 나타나는 경음화 실현 정도를 보여준다. 이 표에서 우리는 의외의 결과를 확인할 수 있다. 조사 지역이 반촌임을 인지한 상태에서, 반촌을 대표하고 있는 영양남씨와 안동권씨의 경음화 실현이 꽤 큰 차이를 보인다는 것이다. 예상대로라면 이 두 성씨는 타성과 대립의 관계를 가져야 하기 때문이

---

22) 조사된 단어는 다음과 같다.
> ㄱ: 꼼보, 꼴초, 껀데기, 꼽추, 꼽슬머리, (자장면)꼽배기, (죽이)껄쭉하다, 꼬추장, 꼬추까루, (발)꼬랑내, 까자미(회), *꽈대표.
>
> ㄷ: 또랑물, 따발총, (파를)따듬어라, (줄을)땅겨라, (이를)딲아라, 또깨비.
>
> ㅂ: 뻔데기, 뺑아리, (과자)뿌스러기, 뿐때, (기름에)뽂아라, (건물을)뿌수어라.
>
> ㅈ: 짝대기, (마늘)짱아찌, 쪽제비, 쪽집게, 쫄병, 짱똘, (다리를)쩔뚝쩔뚝, 짜른다, 쪼른다.
>
> ㅅ: 싸나이, 싸납다, 싸랑싸랑, 쏘나기, 씨어머니, (힘이)쎄다, 쌀벌하다.
>
> *한 꽈대표의 경우 간접 설문지에 의한 경우는 응답이 되었으나 직접 면담의 경우 조사자가 제보자에게 적절한 설명을 하지 못하여 응답의 결과를 얻지 못하였다. 하여 이 항목은, 조사는 되었으나 통계처리에서 제외하였다.

다. 그런데 영양남씨가 타성과 마찬가지로 마찰음 'ㅅ'을 제외한 모든
폐쇄음에서 높은 경음화 현상을 나타내었다. 특히 'ㅈ'의 경우는 더욱
그러했다. 'ㅈ'은 현재 여러 지역에서 두루 높은 경음화 현상을 나타내
고 있음으로 보아 이곳도 예외가 아님을 알려준 좋은 결과라 하겠다.

〈표 13〉 괴시리의 경음화 실현 비율(%)

실현비율	구분	영양남씨 (괴시1리)	안동권씨 (괴시2리)	타성 (괴시1, 2, 3리)
경음화 정도	ㄱ	64	28	60
	ㄷ	68	57	55
	ㅂ	55	21	55
	ㅅ	13	18	27
	ㅈ	72	30	60
	계	55	31	52

영양남씨와 안동권씨가 같은 반촌의 언어 현상을 가질 듯한데도 불
구하고 높은 비율의 언어 차이를 나타내고 있음은 조사자를 몹시 당황
하게 만들었다. 또한 전혀 예기치 못한, 영양남씨와 타성과의 매우 가까
운 언어 현상은 불편한 심기를 더욱 갑갑하게 만들기에 충분했다. 어떠
한 방법으로 이 문제를 해결할 수 있을까? 먼저 공간적인 차이를 생각
하지 않을 수 없다. 영양남씨가 거주하고 있는 괴시1리(호지말)와 안동권
씨가 거주하고 있는 괴시2리(관어대), 그리고 타성들이 주로 거주하고 있
는 괴시3리(교촌)와는 그 자리함이 각기 다르다. 괴시1리는 괴시3리와 바
로 이웃하고 있는데, 이와 달리 괴시2리는 1리와 많이 떨어져 이웃한다.
괴시2리는 어촌인 대진과 바로 이웃해 있어 왕래가 거의 없다. 반촌과
어촌으로 갈라지기 때문이다. 따라서 타성들과의 거리가 가깝고 먼 것
이 같은 양반 성씨임에도 불구하고 경음화 현상에서 차이를 일으키는
원인이 된다는 가설은 충분히 설득력이 있다 하겠다.

다음으로 생각해 볼 수 있는 것이 제보자들의 언어습관이다. 본 조사

에 선정된 영양남씨와 안동권씨 그리고 타성들은 대부분 농업이 생업이
다. 그러나 안동권씨의 한 제보자는 유난히 말씨가 차분하였고 발음 또
한 비경음화된 발음을 주로 사용하였다. 반대로 영양남씨의 한 제보자
는 성격이 몹시 외향적이며 집밖 외출을 많이 하고 발음 역시 크고 강
했다.[23] 공교롭게도 제보자로 선정된 대부분 사람들의 언어 성향이 괴
시1리와 3리는 외향적인, 괴시2리는 내향적인 사람들이 많았다. 이러한
모든 점을 감안하였을 때 경음화 현상은 반촌이라는 사회적인 언어 변
수보다는 지리적인 환경이나 직업 또는 언어를 받아들이는 개인의 태도
가 더 중요한 변수로 작용됨을 일러 준다.

V. 결 론

지금까지 살펴본 내용을 간략하게 요약하면 다음과 같다.

제일 먼저 살펴본 것이 친족어였다. 여기서는 집성촌을 이루는 성씨
들과 그렇지 않은 타성들과의 언어 차이가 꽤 큰 것으로 나타났다. 집
성촌을 이루는 성씨들은 그들의 선대부터 써오던 반촌의 언어적 특징을
가진 친족어를 지속적으로 이어 쓰고 있는 반면, 타성들은 대부분 현대
표준어 화자들과 같은 언어를 사용하는 것으로 나타났다. 이러한 언어
차이는 종결어미 '-(시)니껴/는교'의 사용이나 구개음화, 움라우트 등
과 같은 언어 현상에서도 쉽게 찾아볼 수 있었다. 특히 어미 '-(시)니
껴'나 '-(시)는교'는 한 언어공동체 속에서 성씨를 구분 짓게 하는 매
우 정확한 언어 도구로 쓰이고 있었다. 마을 안에서 윗집과 아랫집에
살더라도 집성촌을 이루는 성씨는 '-(시)니껴'를 쓰고 타성은 '-(시)는

---

23) 이 제보자는 (과자) 부스러기를 '꽈자 뿌시레기'라고 응답했으며, 이 외에
도 곱슬머리를 '꼽씨랑머리', 부수어라를 '뿌싸라', 시어머니를 '씨에미'라
하는 등 조금은 거친 듯한 발음을 쉽게 했다.

교'를 사용하고 있었다. 이는 매우 규칙적이었다. 반촌이라는 사회적인 언어변수가 크게 적용 되지 않는 언어현상도 있었다. 단모음과 경음화 현상이 그것이었다. 물론 성씨 별로 정도의 차이는 있었으나, 성씨를 구 별짓는 요소로 이들이 작용되지는 못했다.

이상과 같이 간단한 몇 가지 언어 현상을 들어 반촌언어에 대한 결론 을 내리는 것은 다소 성급한 판단이 될 수도 있겠다는 생각이다. 여기 서는 다만 이러한 언어 현상이 존재하고 있다는 정도를 확인하는 것으 로 논의를 정리해 두고자 한다.

본고를 마감하면서, 현대 사회의 다변화 속에서도 여전히 집성촌의 정체성을 강조하며 변화에 순응하지 않는 반촌가의 언어현상을 어떻게 이해해야 할까 많은 생각을 해보았다. 이에 대하여는 여러 가지 의견이 있을 수 있겠다. 여기서는 다만 이들이 자신들이 양반가의 자손이라는 신분을 지켜가기 위해 언어를 수단으로 가지는 것이 아닐까 하는 생각 을 가져볼 뿐이었다. 이것을 지켜나가기 위해 일반적인 언어 현상과 다 른, 자신들의 언어라 정의한 깃에 대한 강한 집착은 당연할 듯싶었기 때문이다. 이러한 언어현상이 작게는 자존심의 표현일 수도 있겠고 크 게는 지역감정을 일으키는 일이 될 수도 있겠다는 생각이다. 이 작은 시골의 한 편에서 언제까지 이 같은 언어 현상이 지속될 수 있을까 후 일 다시 살펴볼 일로 남기고자 한다.

참고문헌

강신항, 「慶北 安東·奉化·寧海地域의 二重言語生活」『成大論文』제22
집, 성균관대, 1976.

남광우, 『한국어의 발음 연구I: 순 우리말과 한자말의 표준 발음을 중심으
로』, 일조각, 1984.

박경래, 「괴산방언의 음운에 대한 세대별 연구」『국어연구』57, 국어연구
회 1984.

박경래, 「괴산지역어의 사회언어학적 고찰-이중모음의 단모음화를 중심
으로-」『국어국문학』101, 국어국문학회, 1989.

박경래, 『충주 방언의 음운에 대한 사회언어학적 연구』, 서울대 박사학위논
문, 1993.

박성종, 「영동 지역의 어촌 언어」『강원 어촌지역 전설 민속지』, 강원도,
1995.

이강훈, 「국어의 복합 명사에서의 경음화 현상(II)」『언어』제9-1호, 한국
언어학회, 1984.

이숭녕, 「애, 에, 외의 음가변이론」『한글』106, 1949.

이승재, 『방언연구』, 태학사, 2004.

이정복, 「경어법 사용에 대한 사회언어학적 연구」『국어연구』109호, 국어
연구회, 1992.

이익섭, 「韓國 漁村 言語의 社會言語學적 考察」『國語社會言語學論叢』,
國學資料院, 1976.

이익섭, 「방언 자료의 수집 방법」『방언』1, 한국정신문화연구원, 1979.

이현복 편역, 『음성학』, 탐구당, 1982.

전혜숙, 『강원도 동해안 방언의 사회언어학적 연구』, 한국외국어대학교 박
사학위논문, 2003.

정종호, 「한국 친족명칭의 의미구조와 사회적 사용에 관한 연구-안동지방
의 한 촌락의 사례를 중심으로-」, 서울대학교 석사학위논문, 1990.

조숙정, 「비친척관계에서의 호칭어의 구조와 사용방식−전남 나주 한 반촌
　　　의 사례를 중심으로−」, 서울대학교 석사학위논문, 1997.

최명옥, 「동남방언의 세 음소」『국어학』 7, 국어학회, 1978.

최명옥, 『慶北 東海岸 方言 研究』, 嶺南大學校民族文化研究所, 1980.

최명옥, 「親族名稱과 敬語法−慶北 北部地域의 班村語를 中心으로−」『國
　　　語社會言語學論叢』, 國學資料院, 1982.

허　웅, 「'에 애 외 익'의 音價」『국어국문학』 창간호, 국어국문학회, 1952.

황보나영, 「현대국어 호칭의 사회언어학적 연구」『국어연구』 112호, 국어
　　　연구회, 1993.

제8장

반촌언어의 세대간 변화

I. 서 론

본 연구는 동해안 지역 반촌의 언어문화적인 특징을 살펴보기 위한 한 방편으로 경상북도 영덕군 영해면과 창수면의 방언 자료를 수집, 정리하여 그 변화 현상을 살펴보는 것에 목적을 두기로 한다. 역사적으로 양반 제도가 이미 오래 전에 폐지되었고 그 전통 또한 급격히 잦아들고 있는 현 시점에서 양반 사회의 언어문화를 살펴보는 것은 시대적으로 중요한 관점이 될 것이라 본다. 또한 여러 가지 다양한 사회 문화적인 영향으로 인하여 지역 언어의 본질이 간직되지 못하고 있음을 생각해 볼 때 이러한 연구의 중요성은 더욱 크다 하겠다.

조사 대상 지역은 영덕군 영해면 괴시리(호지말/관어대)와 원구1리(원구마을), 창수면의 인량2리(웃나라골)이다. 이들 지역이 연구대상 지역으로 선택된 데는 무엇보다도 여느 반촌과 달리 해안에 자리하고 있다는 점이다. 또한 아울러 반촌으로서의 오랜 역사는 물론이고 반가의 예절이 훌륭히 전승되고 있는 지역으로 널리 알려져 있기 때문이다.

본 연구를 위한 조사방법은 2가지 방법이 동원되었다. 그 하나는 주

로 노년층을 대상으로 한 직접면접과 장년층과 청소년층을 대상으로 한 간접 설문지이다.[1)

본 연구를 위해 작성된 설문지의 배포와 회수에 관한 정도는 다음과 같다.

〈표 1〉 설문지 발송과 회송 정도[2)

세대구분\지역	괴시리			원구마을			인량리		
	발송	회송	실제적으로 논문에 이용된 설문지	발송	회송	실제적으로 논문에 이용된 설문지	발송	회송	실제적으로 논문에 이용된 설문지
노년층 (60대 이상)	14	14	14	11	11	11	7	7	7
장년층 (30~50대)	40	23	5	25	18	12	23	16	7
청소년층 (10~20대)	20	11	5	20	14	13	20	13	5
합계	74	48	24	56	43	36	50	36	19

전체적인 설문지 회수율은 71%였으나 실제로 본 논의의 자료로 이용된 것은 44%뿐이다. 이와 같이 회수된 설문지에 비해 실제 이용된 설문지 비율이 낮게 나타난 것은 제보자 자격의 문제나, 설문지 작성이 제대로 완성하지 않은 경우 등등의 것들을 모두 제외시켰기 때문이다.

제보자의 자격은 다소 까다롭게 정의를 두었다. 우선 영해면 괴시리의 경우는 영양남씨와 안동권씨로, 원구리의 경우는 영양남씨와 대흥백씨 및 무안박씨, 창수면 인량리의 경우는 재령이씨와 안동권씨, 영해박씨 등으로 반가의 후손들이 집단으로 생활하고 있는 성씨로만 한정하였

1) 직접면접에 의한 자료 수집의 경우는 노년층뿐만 아니라 장년층과 청소년 층도 포함된다. 간접 설문지의 경우 주변 학교 국어교사에게 부탁을 하여 이루어진 것이 대부분이다.

2) 노년층을 대상으로 한 설문지는 조사자가 현장에서 직접 제보자를 만나 작성하였다.

다. 더하여 가능하면 외지 생활을 하지 않은 3대 이상 현 조사지역에 거주한 사람이어야 함을 원칙으로 하였다. 실제적으로 이런 조건에 부응할 만한 제보자는 그리 많지 않았다. 여기서는 제보자의 수에 무게를 크게 두지 않았다. 단지 그들의 언어 현상을 집중적으로 조사해 보는 것에 많은 관심을 두었다.

II. 세대차와 언어변화

언어라는 것이 어느 한 틀 속에 고정되어 있는 불변의 것이 아니라, 시대와 지역, 사회적인 요건 등에 따라 끊임없이 변해가고 있는 것이고 보면, 사회의 다변화 속에서 그 맥을 유지하고 있는 반촌어의 존재라 해도, 변화의 물결을 피해갈 수 없음은 당연할 듯싶다. 여기서는 반촌 언어의 존재를 우선적으로 살펴보고, 이들 언어에도 변화가 이루어지고 있다면 어떠한 현상으로, 어떠한 단계를 거치고 있는가에 초점을 두고, 그것을 언어 외적인 요인인 세대차와 관련지어 살펴보고자 한다.

언어변화라는 것이 어느 한 시기에 일률적으로 일어나는 동시 현상이 아니고, 어느 정도의 시차를 두고 서서히 진행되는 것이고 보면, 세대가 다름에 따라 언어 차이가 있을 수 있다는 것은 쉽게 예견된다. 따라서 이것이 언어변화의 실체를 파악하는 하나의 변수로 작용됨은 자연스러운 일이라 할 수 있다. 한 지역 언어공동체의 언어 변화를 고찰하기 위해서는 그 공동체 속의 언어 전반에 걸친, 각 층위에 따른 관찰이 다양하게 이루어져야 한다. 그러나 여기서는 변화가 기대되는 몇 가지 제한적인 요소들에 한정하여 본 논의의 방향을 잡기로 한다.

1. 경음화 현상

경음화는 평음 'ㄱ, ㄷ, ㅂ, ㅅ, ㅈ'이 음성적으로 무기 긴장음인 경음 'ㄲ, ㄸ, ㅃ, ㅆ, ㅉ'으로 바뀌는 현상을 말한다. 이것은 음운으로 존재하며 의미변별의 기능을 수행한다. 이러한 현상은 사회적인 여러 가지 영향 때문인 것으로 보이며 젊은 세대로 오면서 더욱더 뚜렷하게 증대되어 나타나는 것 같다.

이 같은 언어현상이 반촌으로 명명된 지역에서는 어떠한 양상으로 자리를 잡고 있는지, 그 사용 정도를 살펴보기로 한다. 여기서는 어두 경음화 현상을 위주로 하고자 한다.

조사된 단어는 모두 38개이다. 이들 단어는 모두 무성음 계열의 예사소리가 된소리로 발음되고 있는 것으로 최근 흔히 경음으로 발음되고 있는 단어를 조사하여 조사항목으로 설정하였다. 그 구분은 어두음 별로 폐쇄음 /ㄱ/ 12개, /ㄷ/ 5개, /ㅂ/ 6개, 마찰음 /ㅅ/ 7개, 파찰음 /ㅈ/ 8개이다. 조사 단어들에 대한 세대별 경음화 실현 비율을 보면 다음과 같다. 우선 비율표를 살피기 전에 항목에 따른 세대별 경음화 실현 현상을 지역을 구분하여 보기로 한다.

〈표 2〉 세대별 경음화 실현 정도(%)

항목 세대구분		노년층			장년층			청소년층		
		괴시	원구	인량	괴시	원구	인량	괴시	원구	인량
1	까자미	43	46	58	60	75	43	20	23	60
2	껀데기	50	46	29	40	59	58	60	54	60
3	껄쭉하다	36	46	43	40	59	43	40	54	40
4	꼬린내	36	55	43	60	75	58	40	70	80
5	꼬추가루	50	55	58	80	75	29	60	62	60
6	꼴초	43	46	43	80	67	43	60	54	60
7	꼼보	43	46	43	60	67	58	40	39	60

8	꼽배기	65	55	58	60	67	43	40	70	60
9	꼽슬머리	58	46	29	80	75	43	60	62	60
10	꼽추	43	46	58	80	67	43	40	39	40
11	따듬어라	50	55	58	60	50	43	20	62	40
12	따발총	65	46	43	80	75	58	80	77	60
13	땄다	65	55	72	80	67	58	40	70	60
14	땅기다	58	55	72	80	75	43	80	70	60
15	또랑물	36	46	29	60	50	43	40	70	60
16	빵망이	36	46	29	40	34	29	40	23	60
17	뻔데기	50	46	58	80	67	58	40	62	40
18	뼝아리	43	55	58	80	59	43	40	70	40
19	뽂다	58	55	58	80	75	43	60	70	60
20	뿐때	43	28	43	40	67	29	60	23	40
21	뿌수다	50	64	58	60	67	58	80	70	60
22	뿌스러기	50	46	43	60	75	43	60	77	60
23	싸나이	36	46	29	40	42	43	20	31	60
24	싸납다	43	46	43	60	42	43	40	31	40
25	싸랑	36	0	0	40	0	29	0	31	0
26	쌀벌하다	43	37	43	40	34	29	40	31	40
27	쎄다	50	64	43	80	50	58	40	77	80
28	쏘나기	36	28	43	40	25	43	60	31	60
29	씨어머니	43	37	29	40	34	29	40	31	40
30	짜른다	36	46	58	60	59	43	60	77	60
31	짝대기	58	55	58	80	75	43	60	77	80
33	짱돌	36	37	43	80	75	29	40	54	60
34	짱아찌	43	64	43	80	50	58	40	77	60
32	쩔뚝쩔뚝	58	64	43	80	59	58	80	77	40
35	쪼른다	43	37	29	80	59	43	80	62	60
36	쪽제비	58	64	43	80	67	58	80	70	60
37	쪽집개	50	46	43	80	59	58	60	70	60
38	쫄병	58	46	58	60	67	43	70	77	60
	평균	48	48	46	65	59	46	51	58	55

<표 2>에서 우리는 조사지역의 경음화 현상을 대강 짐작해 볼 수 있다. 일찍부터 경음화 되어 있는 어휘들이 젊은 세대로 갈수록 경음화가 더 두드러지는 경향이 없지는 않으나, 대체적으로 이 조사지역은 모

든 세대가 비슷한 정도의 경음화 사용을 실현하는 것으로 나타난다. 아울러 여러 다른 지역에서 두루 나타나고 있는 마찰음 /ㅅ/의 낮은 경음화 현상이나 파찰음 /ㅈ/의 높은 경음화 현상도 예외 없이 이루어지고 있음을 알 수 있다.

<표 2>에 나타난 조사 결과를 토대로 하여 위 38개 단어들에 대한 조사지역의 경음화 현상을 세대별로 구분하여 그 비율 표를 작성하면 아래와 같다.

〈표 3〉 세대별 경음화 실현 비율(%)

세대구분 실현비율	노년층	장년층	청소년층
경음화 정도	48	57	55

보통 반촌의 언어를 생각하면 우선 먼저 떠오르는 것이 학문적인 영향으로 인한 표준어의 사용일 것이다. 따라서 그에 따른 언어 습관으로 인하여 경음화의 사용은 크지 않을 것이라는 생각을 먼저 하게 된다. 하지만 위 조사표에 나타나듯이 이들 지역의 언어 사용에 경음화는 다른 지역에 결코 뒤지지 않는 수치를 나타내고 있음을 알 수 있다. 경음화 현상이 현대사회의 구조 및 제반 현실이 반영된 전국적인 언어현상이라 할 수 있다면, 이는 반촌이라 하여 예외가 아님을 충분히 보여 준 것이라 할 수 있다.

이 지역의 세대차에 따른 경음화 실현은 노년층이 젊은층에 비해 조금 낮은 비율을 나타내고 있다. 그러나 장년층의 경우 차이가 크다 할 수는 없지만 청소년층보다 조금 더 높은 경음화를 실현하고 있는 것으로 나타난다. 사실상 일상적인 대화에서 경음화의 발화는 장년층보다는 청소년층에서 더 많이 발음되는 것이 사실이다. 따라서 이러한 결과가 도출된 것은, 중·고교생들이 설문지에 응답하는 과정에서 학교교육의 결과로 평음이 옳다고 생각한 데에서 비롯된 것이 아닌가 한다. 실제적으로 평소 자신들의 발음은 경음이지만 막상 어떠한 질문에 답을 해야 한다는 관념에 사로잡히자, 평소의 발음과는 다른 표준 표기를 자신의 발음이라 착각한 것일 수 있기 때문이다.

우리는 이와 같은 경음화 현상에 대한 이유를 언어학적으로 충분히 설명할 수 있는 규칙을 찾기가 어렵다는 것을 알 수 있다. 다만, 굳이 정의를 내리려고 한다면 의사소통의 정확성과 의미 강조를 위한, 또는 화자 개인의 언어 태도로 인하여 도출되는 언어현상 정도로 잠정적인 추측을 설명으로 둘 수밖에 없을 것 같다.

2. 움라우트

움라우트란 후설모음 /ㅏ, ㅓ, ㅗ, ㅜ/ 등이 뒤에 오는 /ㅣ/나 /j/에 의해 전설모음 /ㅐ, ㅔ, ㅚ, ㅟ/로 바뀌는 현상을 말한다. 이 언어 현상의 발생은 어휘형태소 내부에서 일어나는 경우와 어휘형태소와 문법형태소의 결합에서 일어나는 것 등과 같은 제약조건을 가지고 일어난다. 이러한 조건은 지역에 따라 다소의 차이를 가진다. 조사 지역의 경우 이 두 가지 조건이 동시에 존재하는 곳이기는 하나 그리 활발한 편은 못된다. 이는 반촌이라는 사회적 언어 변수가 이 조건을 어느 정도 排除시킨 결과라 할 수 있다. 비록 활발한 언어 현상은 아니지만 그러한 현상이 존재하고 있음을 이 논의를 통하여 다시금 확인하고자 한다. 이를 세대별로 구분하여 살펴봄은 물론이다. 본 논의를 위해 선택된 단어는 다음과 같다. 이는 형태소 내부에서 일어나는 현상과 형태소 경계에서 일어나는 곡용 및 활용 현상으로 나뉘어진다.

a. 곡용: 법(法)+이[pebi], 사람+이[sarɛmi], 할멈+이[halmemi], 영감+이

[jə ŋ kɛmi(ij ŋ kɛmi)]
b. 활용: 먹+이다[megida], 속+이다[s ø gida], 잡+히다[čɛpʰida], 죽+이다
   [čygida]
c. 형태소내부: 뚱뚱이[t'u ŋ t'y~i], 옮기다[ø nggida], 치마[chimɛ], 토끼[tʰ ø k'i],
   학교[hɛk'jo]

이를 표로 보이면 다음과 같다.

〈표 4〉 세대별 움라우트 실현 정도(%)

세대구분	형태구분	평균실현율	지역		
			괴시	원구	인량
노년층	곡용	16	0	0	0	0
	활용		15	29	17	0
	형태소내부		34	36	37	29
장년층	곡용	13	3	0	9	0
	활용		16	0	34	15
	형태소내부		20	20	25	15
청소년층	곡용	12	0	0	0	0
	활용		37	40	31	40
	형태소내부		0	0	0	0

이 지역에서 움라우트는 세대에 따라 다소의 차이를 가지고 실현된
다. 즉 실현될 수 있는 환경적인 제약조건은 동일하지만, 그 제약조건
속에서 실현되는 양상은 각기 다르다는 것이다.

우선 노년층에 해당하는 화자들의 움라우트 현상을 살펴보면 곡용의
경우 전혀 실현되지 않은 것으로 나타나고 있으며 활용과 형태소 내부
역시 실현되고는 있으나 그 정도가 매우 미미한 것으로 나타난다. 이는
'먹+이+다'→'멕이다'[migida · megida]', '치마'→'치매 · 초매'[chimɛ ·
chomɛ]', '학교'→'핵교'[hɛk'jo]와 같은 정도며 이것도 직접 면담한
자리에서 응답형으로 나타난 것이 아니라 조사자와 이런저런 얘기를 하
는 도중에 발화된 것들이 대부분이다. 몇몇 제보자는 '학교'를 '핵교'와

같이 발음하는 것과 같은 현상은 주로 해민海民들이 쓰는 말이라 일러
주기도 했다. 이는 반촌 민들 스스로 타성들과 언어가 다르다는 것을
인식하고 있음을 알 수 있다. 그러나 그들의 실제 언어 사용에서 움라
우트형을 간직하고 있으면, 비록 타성들의 언어에 동화되어 쓰어진 것
이라 해도, 그 화자는 움라우트를 발화하는 화자로 인정할 수 있는 것
이다. 따라서 이 지역 노년층 화자들의 움라우트는 현재도 여전히 실현
되고 있는 언어현상이라 정의를 내려도 좋을 듯하다.

장년층의 경우 노년층과 크게 다름이 없는 것으로 나타났다. 그러나
여기서 우리는 원구리의 장년층 언어 현상을 주시해 볼 필요가 있다.
원구리는 전형적인 농촌이라 할 수 있다. 농업에 종사하는 인구 또한
인근 괴시리나 인량리보다 많음은 물론이다. 이들은 대부분 이 지역을
대표하는 반촌의 세 성씨가 주축을 이루고 있으며 다른 지역에서 농업
을 위해, 또는 전원생활을 위해 이주해 온 타성들이 여럿 된다. 그러므
로 원구의 경우 장년층 인구가 많고 장년층의 활동도 인근 지역에 비해
활발한 편에 속한다. 따라서 원구 반촌민들의 장년층 언어는 그들의 선
조들에게서 습득한 언어보다는 그들과 직업적으로, 일상생활에서 쉽게
접촉을 하는 타성들과의 언어에 더 많은 동화를 받은 것이 아닌가 한
다. 이는 '법+이다' → '뱁이다'[pebida], '먹+이+다'[megida], '죽+이
+다'[čygida], '옮기다' → '욍기다'[øŋggida], '학교' → '핵교'[hɛk'jo]
와 같이 곡용은 물론 활용과 형태소 내부에서 두루 그 사용이 실현되고
있는 것으로 나타났기 때문이다.

여기서는 이들 지역의 청소년층 움라우트 실현 현상에 대하여 깊이
살펴볼 필요성을 느끼게 한다. 사실 청소년층에서 움라우트 실현을 기
대하기는 어렵다. 이는 학교교육에 의해 그 같은 언어는 우선적으로 표
준어의 세력에 밀려 나기 때문이다. 그러나 우리는 여기서 청소년층에
서 움라우트형으로 발화한다고 한 '죽인다' → '쥑인다'[čygida]를 주시
해야 한다. 미리 결론부터 내린다면 이는 움라우트의 규칙에 따른 발화

현상이 아닌 것이라고 본다. 여러 지역에서 청소년들은 자신들의 감정을 대변하는 방식의 하나로 언어를 대용하는 경우가 많다. 이것도 그 중 하나에 속한다 할 수 있는데, 청소년들은 자신들의 기분이 아주 좋거나 나쁠 때 흔히 '쥑인다'라는 말을 자주 사용한다. '오늘 기분 쥑이는데, 비디오나 한판 때릴까'와 같이 자신들의 감정을 좀 더 강하게 표현하기 위하여, 혹은 상대방에게 자신의 행동을 언어로 보여주고 싶을 때, 이 같은 언어를 곧잘 사용한다. 따라서 위 표에 나타난 이 지역 청소년층의 움라우트형으로 실현된 '쥑인다'는 노년층과 장년층에서 보여주는 그런 언어 현상과는 다른 것으로 결론짓고자 한다. 따라서 이 지역 청소년층의 움라우트 실현율은 '0'로 처리한다.[3]

위에서 살펴본 바와 같이 이 지역의 움라우트 실현 양상은 세대별로 각기 다른 형태로 나타나고 있으나, 그 사용 정도는 매우 미미함을 알 수 있다. 이 같이 낮은 움라우트 실현 현상에 대한 이유는 간단히 교육의 결과로 돌리고자 한다. 특히 움라우트가 흔히 사투리라는, 촌스러운 비어 정도로 인식되기 때문에 이러한 사회적인 외적 요인이 곧바로 표준어를 사용하게끔 작용하는 것은 당연하다는 생각이다. 이는 비단 반촌만의 문제는 아닌 듯하다.

3. 구개음화口蓋音化

구개음화란 구개음이 아닌 자음들이 / l / 혹은 활음滑音 /j/의 영향으로 구개음으로 변화하는 현상을 말한다. 이는 보통 '시골말' 또는 '촌스러운 말'로 대변되기도 하며 이 말을 쓰면 배우지 못한 사람 취급을 받기도 한다. 본 조사지역은 반촌이다. 따라서 구개음화와 같은 언어 현상

---

3) 청소년층의 움라우트 실현율은 실제 조사에서 나타난 응답형의 결과이므로 그대로 옮기기로 한다.

이 쉬이 발견되리라는 기대는 크지 않다. 다만 이러한 언어 현상이 과연 반촌지역이라 하여 존재하지 않은 것이 자명한 것인가, 혹 존재한다면 그러한 현상이 세대가 다름에 따라 어떠한 양상으로 존재하고 있는가를 살펴보는 것이 본 논의의 목적이 된다. 여기에 이용된 항목은 겨울 → 저울[čəul], 길다 → 질다[či:lda], 기름 → 지름[čirɨm], 겨드랑이 → 저드랑이[čədiraŋi], 견디다 → 전디다[čəndida], 키 → 치[čʰi], 형님 → 성님[ʃəngnim]으로서 일상에서 쉽게 접할 수 있는 단어 7개로 국한하였다. 조사 결과는 다음과 같다.

〈표 5〉 세대별 구개음화 실현 정도(%)

세대구분	평균실현율	지역		
		괴시	원구	인량
노년층	5	0	5	10
장년층	6	0	17	0
청소년층	0	0	0	0

<표 5>에서 우리는 이 지역의 구개음화 현상이 노년층 5%, 장년층 6%, 청소년층으로 세대에 따라 그 실현 정도에 차이는 있으나 그 실현 비율이 몹시 낮음을 살필 수 있다. 이 조사를 위하여 노년층의 경우는 모든 제보자를 본 조사자가 직접 면담하였다. 이때 그들의 대화에서 구개음화를 들을 수는 없었다. 다만 '길다'를 '질다'라고 한다든가 '기름'을 '지름'이라고 하는 말을 쓰지 않는지를 질문했을 때 그런 말은 하민下民들이 주로 쓰는 말이라는 얘기를 하는 것으로, 그들이 이들 단어를 알고는 있으나 거의 발화하지 않음을 알 수 있었다. 장년층의 경우는 '견디다'를 '전디다'로, '형님'을 '성님'으로 쓴다는 응답이 있었으나 이는 모두 원구의 장년층에서 응답된 것이다. 청소년층에서는 응답이 전혀 나타나지 않았다.

이 언어 현상을 조사하기 위하여 장년층과 청소년층의 경우 주로 의

존한 것이 간접 설문지였다. 또한 직접 면접을 하는 경우에도 자연스럽
게 발화發話되는 일상적인 언어를 채록한 것이 아니라 '묻고 ↔ 답하는'
식의 매우 격식적인 방법으로써 조사하였다. 따라서 이 경우는 생활 속
에서 자연스럽게 쓰고 있는 실제 언어가 조사된 것이 아니라 이러이러
하게 써야 한다고 생각하고 있는 언어가 조사된 것임을 알 수 있다. 따
라서 이 언어 현상에 대하여는 차후 기회가 되는 대로 다시 한 번 조사
해 보기로 하고 남겨 두고자 한다.

4. 친족어

　반촌언어의 특징을 가장 극명하게 잘 보여주는 요소 중의 하나가 친
족어가 아닌가 한다. 친족어란 혈연이나 혼인과 같은 관계로 결합된 가
족이나 친족에 속한 구성원들이 그들 상호간의 관계와 위치에 따라 서
로 통용하는 언어적인 명칭을 말한다. 이는 보통 화자가 직접 청자를
부르는 호칭어와 제3자에게 자신의 친족을 가리키는 지칭어로 나뉘며,
부계와 모계, 처계라는 범주가 함께 설정된다.

　여러 가지 사회적인 변수에 따라 언어는 쉽게 변화의 기류에 휩쓸리
게 된다. 여기에 반촌의 친족어가 예외가 되지 않음은 당연하다. 본 논
의에서는 조사지역의 친족어를 살펴보되 세대가 다름에 따른 변화 양상
을 살피는 것에 주안점을 두고자 한다.[4] 여기서는 호칭어와 지칭어를
아울러 살펴보되 화자를 기준으로 하여 부모와 조부모의 부계 형제자매
로만 한정한다.

　<표 6>의 가계도를 보면서 조사지역의 친족어를 하나하나 살펴보기
로 한다.[5]

---

4) 친족어의 명칭에 관련한 제반 문제는 논외로 하기로 한다.
5) 친족어(친족명칭)는 최명옥(1982:663-671)에서 발췌하였다. 발췌한 자료는 조사

〈표 6〉 가계도家系圖6)

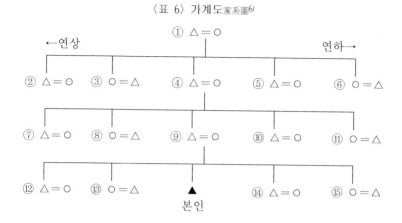

먼저 화자가 부계의 남자인 경우 호칭되는 친족어를 보면 <표 7>과 같다.

<표 7>에서 우리는 하나의 언어공동체 속에서도 세대가 다름에 따라 쓰이는 언어가 달라질 수 있다는 것을 확인할 수 있다.

노년층의 경우는 기존 반촌의 친족어라 명명된 호칭을 대부분 그대로 사용하고 있는 것으로 타나난다. 다만 젊은 세대 언어의 영향으로 인하여 ⑧과 ⑪의 '아지매'를 '고모'로 호칭한다고 하는 것과 같은 경우가 없진 않으나, 그것은 그들의 호칭이 바뀐 것이 아니라 본인들이 사용하고 있는 언어 외에 추가로 사용하는 것이므로 그것을 변화로 인정하기는 성급한 판단인 듯하다. 이는 손자나 손녀와 함께 대가족 생활을 하는 노년층의 언어에서 발견된다.

자가 직접 해당 지역을 답사하여 최명옥(1982:663-671)에서 조사한 것과 동일한 친족명칭을 사용하고 있음을 확인하였다.

6) 위 가계도는 본인을 기준으로 하여 父系直系尊屬을 표시한 것이다. 여기서 ⑨는 아버지父를 ④는 할아버지祖父를 ①은 증조부曾祖父를 각각 나타낸다. '△'는 남자를 'O'는 여자, '='는 부부관계를 표시한 것이다.

〈표 7〉 세대차에 따른 친족 호칭
－화자가 부계의 남자인 경우－

친족명칭 (괴시, 원구, 인량)	노년층	장년층	청소년층
① 큰할배＝큰할매	큰할배＝큰할매 할매＝할매 증조할매＝증조할매	증조할배＝증조할매 증조할아버지＝ 증조할머니	증조할아버지＝ 증조할머니
② 할배＝할매	할매＝할매 큰할배＝큰할매 큰집할배＝큰집할매	할배＝할매 큰할배＝큰할매 큰할아버지＝큰할매	큰할아버지＝큰할머니 할아버지＝할머니
③ 할매＝새할배	할매＝새할배 00가신 할매＝ 00새할배	할매＝새할배 큰고모할매＝ 큰고모할배 고모할머니＝ 고모할아버지 왕고모＝새할배 존고모할매＝새할배	고모할머니＝ 고모할아버지 왕고모＝왕고모부
④ 큰아배＝큰어매	큰아배＝큰어매 할배＝할매	할배＝할매	할아버지＝할머니
⑤ 할배＝할배	할배＝할매 작은할배＝작은할매 작은집할배＝ 직은집할매	작은할배＝작은할매 작은할아버지＝ 작은할머니	작은할아버지＝ 작은할머니
⑥ 할매＝새할배	할매＝새할배 00가신 할매＝ 00새할배	할매＝새할배 존고모＝새할배 존고모＝존고모부 고모할머니＝ 고모할아버지 존고모할매＝새할배	고모할머니＝ 고모할아버지 왕고모＝왕고모부
⑦ 맏아배＝맏어매	맏아배＝맏어매 맏아버지＝맏어매 맏아버지＝맏어매	맏아버지＝맏어매 큰아부지＝맏어매 큰아버지＝큰어머니 큰아부지＝큰어매	큰아빠＝숙모 큰아빠＝큰엄마 큰아버지＝큰엄마 삼촌
⑧ 아지매＝새아재	아지매＝새아재 고모＝새아재 큰아지매＝른새아재 00가신 아지매＝ 00새아재	고모＝새아재 고모＝고모부 큰고모＝새아재 큰고모＝큰고모부	고모＝고모부 큰고모＝큰고모부
⑨ 아배＝어매	아배＝어매 아버지＝어매	아부지＝어매 아버지＝엄마	아버지＝어머니 아빠＝엄마
⑩ 작은아배＝작은어매	작은아배＝작은어매 작은아버지＝작은어매	작은아버지＝작은어매 작은아부지＝	삼촌＝숙모 작은아빠＝작은엄마

			작은엄마 삼촌=숙모 삼촌=작은어매 삼촌(결혼전) 작은아버지(결혼후)	작은아버지= 작은어머니 삼촌=작은어머니
		작은아재=작은어매		
⑪	아지매=새아재	아지매=새아재 고모=새아재 작은아지매= 작은새아재 00가신 아지매= 00새아재	작은아지매=새아재 고모=새아재 작은고모=새아재 작은고모= 작은고모부 고모=고모부	고모=고모부 작은고모=작은고모부
⑫	형님=(새)아지매	형님=새아지매 큰형님=큰새아지매 형님=형수	맏형님=새아지매 형님=형수 큰형=큰형수	형=형수 큰형=큰형수 큰형
⑬	눈님=새형님	눈님=새형님 누님=새형님 큰누나=새형님	누님=새형님 큰누나=새형님 누나=자형 누나=매형	누나=새형님 누나=매형 큰누나
⑭	~야 ~야=제수	~아/야(결혼전) ~애비야= 제수씨(결혼후) 동생=제수씨	~아/야(결혼전) ~아/야= 제수씨(결혼후) ~빠=제수씨	~아/야
⑮	~실=~서방	~아/야(결혼전) ~실=~서방(결혼후) ~실이/실아=~서방	~아/야(결혼전) ~댁=~서방 ~실이=~서방	~아/야

　장년층의 경우는 매우 복잡한 양상을 보인다. 다시 설명하자면 노년층의 언어를 그대로 답습하여 사용하면서 청소년층의 언어와 동일한 어형을 동시에 쓰고 있는 것이다. 이들 지역의 친족어의 변화의 기점을 가른다면 장년층이 된다 하겠다.

　청소년층의 언어는 노년층의 그것과는 사뭇 다르다는 것을 알 수 있다. 장년층의 교량적인 역할을 완전히 무시하고 있는 것도 쉽게 눈에 뜨인다. 그 대표적인 것이 ④의 '조부祖父'와 '조모祖母'를 가리키는 '큰아배'와 '큰어매'를 '할아버지'와 '할머니로', ⑨의 '아배'와 '어매'를 '아빠'와 '엄마'로 호칭하는 것이 그것이다. 물론 이들 지역 반촌어의 가장 큰 특색을 나타내는 '맏아배'와 '맏어매'를 장년층의 '큰아버지',

'큰어머니'를 거쳐 '큰아빠', '큰엄마'로 바꾸어 사용하는 것도 커다란 변화에 속한다 하겠다. 이처럼 이들 지역의 친족어의 호칭은 세대가 다름에 따라 그 변화의 획을 확연히 긋고 있으며 청소년층에 이르면서 현대국어의 친족 호칭으로 빠르게 변화하고 있는 것으로 나타난다.

다음은 화자가 부계의 여자인 경우 사용하는 친족호칭에 대하여 살펴보기로 한다.

〈표 8〉 세대차에 따른 친족 호칭
-화자가 부계의 여자인 경우-

	친족명칭 (괴시, 원구, 인량)	노년층	장년층	청소년층
①	큰할배=큰할매	큰할배=큰할매 증조할배=증조할매 할배=할매 징조부=징조모	증조할배=증조할매 증조할아버지= 증조할머니	증조할아버지= 증조할머니
②	할배=할매	할배=할매 큰할배=큰할매 큰할아버지=큰할머니	할배=할매 큰할아버지=큰할매 큰할배=큰할매	큰할아버지= 큰할머니
③	할매=새할배	할매=새할배 00가신 할매=00새할배 왕고모할머니= 큰고모할아버지	할매=새할배 큰고모할매= 큰고모할배 고모할머니= 고모할아버지 왕고모=새할배 존고모할매=새할배	고모할머니= 고모할아버지
④	큰아배=큰어매	큰아배=큰어매 할배=할매 할아버지=할머니	할배=할매	할아버지=할머니
⑤	할배=할매	할배=할매 작은할배=작은할매 작은할아버지= 작우할머니	작은할배=작은할매 작은할아버지= 작은할머니	작은할아버지= 작은할머니
⑥	할매=새할배	할매=새할배 00가신 할매=00새할배	할매=새할배 존고모=새할배 존고모=존고모부 고모할머니= 고모할아버지 존고모할매=새할배	고모할머니= 고모할아버지
⑦	맏아배=맏어매	맏아배=맏어매	맏아버지=맏어매	큰아버지=큰어머니

		맏아버지=맏어매 큰아버지=큰어머니	큰아부지=맏어매 큰아부지=큰어매 큰아버지=큰어머니	큰아버지=큰숙모 큰아빠=큰엄마
⑧	아지매=새아재	아지매=새아재 큰아지매=큰새아재 00가신 아지매=00새아재 고모=고모부	고모=새아재 고모=고모부 큰고모=새아재 큰고모=큰고모부	고모=고모부 큰고모=큰고모부
⑨	아배=어매	아배=어매 아버지=어매 아버지=어머니	아부지=어매 아버지=엄마	아버지=어머니 아빠=엄마
⑩	작은아배=작은어매	작은아배=작은어매 작은아버지=작은어매 작은아버지=작은어머니 아재(미결혼)	작은아부지=작은엄마 작은아버지=작은어매 삼촌=숙모 삼촌=작은어매, 삼촌(결혼전) 작은아버지(결혼후)	작은아버지= 작은어머니 작은아빠=작은엄마 삼촌=숙모
⑪	아지매=새아재	아지매=새아재 00가신 아지매=00새아재 고모=새아재 고모=고모부	작은아지매=새아재 고모=새아재 작은고모=새아재 작은고모=작은고모부 고모=고모부	고모=고모부 작은고모= 작은고모부
⑫	오라배=(새)형님	오라배=형님 오라배=새히 큰오라배=큰형님	오라배=형님 큰오라배=큰형님	오빠=새언니
⑬	형님=새아재	형님=새아재 큰형님=큰새아재 형아=새아재	형님=새아재	언니=형부
⑭	~아/애비야=새덕	~아/야(결혼전) ~아/~애비야= 새덕(결혼후)	~아/야(결혼전) ~아/~애비야= 새덕(결혼후)	~아/야
⑮	~아/실=~서방	~아/야(결혼전) ~아/~실=~서방	~아/야(결혼전) ~아/~실=~서방	~아/야

<표 8>에서 살펴보았듯이 이는 화자가 부계인 남자의 그것과 크게 다르지 않음을 알 수 있다. 그러나 변화의 양상은 다소의 차이를 가진다. 이는 노년층이 사용하는 호칭이 청소년층과 같은 경우가 꽤 여럿인 것을 쉽게 찾아 볼 수 있기 때문이다. ②의 '종조부모'를 나타내는 '할배', '할매'를 '큰할아버지', '큰할머니'로 호칭하는 것이 그렇고 '조부모'를 나타내는 ④의 '큰아배', '큰어매'를 '할아버지', '할머니'로 호칭하는 것이

그렇다. 이 외에도 이러한 현상은 대부분의 항목에 두루 나타난다. 이 같은 현상이 나타나는 것에 대한 이유는 두 가지 정도로 설명될 수 있겠다. 그 하나는 여자가 남자보다 언어 변화에 더욱 민감하게 반응한다는 것이고, 다른 하나는 가족의 일상생활에서 찾아볼 수 있는 것으로 할아버지보다는 할머니가 손자나 손녀와 가지는 시간이 좀 더 많을 것이라는 것이다. 이것이 곧 언어동화로 이어짐은 당연하다 하겠다.

장년층에서 남자의 경우 노년층과 조금 더 가까운 언어현상을 보여주었다면, 여기서는 청소년층과 좀 더 가까운 것임을 보여주는 것이 차이점이라 할 수 있다. 이것에 대한 이유 역시 위에서 언급한 노년층의 경우와 마찬가지인 상황으로 설명할 수 있겠다.

청소년층의 언어에서 반촌의 친족어를 찾는다는 것이 그리 쉬운 것이 아님은 위 표의 결과에 잘 나타난다.

다음으로 친족을 남에게 지칭하는 경우를 살펴보기로 한다. 여기서는 화자가 부계의 남자인 경우만을 살펴보기로 한다.

〈표 9〉 세대차에 따른 친족 지칭
－화자가 부계의 남자인 경우－

	친족명칭 (괴시, 원구, 인량)	노년층	장년층	청소년층
①	징조부=징조모 (曾祖父)=(曾祖母)	징조부=징조모 증조부=증조모	징조할아부지= 징조할매 증조부=증조모 증조할배=증조할매	증조할아버지= 증조할머니
②	종조부=종조모 (從祖父)=(從祖母)	종조부=종조모 맏종조부=맏종조모 맏조부=맏조모	종조부할배= 종조부할매 큰할아버지=큰할머니 큰할배=큰할매 큰할아버지=큰할매	큰할아버지= 큰할머니
③	존고모=존고모부 (尊姑母)=(尊姑母夫)	존고모=존고모부 종고모=종고모부 왕고모=왕고모부 맏존고모=맏존고모부	존고모할매=새할배 존고모=존고모부 종고모=종고모부 왕고모=왕고모부 왕고모=새할배	큰할머니= 큰할아버지
④	조부=조모	조부=조모	할배=할배	할아버지=할머니

	(祖父)=(祖母)		할아버지=할머니 우리할배=우리할매 할아부지=할매	
⑤	종조부=종조모 (從祖父)=(從祖母)	종조부=종조모 작은종조부= 작은종조모	종조할배=종조할매 작은할배=작은할매	작은할아버지= 작은할머니
⑥	존고모=존고모부 (尊姑母)=(尊姑母夫)	존고모=존고모부 작은존고모= 작은존고모부 작은왕고모= 작은왕고모부 종고모=종고모부	존고모=존고모부 존고모할매=새할배 작은왕고모=새할배 종고모=종고모부	작은할머니= 작은할아버지
⑦	백부=백모 (伯父)=(伯母)	백부=백모 맏아배=맏어매	백부=백모 맏아배=맏어매	큰삼촌
⑧	고모=고모부 (姑母)=(姑母夫)	고모=고모부 맏고모=맏고모부	고모=고모부 큰고모=큰고모부 왕고모=왕고모부	큰고모=큰고모부
⑨	부진=모친 (父親)=(母親) 밧어른/어른=안어른	부친=모친 밧어른/어른=안어른 밧노친=안노친 노친=모친 어른=안어른 가친=모친 가친=어머니	부친=모친 아버지=어머니 우리아배=우리어매	아빠=엄마
⑩	삼촌=숙모 (三寸)=(叔母)	삼촌=숙모 숙부=숙모 작은아버지= 작은어머니 아재=작은어머니	삼촌=숙모 작은아버지= 작은어머니 숙부=숙모 작은아배=작은어매	작은삼촌= 작은엄마
⑪	고모=고모부 (姑母)=(姑母夫)	고모=고모부 작은고모=작은고모부	고모=고모부 작은고모=작은고모부 작은고모=새아재	작은고모= 작은고모부
⑫	백씨=형수 (伯氏)=(兄嫂)	백씨=형수 백씨=큰형수	백씨=큰형수 백씨=맏형수 형님=형수님 맏형님=형수	형=형수
⑬	눈님/누님/姉氏=妹夫/ 姉兄	누님=자형 누님=매형 큰누님=자형 자씨=자형 우리누님=새형님	큰누나=자형 누님=자형 누님=매형	누나=매형 누나=자형
⑭	아우/季氏=弟嫂/季嫂	제씨(弟氏)=제수 제씨=제수씨	동생=제수 동생=지수	동생

		동생＝제수씨		
⑮	여동생＝妹夫	동생＝매부 매씨(妹氏)＝매재(妹弟) 동생＝제부(弟夫) 동생＝제매	여동생＝매부 여동생＝제매	여동생

남에게 친족을 지칭하는 경우는 한자어 명칭을 주로 사용한다. 이는 비단 반촌만 그러한 것은 아니다. 다만, 특히 좀 더 그러하다는 정도의 차이를 가질 뿐이다.

여기서 우리는 노년층의 경우 앞에서 살핀 것과는 사뭇 다르게 청소년층과 공유하는 언어현상이 전혀 없다는 것을 알 수 있다. 이것은 자신들의 언어가 타인들에게 전달될 때는 그들이 가지고 있는 반촌, 즉 양반가의 자손이라는 신분을 드러내기 위한 수단의 하나로 선택되어진 언어를 아집스럽게 고수하고 있다는 것을 보여주는 것이라 할 수 있다. 위에서 간단히 언급했듯이 지칭어는 반촌만이 가지는 언어 특색이라 할 수는 없다. 그러나 祖父의 남자 형제와 그 배우자들에게 붙이는 '종從'이나, 어자 형제들과 그 배우자들에게 '존尊'을 붙이는 언어 현상은 이 지역 반촌에서 나타나는 특징이기도 하다. 그러한 것을 변함없이 그대로 유지하고 있다는 것은 그들이 그들의 선조로부터 물려받은 양반이라는 신분이나 그에 따른 권위를 드러내고자 함이 여전함을 엿볼 수 있는 좋은 예가 된다 하겠다. 이러한 현상은 장년층에까지 이어지고 있다. 약간의 변화가 있음은 물론이다. 그러나 그 변화의 틀은 매우 고정되어 있고 스스로 벗어나고자 하는 움직임은 크게 없는 것으로 보인다. 이것은 이들 지역의 장년층 역시 노년층과 크게 다름이 없이 반촌이 가지는 신분상의 의식을 크게 잊지 않고 있다는 것을 보여준다 하겠다.

그러나 이러한 언어 현상은 청소년층에 와서 거의 무너졌다는 표현이 옳을 정도로 커다란 변화를 보인다. '조부祖父'와 그 이상의 친족의 지칭에 대하여 '할아버지', '할머니'로 단순화시켜 버렸음은 물론, '부모父母'와 그 계열의 친족 지칭 역시 '아빠', '엄마'로 단순화시켜 버렸다.

다만 여기에 '큰'과 '작은'을 붙여 항렬의 관계를 정리하여 주는 정도가
더하여질 뿐이다. 이는 현대국어의 일반적인 언어현상과 같은 것이다.

　청소년층의 이러한 언어태도는 표준 교육의 결과에 따른 것이라기보
다는 이 세대에 이르러서 신분의 차이와 같은 것이 현대사회에서 더는
의미가 없다는 것을 인식하고 있다는 것으로도 해석이 가능할 듯하다.

III. 조사지역의 언어태도

　본 절에서는 반촌班村이라 명명된 지역에 거주하고 있는 반가班家의
후손들을 대상으로 자신들이 평소 사용하고 있는 고향말(사투리)7)에 대
하여 어떤 태도를 가지고 있는지 알아보고자 한다. 여기서 조사대상으
로 선정된 사람은 모두 반가의 후손들이다. 그러나 조사 대상 언어는
해당 지역에서 일상적으로 사용하고 있는 것인 만큼, 딱히 반가의 언어
에 대한 선호도를 조사한 것이라기보다는 지역에서 사용하고 있는 사투
리에 관한 언어태도라 보는 것이 좋겠다.

　이 조사는 다음과 같은 내용들을 질문으로 하였다. 먼저,

　1. 사투리에 대한 선호도 평가.
　2. 대화 상태에서의 화자와 청자 간의 상대적인 언어적 반응.
　3. 문화보존 차원에서의 사투리의 계승 발전.

으로 나누었으며, 다시 ① 사투리에 대한 본인들의 의견 ② 사투리와
표준어에 관한 호감도 ③ 평소 본인들의 사투리 사용 정도 ④ 시내와
시외에서의 본인들의 언어사용 ⑤ 공공기관에서의 사투리 사용 ⑥ 학
교교육에 사투리 과목 배정으로 나누어 살폈다.

　조사대상은 모두 79명이며 노년층이 32명, 장년층이 24명, 청소년층

---

7) 이후 '사투리'로 이름 한다.

23명이다.8)

　이상과 같은 분류 기준에 따라 조사 분석된 결과를 항목별로 살펴보기로 한다.

　　　질문 1. 사투리에 대해 어떻게 생각하십니까?

　이 질문은 사투리에 대한 본인들이 스스로 내린 평가를 알아보기 위한 것이다. 이것을 확인하기 위하여 1) 무뚝뚝하다고 생각한다, 2) 촌스럽다고 생각한다, 3) 부드럽고 세련됐다고 생각한다로 나누어 그 중 하나를 고르도록 했다. 그리고 어느 정도 그러한 느낌을 가지는지를 알아보기 위하여 (1) 매우 그렇다, (2) 그렇다, (3) 그저 그렇다로 세분하여 그 정도를 확인했다. 조사에 따른 결과를 살펴보면 아래 표와 같다.

〈표 10〉 세대별 사투리 평가(%)

내용 세대구분	무뚝뚝하다고 생각한다				촌스럽다고 생각한다				부드럽고 세련됐다고 생각한다			
	평균율	매우 그렇다	그렇다	그저 그렇다	평균율	매우 그렇다	그렇다	그저 그렇다	평균율	매우 그렇다	그렇다	그저 그렇다
노년층	28	34	16	34	5	0	16	0	0	0	0	0
장년층	22	45	21	0	11	23	11	0	0	0	0	0
청소년층	21	0	13	49	13	0	38	0	0	0	0	0

---

8) 조사대상자를 지역별로 구분하면 다음과 같다.

<조사대상자 구성(단위: 명)>

세대 \ 지역구분	괴시	원구	인량
노년층	14	11	7
장년층	5	12	7
청소년층	5	13	5

<표 10>에서 알 수 있듯이 이 지역 화자들의 사투리에 대한 평가는 '무뚝뚝하고 촌스럽다'는 부정적인 응답이 대부분이었으며 이러한 결과는 노년층과 장년층에서 특히 그러하다. 더하여 '무뚝뚝하다'는 응답이 '촌스럽다'는 것보다 높은 비율로 나타나고 있음도 확인할 수 있다. 여기서 우리는 '무뚝뚝하다'와 '촌스럽다'의 차이에 대하여 생각해 볼 필요를 느낀다. 사실 '무뚝뚝하다'와 '촌스럽다'는 반드시 對立的인 성격을 가지는 것은 아니다. 하지만 '무뚝뚝하다'는 단지 부드럽지 못하다 그래서 투박하고 강하다는 이미지를 부연하고 있는 반면 '촌스럽다'는 시골스럽고, 어리숙한, 그래서 조금은 낮은 듯한 이미지를 함께 가진다고 할 수 있다. 따라서 사투리를 '무뚝뚝하다'고 표현하는 것은 '촌스럽다'고 표현하는 것보다는 부정적인 시각이 조금 덜하다는 것을 알게 한다. 노년층과 장년층과는 달리 청소년층의 경우는 '매우 그렇다'는 응답은 거의 없으며 '그렇다', '그저 그렇다'에 대체로 높은 비율을 보였다. 이는 사투리에 대하여 윗세대들보다는 조금 덜 부정적이라 생각할 수 있으며, 다른 한편으로는 이 세대가 사투리와 표준어의 차이에 대한 관심을 크게 가지지 않고 있다고 할 수도 있다. 후자의 경우 요즘 젊은 세대들이 흔히 가질 수 있는 생활태도의 한 면이 아닌가 싶다.

질문 2. 사투리와 표준어 가운데 어느 것이 더 듣기 좋습니까?

질문 2는 사투리와 표준어에 대한 비교 평가를 전제로 한 질문이다. 이 질문에 덧붙여 "사투리(표준어)가 듣기 좋다면 왜 그렇습니까?"와 "듣기 싫다면 왜 그렇습니까?"에 대한 이유를 함께 물었다. 이 응답에 대한 결과를 살펴보기로 한다.

이 질문에 대하여 노년층 화자들은 사투리보다 표준말이 듣기에 더 좋다고 하였으며 그 비율이 84%에 달할 만큼 높은 것으로 나타났다. 장년층의 경우 노년층보다는 낮으나 표준어가 듣기 좋다는 것에 의견을

〈표 11〉 세대별 사투리와 표준어에 대한 비교 평가(%)

세대구분 \ 내용	사투리	표준어	둘 다 비슷하다
노년층	8	84	8
장년층	23	34	43
청소년층	50	13	37

같이 하며, 아울러 둘 다 비슷하다는 것에도 다수의 의견을 모았다. 이에 반해 청소년층은 장년층과 노년층과는 달리 사투리가 듣기에 더 좋다는 평가를 높이 해주었다.

이어 사투리가 듣기 좋은 이유로는 노년층의 경우는 대부분 '알아듣기 쉬워서'라고 응답하였으며 장년층의 경우는 '익숙해서'라는 응답을 해주었다. 여기에 청소년층의 경우는 '친근감이 있어서'라는 항목에 절대적인 지지를 보여주었다. 사투리가 듣기 싫은 이유와 표준어가 듣기 싫은 이유를 묻는 질문에 대하여 노년층과 장년층, 청소년층 모두 사투리가 듣기 싫은 이유로는 '무뚝뚝하고 투박해서'라고 응답하였으며 표준말은 '너무 가벼워서'라고 응답하였다.

질문 3. 본인은 평상시 사투리를 쓰고 있습니까?

질문 3은 제보자가 자신의 사투리 사용 정도를 스스로 평가하도록 하여 이 지역 화자들의 사투리 사용 양상을 알아보기 위한 질문이다. 또한 이 질문에 이어 사투리를 사용한다면 왜 사용하고 있는지, 사용하지 않는다면 왜 사용하지 않는지에 관해서도 질문했다.

이 질문에 대한 응답 결과는 다음과 같다.

여기서는 모든 세대에 걸쳐 스스로 사투리를 쓰고 있는 것으로 응답했다. 노년층의 경우 사투리에 대하여 '많이 쓰고 있다'고 응답한 경우가 50%에 달하며, 장년층은 23%, 청소년층은 25%로 나타난다. 여기서

〈표 12〉 세대별 사투리 사용 정도(%)

내용 세대구분	안 쓴다		쓴다		
	전혀 안 쓴다	별로 안 쓴다	조금 쓴다	쓴다	많이 쓴다
노년층	0	34	16	0	50
장년층	0	16	16	45	23
청소년층	0	13	38	24	25

우리는 노년층에서 응답한 '별로 안 쓴다'에 관심을 가져 보기로 한다. 우리는 질문 1과 2에 대한 결과를 보면서 노년층이 사투리에 대한 인식이 다소 부정적인 것으로 나타나고 있음을 알 수 있었다. 사실 어쩌면 사투리를 쓴다면 청소년층보다 노년층이 더 쓰지 않을까 하는 의구심이 드는데도 불구하고 응답의 결과는 '별로 안 쓴다'에 노년층의 응답이 높게 나타났다. 노년층의 경우 대부분 본 제보자가 직접 면담을 한 경우라 이번 항목의 질문에 대한 응답의 결과를 무어라 규정하기가 쉽지 않다. 직접 면담을 했을 경우 '묻고→답하는' 격식적인 상황에서 응답한 발화는 대부분 표준어였기 때문이다. 그러나 자연스런 발화에서 사투리를 쉽게 들을 수 있음은 당연했다. 이러한 현상이 발생 가능한 이유를 조사자 나름대로 생각해 보았다. 이는 조사지역의 노년층, 특히 반가의 후손이라 생각하는 사람들이 가지는 그들 나름대로의 언어태도 때문이 아닌가 한다. 자신들의 신분을 높이고 권위를 내세우기 위해 사투리를 배제하는 경향, 이는 사투리가 배우지 못한 사람들이 쓰는 언어이고 표준어보다 낮은 언어라는 인식이 사회적으로 공인되고 있음이다.

사투리를 쓰고 있는 이유에 대하여는 모든 세대가 공통으로 '본래부터 써 왔기 때문'이라는 응답이 지배적이었으며 사투리를 쓰지 않는 이유로는 세대별로 각기 다른 응답을 나타내었다. 노년층의 경우는 무응답이 대부분이었으나 '사투리여서' 안 쓴다는 응답도 있었다. 장년층의 경우 '무뚝뚝하고 촌스러워서', 또는 '사투리여서', '주변에서 쓰지 않음으로' 등등의 다양한 응답을 나타내었고 이에 반해 청소년층의 경우는

'표준말을 배워서'라는 매우 간단한 응답만을 했다.

　다음은 대화를 할 때 상대방의 말씨에 따라 이 지역 화자들의 언어적 반응이 어떻게 달라지는가에 관한 조사이다. 이는 조사지역 내에서 표준어를 사용하는 사람과의 대화 상태와 고향 사람들 간의 대화 상태, 조사지역 외에서 표준어를 쓰는 사람과의 대화 상태와 고향 사람과의 대화 상태로 나누어 살펴보기로 한다.

　　　질문 4-1. 시내에서 표준어를 사용하는 서울 사람을 만났습니다. 우체국 가
　　　　　는 길을 물어보면서 이곳에서 하루 관광할 만한 곳을 물어 봅니
　　　　　다. 이때 사투리로 대답합니까? 표준말로 대답합니까?

〈표 13〉 시내에서 사투리와 표준어의 사용 정도(%)

내용 세대구분	사투리로 한다	표준어로 한다	사투리도 하고 표준어도 한다
노년층	50	16	34
장년층	45	10	45
청소년층	38	12	50

　이 질문은 시내에서 사투리를 쓰지 않는 낯선 사람을 만났을 때 낯선 상대와의 대화 상태에서 자신이 어떤 말을 쓰는지에 대하여 살펴보려는 것이다. 이 질문에 대한 응답의 경우 노년층과 장년층의 경우는 '사투리로 한다'는 비율이 높은 반면 청소년층의 경우는 '사투리도 하고 표준어도 한다'는 응답이 좀 더 높은 것으로 나타났다. 여기서는 청소년층에서 '표준어로 한다'는 응답이 노년층이나 장년층과 같이 크게 높지 않음을 알 수 있다. 이것은 청소년 화자들의 언어태도가 특별히 표준어인 것에 관심을 크게 두지 않은 결과라고 볼 수 있다.

　이 질문 외에 <4-1>과 같은 환경에서 친구와의 대화 상태를 알아보기 위한 항목이 하나 더 있었다. 다만 주어진 환경에 낯선 여자가 함께 있을 때 그 상대방을 의식한 말씨를 선택하는지를 살펴본 것이었다. 그

결과 '사투리로 한다'에 대한 응답은 노년층 50%, 장년층 45%, 청소년층 88%로 나타났다. 청소년의 경우 친구 옆에 있는 여자를 의식하여 자신의 언어를 바꾸어 발화할 수 있음을 보여 주었다.

다음 질문은 자기의 지역이 아닌 다른 지역에서 낯선 사람을 만나 대화를 할 때 어떤 말씨를 쓰는지 알아보기 위한 것이다.

질문 4-2. 축구 경기를 보려고 서울로 갔습니다. 서울고속터미널에 내렸는데 축구장까지 어떻게 가야할지 알 수가 없습니다. 마침 옆에 젊은 여자가 있어서 가는 길을 물어 보려고 합니다. 사투리로 하겠습니까? 표준어로 하겠습니까?

〈표 14〉 시외에서 사투리와 표준어의 사용 정도(%)

내용 세대구분	사투리로 한다	표준어로 한다	사투리도 하고 표준어도 한다
노년층	33	67	0
장년층	23	34	43
청소년층	37	37	26

이 질문은 시외에서 낯선 상대와의 대화 상태에서 자신이 어떤 말씨를 쓰는지에 대하여 살펴보려는 것이다. 여기서 우리는 노년층이 67%의 높은 비율로 '표준어로 한다'고 응답한 것을 볼 수 있다. 장년층의 경우는 '사투리도 하고 표준어도 한다'는 것에 많은 응답을 함으로써 타지역에서 낯선 사람과의 대화는 상대방의 말씨에 어느 정도 자신의 말씨를 고려하려는 태도를 가지고 있음을 보여 준다. 청소년층의 경우는 '사투리로 한다'와 '표준어로 한다'의 비율이 같은 것으로 나타나고 또한 그것과 크게 다르지 않은 정도의 '사투리도 하고 표준어도 한다'는 비율을 나타내 보임으로 자신들의 쓰는 언어에 별다른 의미를 부여하지 않고 있음을 알 수 있다.

이 질문에 이어 이와 같은 환경에서 고향 친구를 만났을 때 그 친구와의 대화 상태를 알아보기 위한 항목이 하나 더 있었다. 결과는 표준어보다는 '사투리로 한다'는 것의 비율이 전세대에 걸쳐 매우 높게 나타났다. 이는 타 지역에서 고향 사람을 만났을 경우에는 자신들이 평소 쓰는 사투리를 자연스럽게 쓴다는 사실을 보여준 것이다. 고향이나 가족과 같은 공동체로서의 결속감은 낯선 곳에서는 반가움과 그리움으로 나타난다. 그 반가움과 그리움을 표현하는 한 수단으로 언어(고향말)가 작용할 수 있다는 사실을 이 질문의 응답이 대신한 것이라 하겠다.

다음으로 이 지역 화자들의 사투리에 대한 언어 수용 태도를 살펴보기로 한다. 우리는 가끔 업무적이거나 혹은 개인적인 일로 다른 방언에 속한 지역을 찾을 때가 있다. 그럴 때 뜻밖에 같은 사투리를 쓰는 사람(고향 사람)을 만나게 되면 기분이 매우 좋아진다. 그런데 하물며 자기 지방의 말이 일반화되어 널리 사용되고 또한 공공기관의 공통어가 된다면 그 기분이 어떨까? 조금은 객관성이 없고 조금은 추상적인 듯한, 또한 조금은 비현실적인 가정인 듯 싶은 질문을 가지고 이 지역 화자들의 언어태도를 조사해 보았다.

질문 5-1. TV에서 9시 뉴스 시간에 아나운서가 자신의 고향 사투리로 보도 진행을 한다면 어떻겠습니까?

〈표 15〉 공공기관에서 사투리 사용에 대한 호감도(%)

내용 세대구분	매우 좋다	좋다	약간 좋다	좋지 않다	매우 나쁘다
노년층	0	0	16	84	0
장년층	10	43	23	12	12
청소년층	0	13	38	49	0

이 질문에 대하여 세대별로 구분하여 살펴보았을 경우 노년층은 '좋지 않다'는 것에 84%의 매우 높은 비율을 나타냈으며, 장년층은 12%,

청소년층 49%를 각각 나타냈다. 노년층의 경우 지방마다 말이 다 다른데 공공 방송에서 일정 지역의 사투리를 쓴다는 것은 절대 있을 수 없는 일이라고까지 하며 강한 반대를 나타냈다. 이 질문에 이어 지방 방송에서의 사투리 사용에 대하여도 질문하였다. 이 또한 공공기관에서의 사투리에 대한 호감도를 질문한 것인데 여기서도 역시 전 세대에 걸쳐 '좋지 않다'는 부정적인 반응이 나타났다.

질문 5-2. 학교 교육에 사투리를 가르치는 시간을 배정하면 어떻겠습니까?

이 질문은 전통문화의 계승 발전이라는 차원에서 사투리에 대한 언어태도를 알아 본 것이다.

〈표 16〉 교육차원에서의 사투리 사용에 대한 호감도(%)

내용 세대구분	매우 찬성한다	찬성한다	찬성하는 편이다	반대하는 편이다	매우 반대한다
노년층	0	16	0	68	16
장년층	0	0	10	45	45
청소년층	0	12	25	63	0

이 질문에 대한 응답 역시 '반대하는 편이다' 노년층 68%, 장년층 45%, 청소년층 63%, '매우 반대한다'에 노년층 16%, 장년층 45%의 높은 비율로 반대한다는 응답이 지배적이다. 이 질문에 대한 반대의 의견은 세대에 따라 각각 다르게 나타난다. 노년층과 장년층의 경우는 교육상 학생들에게 이롭지 않다는 것이 큰 이유의 하나가 되고 반면 청소년층은 재미를 느낄 수 있어 좋기는 하겠으나 학교 수업의 과다에 따라 과목이 증가되는 것이 부담스럽다는 것이 가장 큰 이유인 것으로 나타났다.

지금까지 우리는 영덕군 영해면 괴시리와 원구리, 그리고 창수면의 인량리에 소재한 반촌의 언어태도를 세대별로 구분하여 살펴보았다. 그 결과 하나의 언어공동체 속에서도 사회적인 언어변수에 따라 언어태도는 각기 다르게 나타날 수 있음을 알 수 있었다. 특히 이들 지역의 노년층의 경우는 다른 지역의 노년층과는 사뭇 다른 언어태도를 보여주었다. 대개의 경우 사투리를 조사하면서 자신들이 사용하고 있는 언어에 대하여 질문하면 딱히 '좋다'고는 하지 않아도 강한 부정은 별로 없지 않았는가 싶다. 그러나 이곳 노년층의 경우는 사투리에 대한 의식이 매우 부정적이며, 또한 자신들이 그 언어를 거의 사용하지 않고 있으며, 앞으로도 길게 사용되어서는 안 된다는 강한 의지를 나타내 보였다. 이것에 대하여 본 조사자는 이들이 교육을 위해 표준어를 선호하여 딱히 이러한 반응을 보인 것은 아니라는 생각이다. 이는 이들이 가지고 있는 양반으로서의 신분에 어울리는 언어가 사투리는 아니라는 것을 알려주는 것이라는 생각이다. 이들의 이런 언어 태도는 특히 본인들이 사투리를 많이 사용하지 않는다고 하면서도 자신들의 고향에 외지인이 왔을 때, 외지인을 위해 표준어보다는 사투리를 쓴다고 하는 데서 충분히 엿볼 수 있다. 이는 외지에 나갔을 때 표준어를 사용한다는 것과도 같은 의미를 가진다 하겠다. 그만큼 그들 지역에서 자신들의 위치를 남에게 낮추지 않고, 다른 지역에 가서 타 지역 사람들과의 대등한 능력을 보여줄 수 있다는 것을 언어로 대신하려는 것이라 할 수 있다. 이러한 언어 태도는 노년층에만 국한된다.

IV. 결 론

본 연구는 동해안 지역 반촌班村의 언어문화적인 특징을 살펴보기 위한 한 방편으로 경상북도 영덕군 영해면과 창수면의 방언 자료를 수집, 정리하여 그 변화 현상을 살펴보는 것에 목적을 두었다. 한 지역 언어

공동체의 언어 변화를 고찰하기 위해서는 그 공동체 속의 언어 전반에 걸친, 각 층위에 따른 관찰이 다양하게 이루어져야 한다. 그러나 여기서는 변화가 기대되는 몇 가지 제한적인 요소들에 한정하여, 세대차에 따른 변화 양상만을 살펴보는 것에 한계를 두고자 하였다.

우선 먼저 살펴본 것이 경음화 현상이다. 이 지역 노년층의 경음화 실현 정도는 청소년층의 그것에 비해 다소 낮은 것으로 나타났다. 그러나 장년층의 경우는 청소년층보다 조금 높은 실현율을 나타내었다. 다음으로 살펴본 것이 움라우트와 구개음화이다. 이들 언어는 세대에 따라 다소의 차이를 가지고 실현되고 있었다. 그러나 그 실현율은 전 세대에 걸쳐 몹시 낮은 것으로 나타났으며 특히 청소년층의 경우는 거의 실현되지 않는 것으로 확인되었다.

다음으로 살펴본 것이 친족어이다. 이를 살펴본 결과 노년층의 경우는 기존 반촌의 친족어라 명명된 명칭을 대부분 그대로 사용하고 있었다. 장년층의 경우는 매우 복잡한 양상을 보였는데 이는 노년층의 언어를 그대로 답습하여 사용하면서 청소년층의 언어 또한 습득하여 쓰고 있는 것으로 나타났다 이에 반해 청소년층의 언어는 노년층의 그것과 사뭇 다른 것으로 나타났다. '조부祖父'와 '조모祖母'를 가리키는 '큰아배'와 '큰어매'를 '할아버지'와 '할머니로' 한다든가, '아배'와 '어매'를 '아빠'와 '엄마'로 한다든가, 또는 이들 지역 반촌어의 가장 큰 특색을 나타내는 '맏아배'와 '맏어매'를 '큰아빠', '큰엄마'로 한다는 것과 같이 기존 반촌이 가지는 친족어의 특징적인 언어들은 거의 사용하지 않는 것으로 나타났다.

마지막으로 살펴본 것이 고향말(사투리)에 대한 언어태도였다.

이 조사는 다음과 같은 내용들을 질문으로 하였다. 우선 크게는 1) 사투리에 대한 선호도 평가, 2) 대화 상태에서의 화자와 청자 간의 상대적인 언어적 반응, 3) 문화보존 차원에서의 사투리의 계승 발전으로 나누었으며, 다시 작게는 ① 사투리에 대한 본인들의 의견 ② 사투리와 표준어에 관한 호감도 ③ 평소 본인들의 사투리 사용 정도 ④ 시내와 시외에서의 본인들의 언어사용 ⑤ 공공기관에서의 사투리 사용 ⑥ 학교 교육에 사투리 과목 배정으로 나누어 살펴보았다.

이것에 대한 조사 결과는 세대별로 또한 각기 다른 반응을 타나내었다. 특히 이들 지역의 노년층의 경우는 사투리에 대한 의식이 매우 부정적이며, 또한 자신들이 그 언어를 거의 사용하지 않고 있으며, 앞으로도 길게 사용되어서는 안 된다는 강한 의지를 나타내 보였다. 이와는 달리 청소년층의 경우는 다소 긍정적인 입장을 표명하며 사투리와 표준어가 가지는 언어 차이에 대해 어떤 의미도 부여하지 않았다. 이 지역 모든 세대에서 사투리를 사용하고 있음은 물론이다.

참고문헌

강신항, 「慶北 安東·奉化·寧海地域의 二重言語生活」『成大論文』 제22
　　집, 성균관대, 1976.

남광우, 『한국어의 발음 연구l: 순 우리말과 한자말의 표준 발음을 중심으
　　로』, 서울: 일조각, 1984.

박경래, 「괴산방언의 음운에 대한 세대별 연구」『국어연구』 57, 국어연구
　　회, 1984.

박경래, 「괴산지역어의 사회언어학적 고찰－이중모음의 단모음화를 중심
　　으로－」『국어국문학』 101, 국어국문학회, 1989.

박경래, 『충주 방언의 음운에 대한 사회언어학적 연구』, 서울대 박사학위논
　　문, 1993.

박성종, 「영동 지역의 어촌 언어」『강원 어촌지역 전설 민속지』, 강원도,
　　1995.

이강훈, 「국어의 복합 명사에서의 경음화 현상(Ⅱ)」『언어』 제9-1호, 한국
　　언어학회, 1984.

이숭녕, 「애, 에, 외의 음가변이론」『한글』 106, 1949.

이승재, 『방언연구』, 태학사, 2004.

이정복, 「경어법 사용에 대한 사회언어학적 연구」『국어연구』 109호, 국어
　　연구회, 1992.

이익섭, 「韓國 漁村 言語의 社會言語學的 考察」『한국사회언어학논총』,
　　국학자료원, 1976.

이익섭, 「방언 자료의 수집 방법」『방언』 1, 한국정신문화연구원, 1979.

이익섭, 『방언학』, 민음사, 1984.

이익섭, 『사회언어학』, 민음사, 1994.

이현복 편역, 『음성학』, 탐구당, 1982.

전혜숙, 『강원도동해안 방언의 사회언어학적 연구』, 한국외국어대학교 박
　　사학위논문, 2003.

정종호, 「한국 친족명칭의 의미구조와 사회적 사용에 관한 연구－안동지방
　　　의 한 촌락의 사례를 중심으로－」, 서울대학교 석사학위논문, 1990.

조숙정, 「비친척관계에서의 호칭어의 구조와 사용방식－전남 나주 한 반촌
　　　의 사례를 중심으로－」, 서울대학교 석사학위논문, 1997.

최명옥, 「동남방언의 세 음소」『국어학』 7, 국어학회, 1978.

최명옥, 『慶北 東海岸 方言 硏究』, 嶺南大學校民族文化硏究所, 1980.

최명옥, 「親族名稱과 敬語法－慶北 北部地域의 班村語를 中心으로－」『국
　　　어사회언어학논총』, 국학자료원, 1982.

허　웅, 「'에 애 외 의'의 音價」『국어국문학』 창간호, 국어국문학회, 1952.

황보나영, 「현대국어 호칭의 사회언어학적 연구」『국어연구』 112호, 국어
　　　연구회, 1993.

제5부

반촌의 변화 _김태원

제9장
반촌의 인구변화

I. 머리말

1970년대에 들어서면서부터 본격화된 우리나라의 근대화는 산업뿐 아니라 문화와 사회, 정치적 발전에 이르기까지 사회의 각 영역에 걸쳐 균일하게 진행된 근대화는 아니었다. 이는 주로 성장 위주의 경제발전에 치중된 공업화와 도시화로 특징지을 수 있다. 그러므로 근대화가 우리나라에서는 외적인 면에서 매우 큰 발전과 성장을 가져왔을지라도, 사회구성원들의 내적 삶의 향상을 가져다준 질적인 발전과정이라고 하기에는 많은 무리가 따른다. 서구의 사회가 기술혁명에 바탕을 둔 산업화와 시민들의 의식적 발전을 통해 점진적인 발전을 해왔다면, 우리사회는 빈곤으로부터 탈출하기 위한 싼값의 과잉노동력을 통해 이루어진 성장 위주의 산업화였기 때문에, 사회구성원들의 삶의 질이나 문화적 발전을 병행할 수는 없었던 것이다.

반촌은 혈연 중심의 사회로 대부분 양반계급의 후예들과 그들에게 예속된 소작인들로 구성된 동족마을이다. 이들은 특정지역에 토호를 형성하고 상호 혈연관계를 맺고 같은 성씨가 모여 살거나 서로 다른 여러 성씨들이 모여 마을을 이루기도 한다. 이러한 반촌의 구성원들은 그들 나름대로의 특수한 사회구조를 지니기 마련이고, 이러한 사회적 모델을 바탕으로 오늘 날 까지 그들의 독특한 사회를 유지해오고 있다. 하지만 오늘 날 세계적 차원의 근대화는 전통의 쇠퇴와 새로운 전지구적 경제 통합체로 사회를 변화시키고 있다. 이러한 변화 속에서 사회·문화적 전통에 기반해 자신들의 정체성을 지켜오던 반촌사회는 이제 이전과는 다른 새로운 사회·문화적 환경 아래 놓이게 되었고, 과거에 사회의 중심부였던 반촌은 이제 고립된 '사회의 섬'으로 전락해가고 있다. 그러한 변화는 인구구조의 변화와 인구의 감소라는 인구변동을 통해 가장 잘 드러나고 있다. 반촌지역은 대체로 청장년층 인구의 전출과 전입인구의 부족으로 인해 심각한 인구의 고령화상태에 놓여 있으며, 인구구조의 불균형은 전통의 유지는 물론이고 반촌사회의 지속가능성에도 의문을 던져주고 있다. 따라서 급격한 사회변동과 정체성의 혼란, 제도의 불안정과 같은 혼란 속에서 반촌사회는 인구를 유지하면서 새로운 질서에 편승하여 나름대로 생존할 수 있는 전략을 구상하고 실천하며, 종족위주의 혈연 공동체로부터 경제적 생활공동체로 바뀌어야 할 과제를 안게 되었다.

제9장에서는 이러한 근대적 사회변동과정에 놓인 동해안 반촌지역의 인구사회학적 변화를 살펴보고, 그를 통해 근대화과정에서의 전통사회의 변화와 관련된 함의를 찾아보고자 하는 의도에서 출발한다. 구체적으로는 대표적 반촌지역인 동해안에 위치한 괴시1리(호지말)와 원구1리(원구마을) 그리고 인량2리(웃나라골)를 중심으로 이 마을들이 근대화의 틈 속에서 어떻게 인구사회학적 변화를 겪어왔으며, 그것이 오늘 날 그들의 새로운 사회질서 편승에 어떻게 기능하고 있는 지를 고찰해 보고자 한다.

II. 연구목적 및 연구방법

1. 연구목적

동해안 반촌지역은 지형적으로 해안에 인접한 반촌사회이어서 대부분 내륙지역에 인접해 있는 반촌지역과는 다른 지리학적 특성을 지니고 있다. 하지만 그렇다고 해서 이들 사회가 지형적 연계성에 기반하는 독특한 문화적 가치를 지니고 있지는 않다. 이들의 생활공간은 주로 토지를 중심으로 형성되어 있으며, 오늘날에도 토지지향적 생활특성을 지니고 있다. 하지만 대부분의 농촌사회가 그러하듯이 이들의 생활은 산업화에 의한 경제구조의 변화와 일반적 가치변화에 많은 영향을 받아 변화되고 있다.

산업구조의 변화는 인구사회학적 환경에 영향을 끼치기 마련이고, 이는 그 지역 주민들에게 새로운 생활방식의 변화를 추구하게 만든다. 새로운 생태·경제적 환경에 적응하기 위한 인구의 이동은 생활공간의 변화를 초래하고, 더 나아가 그 지역 전체의 문화변동을 초래하기도 한다. 기존의 가치규범이 사라지고 새로운 가치체계가 형성되게 되고 그로 인해 토지지향적 생활특성이 약화되고 일반적으로 새로운 생활공동체의 출현이 가능해지는 것이다.

본 연구의 목적은 근대화과정에서 오랫동안 종족마을을 이루고 살아온 동해안의 반촌지역인 호지말과 원구마을 그리고 웃나라골의 인구변동 과정을 살펴봄으로써, 이들의 전통가치에 기반한 사회문화적 정체성이 어떻게 변화되고 있는가를 파악하는 데에 있다. 이러한 인구사회학적 연구를 통해 전통사회가 지향해야할 새로운 생존전략에 대해 살펴보고자 하는 것이다.

2. 연구방법

본 연구는 위와 같은 연구목적을 달성하기 위해 호지말과 원구마을 그리고 웃나라골에 대한 현지조사방법이 활용되었고, 현지조사를 통해 확보할 수 없었던 자료는 문헌연구를 통해 자료가 수집·분석되었다.

연구자는 첫째, 조사지역의 인구사회학적 특성을 알기 위해 인문자원과 사회문화적 환경을 파악하고, 더불어 주민들의 인구이동실태를 조사하였다. 인구의 이동은 한 사회나 지역의 변동을 알 수 있는 좋은 자료이다. 이것은 생태·경제를 배경으로 형성된 문화를 학습하고 전승하여 오던 주민들이 상이한 생태환경 속에 적응하기 위해 자신의 문화를 변용하는 과정을 이해하기 위한 것으로, 이러한 양상은 생업환경의 변화와 거주지의 변화를 통해 해명될 수 있기 때문이다. 그러므로 주민들의 거주지의 이동과 확산 및 생업공간의 변화를 이해하는 것은 한 지역의 가치변화와 생활의 변화를 이해하는 데 중요한 요소이다.

둘째, 인구이동실태에 대한 조사를 바탕으로 조사지역의 인구사회학적 구조변화를 분석하고, 지역주민들과의 인터뷰(질적 연구)를 통해 인구변동에 대한 그들의 의식을 조사하였다. 반촌지역 주민들의 의식변화는 조사지역의 사회구조와 변동은 물론이고, 사회문화의 변화를 나타내주는 요인이라고 할 수 있다.

반촌지역의 인구이동과 이의 사회변동적 함의에 대한 연구는 거의 부재한 편이다. 그런 배경으로 인해 이 연구는 이 연구의 결과가 추후에 수행될 반촌의 사회변동적 적응연구들에 대한 기초적 자료제공이라는 탐색적 차원에서 분석된 한계가 있다. 하지만 이를 바탕으로 하여 본 연구의 결과는 앞으로 반촌의 가치관 변화와 사회변동에 대한 연구를 가속화시킬 수 있는 단초가 될 것이라는 기대를 가져 본다.

III. 근대화와 반촌사회의 인구변동

1. 근대화와 사회변동

근대화는 도시화와 공업화 또는 산업화가 핵심을 구성하는 사회변동 현상이다. 근대화라고 포괄되는 정치적, 경제적, 문화적 그리고 사회적 변동과정들은 일차적으로는 개인의 자주성과 다양한 사회전반의 수준을 향상시키는 결과를 가져왔다. 그러나 다른 한편으로는 개인들에게 지지와 안정을 부여해 왔던 전근대적인 질서체계들과 가치들이 이 과정에서 유효성을 상실하게 됨으로써 사회조직의 해체와 개인들의 방임의 문제성을 또한 동시에 야기하게 되었다. 전근대사회에서는 정치활동이나 경제행위가 제한된 지역 내에서 주로 이루어졌기 때문에 사회구성원들은 사회문화적으로 제도나 규범들의 규제를 강하게 받았으나, 오늘날에는 체계의 속박이 느슨해지면서 구성원들은 지나치게 방임되어져 현대인들은 더 이상 제도에 얽매이지 않는 탈제도성에 노출되어 있다. 그런 변동 속에서 개인들의 삶은 직업으로 대두되는 경제체계를 중심으로 조직화되었다. 이러한 근대의 특성은 개인들이 미시적 측면에서 자아실현을 추구하고, 스스로의 사회적 행위들을 기획하는 삶의 지평구조에서 뿐만 아니라, 내적인 지향성이 외적으로 형상화되는 과정에서도 중요하게 작용하게 되었다.

벡과 벡-게른스하임(Beck & Beck-Gernsheim 1990)의 근대화명제에 따르면 근대화는 다음과 같은 세 가지 요점으로 특징지워진다. 첫째, 일상세계적 또는 경험적 맥락으로 구성되어 온 전근대적 산업사회는 사회체계적 맥락, 즉 경제와 정치 그리고 학문 간의 상호역학관계를 통해 구성된 새로운 형태의 산업사회에 의해 무너지고, 이 과정에서 개인들은 이제까지 누려왔던 물질적 안정과 표준화된 생활양식을 산업화를 통해 상실하게 되었다. 둘째, 현대사회는 한편으로는 아직도 제도들 내에서 타당성을 지니는, 근대 산업사회가 이룩한 안전보장과 정상성에 대한 표상들을 그대로 지니고 있는 하나의 자화상과, 다른 한편으로는 이와는 점차 거리를 두는 다양화된 일상세계적 현실들로 분열된다. 셋째, 이 때문에 두 가지 문제가 야기되는데 한편으로는 갈수록 많은 수의 사람들이 사회적 안전보장의 연결망에서 제외되고, 다른 한편으로는 기존의 제도들을 지탱해온 일상적 토대들과 합의의 형식들은 무너지게 된다(이진숙 1997).

위와 같은 내용을 정리해 볼 때 근대화는 사회의 외적인 면에서는 매우 큰 경제적 발전과 사회적 성장을 가져왔을지라도, 그것이 항상 사회구성원들의 내적 삶의 향상을 수반하는 질적인 발전과정은 아닐 수도 있다. 그리고 이러한 유추는 가치의 다원화 속에서 수많은 사회문제들이 증가되고 있는 우리나라의 근대화과정에서도 실제로 발견된다.

근대화를 촉진하는 현상은 세계화이다. 다원화의 확산 속에서 현재 진행되고 있는 문화적 측면에서의 세계화는 두 가지 양상이 병존하고 있다. 하나는 보편화, 동질화, 획일화이고, 다른 하나는 특수화, 이질화, 다양화이다. 보편화를 주장하는 관점은 영화, 음악 등 예술적 의미로서의 문화를 미디어를 통해 상업화, 흔히 미국화로 일컬어지는 추세를 강조한다. 또한 보편화현상은 다른 문화적 차원, 즉 거주환경 및 각종 사회제도 등에서도 찾을 수 있다(공유식 1995:203-204). 이러한 시대적 변화는 사회 구성원들의 가치체계를 변화시키고, 현실과 사물에 대한 새로운 해석과 행위규범을 요구하기 마련이다.

전통사회에서는 사회질서가 신이나 어떤 특정한 지배자의 명령이나 의지와 관계가 있다고 믿어왔다. 그러나 근대 이후의 복잡성을 가진 대사회에서는 인간사회에서 발생하는 많은 현상들이 다수의 사람들의 행위의 결과일지라도, 어떤 특정한 사람이나 집단의 설계나 명령에 의한 것이 아닌 것이 된다. 근대화를 통해 현대사회는 새로운 주거형태와 전통적 삶의 방식으로 부터 현대적 삶의 방식으로의 전환되었고, 교통과 통신의 발달은 세계사회를 전통가치 지향적 사회로부터 근대적 경제중심의 가치관을 지향하는 새로운 사회로 바꾸어 놓았다. 현대사회에서의 근대화를 통한 삶의 방식의 변화는 표면적으로는 자발적으로 보일지 모르지만, 실제적으로 이러한 변화는 선택할 수 있는 어떤 것이 아니라 필연적 생존방식의 하나라고 보는 것이 바람직하다.

2. 근대화와 전통사회의 정체성

근대화의 현상을 어떤 측면에서 다루던지 근대화를 가능하게 한 근본적인 동인은 기술의 발달이다. 근대화를 통해 수반된 교통, 통신, 정보, 군사 등 과학기술의 발달은 특정지역에 국한되어 있던 시장기제, 즉 자본주의를 전세계적으로 확산시키는데 기여했으며, 이와 함께 민주주의, 개인의 권리확대와 같은 정치적 이념과 문화적 가치관들도 동반하여 확산시키고 있다.

근대화는 합리성의 증대와 경제적 부의 축적이라는 긍정적 측면만 가지고 있는 것은 아니다. 근대화가 가져온 부작용 중의 하나는 한 사회에 동일한 상황에 대해 서로 대립적인 성격을 지닌 상이한 가치가 공존하게 되면서 행위자의 선택에 따라 서로 다른 규범이 적용되는 이중가치구조가 형성되었다는 점이다. 이러한 상황은 전통성과 근대성이 혼재하는 문화적 이중구조로 표현되기도 하고 비동시적인 것의 동시적인 존재라고 표현되기도 한다(정태연·송관재 2006:51).

윌리엄스에 의하면 가치는 첫째로 여러 체험을 자료로 해서 추상화된 관념적 요소로 구성되고, 둘째로 정서적 의미를 함축하고 있기 때문에 그것은 현재적으로 혹은 잠재적으로 위협을 받을 때에는 불안감과 분노감을 유발시킬 수 있고 또 그 반대의 현상도 가능하며, 셋째로 목표선정의 기본적 역할을 하고, 넷째로 몹시 소중히 생각되는 것으로 일반의 큰 관심과 흥미의 대상이 되는 것이다.

일반적으로 일정한 사회적 가치관이 사회화과정을 거쳐서 성원들에게 내면화되고, 사회적 가치관의 반영인 규범을 사회성원들이 무리 없이 준수하고, 사회성원들이 사회적 규범에서 일탈하는 행위를 범했을 때 사회적 제재가 이를 효과적으로 통제할 수 있을 경우 그 사회는 안정되어 있다고 말한다. 반면에 사회적 가치관이 일정치 못하기 때문에 사회성원이 어느 가치관을 믿어야 옳을지 판단하지 못하고, 따라서 사회적 규범의 해석이 모호해져서 규범적 행동에 일관성이 결여되고, 동시에 사회성원이 사회적 제재의 권위를 불신하게 될 때 그 사회는 불안정한 사회라고 볼 수 있다.

근대화는 경제적 측면에서 보던 사회적 측면에서 보던 경제적 강국의 경제논리와 서구 강국의 문화를 확산시킨다는 의미에서 전통사회에 대해서는 적대직이라고 할 수 있다. 일반적으로 근대화가 안고 있는 모순의 파장은 중심부국가의 시민들과 주변부국가의 시민들에게 각기 다른 영역에서 그리고 또 다른 방식과 강도로 감지될 가능성이 크다. 주변부국가들은 한편으로 중심부국가들의 경제, 정치, 군사력의 우위에 바탕한 결정권에 뚜렷한 대처수단 없이 내맡겨지는 동시에 중심부국가들의 가치 및 문화의 힘에 무기력하게 노출될 가능성도 크다. 근대화의 문제는 근대화 자체가 축적의 전략이기 때문에 자체 (정치·경제)시스템의 모순으로서보다는 문화적 가치와 정체성을 둘러싼 일관성의 문제에서 점화될 소지가 크다. 그 결과 수변부국가들에서 (정치·경제)시스템 위기가 유발되고, 정치적, 경제적 곤경에 처한 주변부국가 인구들의 생존을 위한 이주현상이 예견되는 반면, 중심부국가들은 시스템의 안정적 유지를 위해 이주 허용에 매우 인색할 것이 예견된다(정호근 2000:72-73). 이러한 현상은 하나의 사회 안에서도 발견될 것이다.

　근대화와 세계화로 인한 복합적 문화의 영향과 함께 급격한 변동과 정에 놓여있는 한국사회에서 가치의 혼란은 생활면에 적지 않은 혼란을 가져왔음은 두말할 나위가 없다. 가치변화와 관련하여 주목할 만한 내용들은 다음과 같다. 가족과 관련된 가치에 대한 연구결과를 보면 오늘날 한국의 가족가치관에 있어서는 전통적 유교가치관과 서구적 가치관이 공존하고 있지만 그 변천방향은 서구적인 것으로 향하고 있으며 그 변화속도는 다른 영역들에서 보다 매우 빠르다고 말할 수 있다. 그런데 문제는 가치관의 변동이 새로운 방향으로 뚜렷하게 전진하고 있다는 확신이 있으면 안정된 사회를 가까운 미래에 기대할 수 있는데, 현재에 이르기까지 구가치관의 잔재가 원래형태로, 또는 변형된 형태로서 우리 생활에 크게 영향을 미치고 있다는 점이다(홍승직 1963:91). 결국 이런 요인들이 일탈행동, 내적 갈등, 연대의식의 약화, 사회해체 등의 문제들이 나타나고 있다.

　전통과 현대성의 접목, 한국 민족문화의 보편사적인 새로운 방향모색은 시대사적 문제의식이 되고 있다(정태연·송관재 2006:51). 오늘날 전통적 가치는 근대문명의 유입과 더불어 대칭적인 성격의 서구적 가치로 이행하고 있다. 인본주의적 지향은 물질주의적 지향으로 변화하고 있다. 그러나 이러한 변화가 서구의 경우처럼, 프로테스탄트 윤리에 기초한 것이 아니라, 물질만능주의나 배금주의와 같은 형태로 나타나고 있다. 또한 권위주의적 가치가 근대적 평등주의의 가치로 변화하고 있다. 더군다나 한국에서의 전통적 집합주의적 가치지향은 산업화와 민주화의 과정에서 상당히 약화되고 그 대신 개인주의 가치관이 한국인들의 의식과 행동을 지배하게 되었다. 그러나 이러한 개인주의도 한국인의 경우에 무규범상태와 같은 자신의 이익만을 극대화하려는 이기주의적 성격을 띠고 있다. 한국 사회의 문화변동이 빠르게 진행되면서 새로운 문화에 대한 수용과 적응양상은 세대, 지역, 계층에 따라 다르다(정태연·송관재 2006:51).

이제 우리사회에서는 어느 지역이든 전통사회의 질서와 가치체계 그리고 조직을 와해시키는 촉매인 근대적 가치관의 확산 속에서 이를 수용하면서도 고유의 가치와 조직을 유지시키기 위한 노력을 병행해야 하는 이중부담을 안고 있는 것이다.

3. 근대화속에서의 인구변동에 대한 반촌사회의 과제

한국의 전통은 유교와 핵심적으로 결부된다. 과거에 정치철학이자 생활질서로서 기능했던 유교는 외래적 문물들과의 대면 앞에서 지나친 움츠림과 동시에 무분별한 개방을 전략으로 택했고, 결국 이것이 두 가지 결과를 가져오게 되었는데, 그 하나는 한국사회가 외래문화의 수용에는 무기력하고 무분별하여 문화적 자주성이나 정체성의 유지가 심각하게 위협받게 된 것과, 다른 하나는 문화의 전통적 요소를 지나치게 강조하는 관점에서는 국수주의적 폐쇄성(공유식 1995:210)을 보이게 된 것이다.

그렇다면 이러한 양면적 결과를 유도한 과거의 유교적 가치는 근대적이고 합리적 경영이 없는 베버의 이른바 '만다린'적 에토스였다면 과연 시장, 경영, 금융신용에서의 새로운 가치관으로서 유교적 가치가 다시 부활할 수 있을까?(심현주 2004:199) 즉 오늘날 경제적 영역에서의 세계화의 급진적 흐름에서 벗어나지 않으면서도 전통가치를 유지할 수 있는 생존전략이 될 수 있는 유교에 기초한 현실적 경제윤리의 모색은 가능할까?

전통이 잔재하는 대표적 사회로 촌락공동체가 있는데, 그 속성으로써 다음과 같은 것이 지적될 수 있다. 첫째는 토지소유, 둘째는 자급자족성이며, 셋째는 대내적 평등성이고, 넷째는 폐쇄성과 배타성, 다섯째는 협소성, 여섯째는 공동체 규제의 절대성이다. 촌락공동체는 전반적으로 낮은 생산력 때문에 자립하여 생산할 수 없는 각 호가 그 취약성을 보완하기 위해 형성한 것이다. 우리 사회의 농촌에 촌락공동체적 성격이 남아있다고 하는 사실은 바로 전반적으로 낮은 생산력에 기인한 것이며, 우리 사회가 아직도 전통사회로서의 특징에서 완전히 벗어나지 못하였음을 실증하는 것이다. 절대적 평등성과 대외적 폐쇄성도 흔히 발견된다. 부락민은 부락재산의 관리와 이용에 있어 평등하게 참여한다. 한편 타부락과는 투쟁적이고 배타적이다. 우리 농촌은 대내 도덕과 대외 도덕이 따로 존재하는 윤리의 이중구조성을 갖는다. 부락민 간에는 관대하고 감싸주며 정서적 인간관계를 맺고 있으면서 타부락민에게는 가혹하고 냉정하게 대한다. 공동체 규제의 절대성과 관련하여 살펴보면 부락은 공동체의 유지와 대내적 평등성을 지키기 위하여 강력한 공동체 규제를 필요로 한다. 부락은 부락 공동재산의 관리주체인 계를 조직하고 규약을 규정하여 부락자치를 시행하고 있다. 부락에 따라 아직도 공동체 규제는 법규범에 앞서 효력을 발생하고 영향력을 행사하는 경향이 있다(최재진 1976:70-71).

한국사회는 고도의 산업화과정을 겪으면서 극심한 인구구조상의 변화를 경험하고 있다. 인구변화는 인구의 고령화라는 결과를 낳아 2005년에 우리나라의 65세 이상 노인인구는 전체인구의 9.1%로 증가하여 이제 구조상으로 한국사회도 고령화사회(aging-society)에 접어들게 되었다. 이러한 인구변화가 지속된다면 앞으로 2018년에는 총 인구 중 65세 이상 고령인구가 차지하는 비중이 20%를 초과하는 고령사회(aged society)에 근접할 것으로 예측된다(보건복지부 2001:1).

인구의 고령화 현상은 도시화의 확산으로 이농이 심화되면서 농촌지역의 점유율이 높은 경북에서 더욱 빠르게 진행되고 있다. 경북에서는 전체인구에 대비해서 65세 이상의 고령인구가 1996년에 9.2%로 이미 고령화 사회로 진입한지 오래이다. 60세 이상의 노인인구는 2000년 현재 약 460,000명으로 전체 인구의 약 16.6%를 차지하고 있으며, 2010

년에는 약 79,000명이 증가하여 2000년에 비해 약 17% 증가할 것으로 예상되고, 2020년에는 2000년에 비해 약 46.4%가 증가하여 674,354명으로 늘어날 것으로 예상된다(경상북도 2004).

고령화 정도를 지역별로 살펴보면 2004년 말 현재 경북의 고령화율은 12.9%인데, 시지역은 고령화지수가 11%이고, 군지역(평균고령화지수 20.0%)은 구미시(5.4%)를 제외한 나머지 22개 시군이 UN의 기준에 따른 고령화사회 상태를 보여, 대체로 농촌지역의 고령화 정도가 더 심하게 나타난다(박태영·이진숙·손정일 2005:15-17).

본 연구의 조사대상지역인 영덕군의 고령화율은 22.17%(경상북도 2004)로 높은 편에 속하며, 그 속에 속한 호지말, 원구마을 그리고 웃나라골 역시 농촌지역으로 이러한 고령화 추세가 빠르게 진행되고 있는 곳이다. 위의 지표들을 볼 때 앞으로 농촌지역의 고령화 현상은 더욱 빠른 속도로 진행될 것이며, 그에 따른 문제들도 심화될 것으로 예상된다. 노동력의 결핍이나, 새로운 사회구성원의 충원이 이루어지지 않음으로 인해 이 지역 반촌사회의 전통은 화석화되어 갈 것이고, 이 지역 주민들은 삶의 방식을 노동을 통해 삶을 영위하던 기존의 생활 방식에서 탈피하여 3차산업적 생활방식을 새로이 마련해야하는 숙제를 안게 되었다.

인구의 이동을 통한 감소와 출산율 저하로 동해안 반촌지역의 인구는 노령화가 급속히 진행되고 있을 뿐만 아니라, 전통적 생활방식이 위협 받고 있는 실정이다. 이들 지역의 공통점은 이러한 산업화사회 주변에 밀려있으면서 지역 자체 내의 사회문화적 자원으로 산업화에 의해 밀려난 삶이 방식을 대제할 새로운 생활양식괴 가치체계를 확립해야한다는 것이다. 이러한 변화는 비단 동해안 반촌지역 뿐만 아니라, 오늘 날 산업화 과정에 놓인 대부분의 전통지향적 사회가 겪고 있는 현상이다.

IV. 조사지역의 인구변동실태 분석

1. 조사지역의 인구구조와 이동실태

호지말은 영해면소재지에 인접해 있어서 주민의 전출입이 통계상 원구마을에 비해 거의 3배 정도 잦은 편이다. 호지말의 총가구수는 126가구(2004년)이고 원구마을은 106가구(2004년), 웃나라골은 70가구(2004년) 이다. 면사무소의 주민등록부에는 이 보다 더 많은 수가 등재되어 있다. 많은 주민들이 행정상의 주민등록과는 관계없이 마을 떠나 있는 것을 반영하는 결과이다.9)

호지말은 2004년 전입가구가 26가구, 전출가구가 47가구인 데 비해 원구마을의 경우는 각각 11가구 5가구인 점을 보면 호지말의 인구이동이 훨씬 많은 것을 알 수 있다. 이러한 현상은 더 이상 이 지역에서 전통적 삶의 방식이 계승될 수 없다는 보여주는 사례이며, 이들 지역에서 공간적 위치를 변경하지 않고 삶의 터전을 이어가기 위해서는 반드시 새로운 삶의 양식이 필요하다는 것을 보여주고 있다.

  ─지금도 여기 계신 분들은 옛날 생각들을 많이 가지고 계십니까?(조사자)

  ─그런 것이 예를 들어 이 마을이 주로 농촌처럼 농사를 짓고 그런 것이 아니고, 장사나 상업 같은 것을 위주로 하면 그게 빨리 없어질 텐데 농업적인

---

9) 조사지역 세 마을의 경우 주민등록부상의 행정적 인구 통계와 실제 거주하고 있는 주민수는 차이를 보인다. 특히 이지역의 경우 노령화가 심한 농촌 지역이므로, 타지에 거주하는 자녀와 함께 거주하는 경우가 많아 실제 거주인구는 훨씬 적었다. 특히 웃나라골의 경우 주민등록부상의 거주자와 실거주자 사이에 가장 큰 차이를 보이고 있다.

특성을 그대로 가지고 게시니까, 옛날 생활방식은 더 많이 남아 있는 것 같습니다. …(중략)… 바깥생활에 대해 좀 어둡습니다. 어른들께서 바깥생활을 별로 잘 모르시기 때문에 '우리는 우리다'하는 이런 생활 풍습이 아직까지 몸에 배어 있어서 좀 어두운 편이에요. 어둡고 어렵습니다(호지말 이장).

— 여기에 들어오면, 도외에서 막 허물없이 지내던 생활이 규제를 받아요. 나이 많은 사람이 나이 젊은 사람이 학력이 높으면 따지는 게 많거든요. 따지는 것이 많고, 봉제사 같은 경우에도 조금만 잘못되면 하나하나 다 말이 되어 나가고 그러다보니까 행동하는 것이 조심스럽습니다. 나이 60넘은 사람들이 시집살이 하려고 들어오나 이런 생각을 하게 되고, 심지어는 우리들도 우리 며느리들이 객지에서 오면 그 애들은 다 차타고 멀리서 오니까 뭐 다 바지입고 생활하잖아요, 우리 동서들도 그렇고, 그런데 여기 오면 바로 치마부터 갈아입어야 돼요. 시어른들 게시는데 바지입고 왔다 갔다 하면 이게 금방 책이 되거든요. 누가 보면 편리하니까 이해해 줄 수도 있지만 혹시 누구라도 오시면 '뭐 바지입고 왔다 갔다 하더라' '엉덩이가 어떻더라, 빨리 치마부터 갈아입어라'이러니, 저들은 불편하죠. …(중략)… 그러니까 아직까지는 우리 다음세대에 가면 혹시나 바뀔까 지금 당장 달라지기는 상당히 어려워요. 보고 들어서 자꾸 내려가기 때문에요. 지금도 저 경로당에 어른들 게신 데, 아직까지 옛날에 편지 쓰신 걸 읽으시고 그러시거든요. 그게 누가 깨려고 해서 깰 수 있는 게 아니고 스스로 그게 깨져야 되는데, 어른들은 어두운 편이거든요. 어디 객지로 다니시는 분들도 아니고 교통이 안 좋잖아요. 우물 안 개구리처럼 나는 이렇게 살았다는 그런 말씀 그게 쉽게 깨지지는 않죠(호지말 부녀회장).

〈표 1〉 조사지역의 전출입현황(1995~2004)(단위: 명)

구분		1995년	1996년	1997년	1998년	1999년	2000년	2001년	2002년	2003년	2004년	계
호지말	전입	28	18	36	46	47	45	33	46	32	26	357
	전출	52	41	30	33	52	38	35	39	26	47	393
원구마을	전입	8	12	18	15	19	13	18	15	10	11	139
	전출	31	21	17	20	20	18	16	14	22	5	184
웃나라골	전입	14	9	15	10	13	15	7	13	12	21	129
	전출	14	16	13	12	24	12	16	12	13	18	150

자료출처: 영해면(2004)

<표 1>에서 알 수 있듯이 세 마을 모두 전입자보다는 전출자가 많은 인구감소형 지역이라는 것을 보여주고 있으며, 세 마을 모두 조금씩 다른 특성을 보여준다. 전출입자의 경우 원구마을보다 호지말이 많은 이유는 우선 호지말이 도시와 인접해 있는 도시화의 영향을 많이 받았기 때문이라고 할 수 있다. 이와 더불어 호지말은 영양남씨의 집성촌으로 마을이 핵심구성요원이라고 할 수 있는 구성원들보다 마을 외곽에 자리한 타성들의 이동이 많은 편이다. 이들 타성의 경우 마을에 고정적 토지 소유의 기회가 주어지지 않기 때문에 대부분 상업에 종사할 수밖에 없으며, 이러한 직업적 특성이 잦은 전출입의 원인을 제공하고 있다. 실제로 마을 중심에 자리한 남씨의 경우 전출입 이동의 문제보다도 고령화로 인한 공동화 현상이 더 심각한 문제로 여겨진다.

　　　─제가 생각하기에는 외지 사람들은 이 마을에 들어와서 살기는 어렵다고 봅니다. 이 마을 사람들은 전부 친척집이 여기 있으니까, 행사가 있어도 가족행사를 하면 청하지 않으면 못 오고, 청하면 또 오기도 그렇고 청한 사람은 와야 되는 데 또 서먹서먹하다 보니까, 큰 집 있는 이쪽으로는 아직 외지사람들이 들어온 예가 없고 들어올 생각도 안 해요. 그래도 이 부근에는 여러 사람들이 사니까, 여기 와서 옛날 보다는 서로 잘 지냅니다. 옛날 같으면 양반은 양반끼리만 놀고 그랬지만은 요즘에는 그렇지 않죠(호지말 이장).

원구마을의 경우는 세 성씨의 공존 형태로 마을이 이루어지고 이들은 비교적 적어도 표면적으로는 갈등이 노출되지 않은 채 살아가고 있다. 그리고 직업도 토지지향적이며, 이동도 그 반경이 영해를 중심으로 많이 이루어지고 있었다. 웃나라골의 경우 지역적으로 다른 두 마을 보다 폐쇄적인 위치에 자리하고 있다. 이러한 폐쇄되고 고립된 지역적 열세가 마을 주민들로 하여금 일찍부터 마을을 떠난 도시에서 2세 교육시키게 하였고, 그 결과 노령화 비율도 세 마을 중 가장 높다. 이러한 웃나라골의 폐쇄된 지역적 위치와 문화자원은 이들로 하여금 테마마을 조성이라는 변화를 받아들이게 한 계기가 되었다.

아래 표에서 볼 수 있듯이 원구마을에 비하여 호지말의 전출입 변동폭이 더 크다. 이는 급격한 사회변동의 원인이 될 수 있는 인구의 감소폭이나 새로운 구성원의 유입으로 인한 기존 가치관의 변동폭이 호지말에 비해 원구마을이 적다는 것을 나타내며, 이로 인한 사회변동의 충격역시 원구마을이 비교적 약하고 적응력도 더 빠르다는 것을 의미한다. 이는 원구마을의 청년회가 마을운영에 더 적극적으로 관여하고 있다는 사례에서도 알 수 있는 일이다.

남씨 집성촌으로 이루어진 마을 중심부는 대부분 남씨 거주지이고 그 중 실제 거주자는 전체 가구 60가구 중 44가구이며, 나머지 16가구는 빈집으로 남아 있다. 부부가 함께 사는 가구는 16가구이며, 대부분의 자녀는 이미 외지에서 직업을 가진 이주세대가 되었다. 현재 호지말의 경우 더 이상 자연스러운 세대 간의 전승을 통한 사회의 유지는 어렵다고 볼 수 있다.

〈표 2〉 호지말의 전출자와 전입자의 지역별 분포(1995~2004)(단위: 명)

		1995년	1996년	1997년	1998년	1999년	2000년	2001년	2002년	2003년	2004년
전출자	대구	9	5	4	3	7	4	3	7	5	11
	경북	23(5)	20(6)	19(9)	16(6)	30(4)	16(1)	14(3)	17(4)	11(2)	22(6)
	경남	3	2		2		2			1	
	경기	4	2	3	4	6	3	2	3	2	3
	대전		1				1			2	3
	서울	5	5	2	5	2	5	6	4		5
	인천						1	2			
	강원		2			1	2	1	4	1	1
	부산	8	4	2	1	1	1	1	2	3	1
	충북						1				
	울산				2	4		2		1	
	전남						1		2		
	충남				1	1	3			1	1

	제주							1			
	합계	52	41	30	33	52	38	35	39	26	47
전 입 자	대구	9	2	1	2	3	5	3	3	2	3
	경북	10(7)	9(2)	30(20)	28(15)	31(18)	27(15)	20(12)	29(11)	19(8)	17(5)
	경남	1	1	1	1	1				2	
	경기	2	1	4	6	3	2		1	2	
	대전	2			1	1			1	1	
	서울	3	1		3	5	4	3	3	2	2
	인천	1						1			
	강원		3		1		1	1	7	1	
	부산				3	1	4	4	2	3	3
	충북				1						
	울산					2	1				
	전남						1				
	충남							1			
	합계	28	18	36	46	47	45	33	46	32	26

* 경북 괄호안의 수는 영덕군 전출자임.

　호지말에서 이사를 간 전출자의 대부분은 인근 경북지역을 택했으며 그 중에서도 일상생활권역인 영덕으로 이사한 주민이 상당수 눈에 띤다. 이 지역을 제외한 다른 지역 중 대구가 가장 많고 그 다음이 서울인 점은 이들이 거주지를 옮긴 실질적 이유가 도시에서 직장을 가진 이주자임을 알 수 있다. 이들은 교육 및 더 나은 삶을 지향하는 이주자로서 전통적 가치체계를 계승할 수 있는 세대라기보다는 도시적 가치체계에 익숙한 세대라고 할 수 있다.

　위의 표에서 일 수 있듯이 전입자가 전출자에 비해 훨씬 적다. 이는 지역 인구의 감소로 이어지고 세대 간의 가치체계 자연스러운 전승에 큰 장애요인으로 작용한다.

　　　　─여기는 이쪽은 동네가 좀 모여져 있지 않습니까? 그런데 인량(나라골)은

다 흩어져 있습니다. 그래서 오히려 여러 성씨들이 그 쪽에 사는지도 모르겠습니다. …(중략)… 여기는 어쩌다 한 가구 정도 들어와 있어도 오래 못 있어요. 동네 구조상 여기는 다른 성이 들어올 수가 없게 되어 있습니다. 여기는 들어올 수 없고, 인량같은 경우에는 한 성씨가 아니고 모이면 또 딴 성씨인데, 같이 모이지 못해서 자꾸 흩어지지요(호지말 이장).

  −원구마을 같은 경우도 세 성씨가 주축을 이루지만 타성은 마을 밖으로 모여 있다고 그러더라고요. 그런데 여기는 아예 동네가 딱 이렇게 남씨 성으로만 짜여 있으니까 아마 세 동네 중에 제일 보수적인 것 같아요. 보수성이 강하고, 그래서 아마 이쪽이 아직까지 그런 것 때문에 가옥 같은 것이 누적되어서 오래 남아 있는 것 같네요. 우리 마을 형국이 입자 형국이기 때문에, 아래에는 지금 남씨가 있고 밖으로는 타성들이 있어요. 그래서 여기는 모이기도 쉬워요. 모여라 하면, 금방 소문이 돌고 금방 연락이 됩니다(호지말 부녀회장).

  −그것 때문에 이 마을은 죽 이어져 내려온 전통적인 생각, 생활방식을 탈피하기가 쉽지 않은 지역 같아요. 제례 같은 것도 밖에서는 좀 간소화해서 지내는데 그것도 일리가 있고 그렇게 해도 되겠다하고 생각 하지만 실제로 그렇게 하지는 못해요. 그런 식으로 하면 죄인이라고 하기도 하고, 옛날 어른들이 그렇게 하시던 건데 간소화하면 안 된다 하고요(호지말 이장).

1998년, 1999년, 2000년에 전입자 수가 비교적 많은 것은 경제적 문제로 다시 농촌으로 들어오는 이주자가 많다는 간접적으로 시사하고 있는 부분이다. 그리고 이들 중 대부분은 인근 경북 특히 영덕군에서 이주해온 주민이 높은 비율을 차지하고 있다.

〈표 3〉 원구마을 전출자와 전입자의 지역별 분포(1995~2004)(단위: 명)

		1995년	1996년	1997년	1998년	1999년	2000년	2001년	2002년	2003년	2004년
전출자	대구	6	6	3	5	6	7	3	3	4	1
	경북	5(2)	4(1)	5(0)	7(3)	5(3)	5(1)	3(1)	2(0)	3(0)	2(0)
	경남	7	3	1		2	2	1	1	3	2
	경기	3		2	2	2	1	1	1	5	

	대전	2								
	서울	5	5	2	4	1		3	3	3
	인천		1	1	1	1		1		
	강원	1	1						1	1
	부산	2	1	2	1	1	2	2	3	1
	충북							1		
	울산			1		2	1	1		
	합계	31	21	17	20	20	18	16	14	22	5
전입자	대구	1	1	4	4	5	2	3	3	2
	경북	3(0)	6(2)	5(5)	3(2)	9(6)	7(5)	9(9)	5(2)	5(2)	7(4)
	경남	1	1	2	3			1			1
	경기	1		1	1						1
	서울		1	1	2	1	2	1	1		
	인천	1		1	2			1	1		
	강원				1			1			
	부산	1	3	5		1	2	3	3	2	1
	충북										1
	울산			1					1		
	충남						1	1			
	합계	18	12	18	15	19	13	18	16	10	11

* 경북 괄호안의 수는 영덕군 전입자임.

　원구마을의 경우는 호지말에 비해 비교적 전입자나 전출자가 적은 편이다. 이는 원구1리의 마을 주민들이 비교적 기존의 전통적 가치관에 안정적으로 적응하고 현재의 생활에 만족하고 있다는 것 나타내주는 것이다. 적어도 원구마을은 호지말에 비해 사회변동의 폭이 적다는 것을 나타낸다. 그리고 원구리 청년회의 경우 다른 두 마을에 비해 가장 왕성한 지역활동을 하고 있었다.

〈표 4〉 윗나라골 전출자와 전입자의 지역별 분포(1995~2004)(단위: 명)

		1995년	1996년	1997년	1998년	1999년	2000년	2001년	2002년	2003년	2004년
전출자	대구	5	6	1	2	7	1	3	2	3	2
	경북	6(1)	4(1)	4(3)	5(0)	6(3)	6(3)	5(2)	3(3)	4(1)	8(4)
	경남		2	1		3		1	1	1	1
	경기			1	1	2	1		2	1	2
	대전			1					1	1	1
	서울	2	1	2	3	5	2	3	2	2	2
	인천			1			1				
	강원		1	1			1				1
	부산	1	1	1	1	1		3	1	1	
	충북									1	
	울산			1				1	1		
	전남		1								
	충남										1
	합계	14	16	14	12	24	12	17	13	13	18
전입자	대구	6	2	4	3	3	3	2	2	3	2
	경북	3(1)	5(3)	7(5)	4(4)	6(2)	9(5)	4(2)	7(3)	5(3)	10(4)
	경남					1	1				
	경기	2							1	1	1
	대전								1		
	서울	2			2	1	1			1	6
	인천		1							1	
	강원			1			1				1
	부산	1	1	3	1	2		1	2		
	충북										1
	충남									1	
	합계	14	9	15	10	13	15	7	13	12	21

* 경북 괄호안의 수는 영덕군 전입자임.

　　　─부녀회가 언제쯤부터 조직되어서 어떻게 유지되어 오고 있습니까?(조사자)
　　　─70년대부터라고 보면 됩니다. 새마을 운동이 한창일 때 정부에서 조직하기 시작하면서 여기도 조직되었습니다(윗나라골 부녀회장).
　　　─그 당시 부녀회원들의 수는 얼마나 되었나요?(조사자)

　　－회원은 많죠. 집집마다 다 가입했으니까요(웃나라골 부녀회장).

　　－70년대에는 그 정도로 많으셨는데 그러면 그분들은 이제 연세가 6, 70세
가 다 넘으셨겠군요. 그 당시에 한 50분 정도 됐다 그러셨잖아요. 50명이나
됐는데, 줄어든 이유는 무엇인가요?(조사자)

　　－그때부터 자식들이 다 객지에 나가서 공부하고, 거기서 취직하고, 결혼해
가지고 살고 하니까 이쪽에는 들어오는 사람이 없지요(웃나라골 부녀회장).

2. 조사지역주민들의 연령별 인구구조

　웃나라골은 2004년 전출입자가 비교적 많은 편이지만 호지말이나 원
구마을에 비해 상대적으로 전출입자가 적은 편이다. 지역적 요인도 있
지만 이보다, 웃나라골은 행정상 통계보다 실제로 거주하고 있는 실거
주민 수가 다른 두 지역에 비해 훨씬 적었다. 이미 다른 지역 이주해간
주민의 실제 수가 많으니 전출입자의 공식적 이동은 적게 나올 수밖에
없다. 남아 있는 실거주자 대부분은 고령자로 과수나 보리, 벼와 같은
농사에 종사하고 있다.

　　－부녀회의 회원들은 연령이 어떻게 되시나요?(조사자)

　　－우리가 최고 젊거든요. 그래도 우리도 다 50이 넘었어요. 30대도 하나
있지만, 젊은 사람이 도시에서 들어온다는 건 상상도 할 수 없어요. 들어온다
하면 이제 노후에, 쉬러 들어오지만. 오면 바로 경로회로 가지요. 정년퇴직 해
가지고 들어오는 사람들도 있잖아요. 농사를 지으라 하나. 희한하지, 공기도
좋고(웃나라골 부녀회장).

〈표 5〉조사지역 가구주의 연령분포(2004년)(단위: 명)

구분	20대	30대	40대	50대	60대	70대	80대이상	계
호지말	1	11	20	26	31	25	12	126
원구마을	－	10	12	16	26	28	14	106
웃나라골	－	1	5	12	21	21	10	70

이들 세 마을의 공통적인 현상은 이 마을들의 주민들이 모두 고령화되었다는 점이다. 오늘날 대부분의 한국 농촌마을이 심각한 고령화현상을 보여주고 있는 점에 비추어 보면 특이하지는 않지만 이 마을 모두 표면상으로는 한국 농촌의 고령화 추세를 닮아 있다. 호지말의 60대 이상 가구주는 전체의 54%이고 원구마을은 64%. 웃나라골의 경우는 74%로 이 지역에서 전통적인 생활방식인 농업을 계승할 만한 노동력의 충원은 매우 어려운 실정이다. 이러한 주민의 인구구성을 통해 알 수 있는 것은 이 지역 주민들이 이전과는 다른 생활방식을 추구해야한다는 것을 알 수 있게 해준다. 특히 웃나라골의 경우는 다른 두 지역보다 고령인구의 비율이 훨씬 높게 나타나고 있어서 노동집약적 산업의 지속성에 어려움을 겪을 수밖에 없게 되었다.

〈표 6〉 호지말 전입자와 전출자의 연령분포도(1995~2004)(단위: 명)

구분		1995년	1996년	1997년	1998년	1999년	2000년	2001년	2002년	2003년	2004년
전입자	10대	0	1	0	0	1	0	1	2	1	2
	20대	1	2	3	2	6	5	5	2	1	5
	30대	8	7	8	11	6	13	13	10	5	4
	40대	6	4	11	11	8	6	6	13	9	5
	50대	4	3	5	9	12	4	4	7	6	5
	60대	5	1	2	4	3	7	0	9	2	4
	70대	1	0	5	5	5	7	2	2	5	1
	80대	1	0	1	2	5	2	1	1	2	0
	90대	2	0	1	2	1	1	1	0	1	0
	합계	28	18	36	46	47	45	33	46	32	26
전출자	10대	0	2	2	0	5	0	1	0	1	4
	20대	3	1	2	1	4	9	8	9	11	14
	30대	22	20	12	11	19	8	10	10	4	7
	40대	15	4	6	10	7	8	4	4	3	7
	50대	5	2	3	2	3	2	3	7	3	1
	60대	1	4	1	2	4	5	3	3	2	2
	70대	4	3	2	2	2	3	7	4	2	6

80대	1	4	1	3	5	2	0	1	0	4
90대	1	1	1	2	3	1	3	1	0	1
100대	0	0	0	0	0	0	0	0	0	1
합계	52	41	30	33	52	38	35	39	26	47

호지말은 원구마을에 비해 비교적 인구의 이동이 잦은 곳이다. 이주자들의 연령대를 보면 30~40대가 주를 이룬다. 이들 청장년층은 한 마을에서 가장 핵심적 역할을 수행해야하는 핵심 구성원이라 할 수 있는데, 이들의 이동이 잦고, 고령층의 이동이 적은 것은 마을의 구조적 변동폭이 크다는 것을 나타낸다. 한편으로는 안정적으로 가치를 전승할 세대의 결핍을 의미하기도 한다.

〈표 7〉 원구마을 전입자와 전출자의 연령분포도(1995~2004)(단위: 명)

구분		1995년	1996년	1997년	1998년	1999년	2000년	2001년	2002년	2003년	2004년
전입자	10대	0	0	1	0	1	0	2	1	0	1
	20대	0	1	1	1	2	2	1	3	1	0
	30대	4	2	3	6	7	3	6	4	2	2
	40대	0	4	2	1	1	1	1	2	0	3
	50대	1	1	2	2	0	1	2	0	3	3
	60대	1	1	3	1	1	2	5	2	3	2
	70대	1	0	5	3	5	2	1	3	0	0
	80대	1	3	0	0	2	1	0	0	1	0
	90대	0	0	0	1	0	1	0	0	0	0
	합계	8	12	17	15	19	13	18	15	10	11
전출자	10대	0	0	0	1	0	0	0	0	1	1
	20대	1	1	0	2	3	5	4	4	9	2
	30대	16	10	7	8	11	5	4	4	3	1
	40대	6	1	4	4	1	2	0	0	1	1
	50대	0	1	1	1	1	1	2	1	3	0
	60대	2	3	0	0	0	0	2	2	3	0
	70대	3	2	3	3	2	3	2	1	1	0
	80대	1	3	2	1	1	2	2	2	1	0

90대	2	0	0	0	1	0	0	0	0	0
합계	31	21	17	20	20	18	16	14	22	5

원구마을 역시 호지말에 비해서는 적은 수이지만 30대 전출자가 가장 많다. 청년회와의 면담을 통해 알 수 있는 것은 청년회처럼 마을에서 핵심적으로 노동력을 제공하는 구성원들은 그렇게 많은 이동을 하지 않는다고 한다. 그렇다면 30대의 전출입자들 대부분은 실질적인 마을 전통 계승자라기 보기는 어렵다. 이 경우 구조적 측면에서 본다면 마을은 비교적 안정적이라고 할 수 있다.

〈표 8〉 웃나라골 전입자와 전출자의 연령분포도(1995~2004)(단위: 명)

구분		1995년	1996년	1997년	1998년	1999년	2000년	2001년	2002년	2003년	2004년
전입자	10대	0	1	0	0	0	0	0	3	1	2
	20대	1	0	2	0	2	3	1	1	2	5
	30대	1	4	4	2	1	4	2	5	2	3
	40대	1	1	1	3	2	2	1	1	2	2
	50대	2	1	5	0	1	1	1	1	1	5
	60대	4	2	2	2	1	0	1	1	1	2
	70대	1	0	1	2	2	0	1	1	1	1
	80대	3	0	0	1	3	4	0	0	2	0
	90대	1	0	0	0	1	1	0	0	0	1
	합계	14	6	15	10	13	15	7	13	12	21
전출자	10대	0	1	1	0	0	1	0	0	2	0
	20대	0	1	1	2	2	1	3	4	2	9
	30대	5	10	8	7	8	5	2	1	7	2
	40대	2	1	1	1	2	2	1	1	0	3
	50대	2	0	0	0	2	1	3	2	0	2
	60대	2	2	1	1	3	0	2	1	0	0
	70대	1	1	1	1	2	0	1	2	1	1
	80대	2	0	0	0	4	2	4	0	1	0
	90대	0	0	0	0	1	0	0	1	0	1
	합계	14	16	13	12	24	12	16	12	13	18

<표 4>의 호지말과 원구마을 전출입자 지역별 분포에서 볼 수 있듯
이 호지말과 원구마을 모두 주변지역으로 이동한 주기적 이주자에 해당
하는 이주자를 제외한 나머지 전출자를 보면 대부분 서울, 부산, 대구,
대전 등 대도시로 이주한 것을 알 수 있다. 이들 전출자의 수는 전입자
의 수보다 많다. 전출자의 연령대가 전입자의 연령대에 비해 중장년층
이 더 많은 분포를 보이고 있다.

  ─청년회분들은 모두 원구에서 태어나신 분입니까?(조사자)
  ─네. 외부에서 들어온 사람은 없습니다. 아직까지 이사 온 사람은 없습니
  다. 이사를 온다면 청년회에 들 수 있지만 아직 이사 온 사람이 없습니다(원구
  마을 청년회장).

이러한 인구의 이동을 통해 점진적으로 전통적 가치관에 의존하던
삶의 방식과 가치관의 변화가 사회변동의 큰 변수가 되고 있음을 알 수
있다.

  ─요즘 핵가족화에 대해서는 어떻게 생각하십니까?(조사자)
  ─옛날에 농경사회하고 지금 산업사회의 차이가 확실하게 드러나요. 산업
  사회가 되니깐 모두 핵가족화 되어 가지고, 진짜로 의리도 없고, 예의 도덕이
  라 하는 건 아예 없어져버렸어요. 그래도 이나마 유지하고 있는 것이 어떻게
  보면 다행이다 싶을 때도 있고, 학교교육에 대해서도 원망 할 때도 있는데. 사
  실 요즘 교육이라는 것이 어떻게 보면 먹고 살기 위해서, 좋은 회사 들어가고
  먹고사는 것을 첫째로 하니까, 형제도 없고, 일 년에 한두 번 볼까 말까하지요
  (호지말 이장).

현재 거주하는 주민들의 대부분은 고령화 되어가고, 기존의 전통적
생활방식을 이어갈만한 자연적 조건의 결핍은 결국 다른 생활방식을 찾
아야 한다는 것을 의미한다.

　－도시의 중산층의 경우에는 1년 수입이 4,000만 원 안 밖이거든요. 그런
데 농촌에서 그 정도로 벌려면 열심히 일해야 할 것 같아요. 순 소득이 4,000
만 원 정도 나오려면 5,000만 원 정도를 벌어야 하지 않습니까? 순소득이 평
균적으로는 5,000만 원은 나오지 않죠. 총 5,000만 원이 나온다면 순소득이
3,000만 원~3,500만 원 나오지요. 도시보다는 어렵지요(원구마을 청년회장).

　이들이 준비하는 것은 그들이 가지고 있는 문화자원과 새로운 농사
법을 개발하고 활용하여 새로운 문화산업을 육성하여 새로운 사회에 적
응하는 것이다.

V. 맺음말

　인구의 이동이 많다는 것은 한편으로 인구이동이 적은 지역에 비해
사회변동 폭이 크다는 것을 의미한다. 한 마을의 주민들이 자신의 지역
을 벗어나 다른 지역으로 이동하는 것은 여러 가지 원인이 있을 수 있겠
지만 경제적인 측면도 간과할 수 없는 문제이다. 더 이상 전통적 방식의
노동을 통한 생활능력이 없어져서 자식이 거주하는 곳으로 이동하는 경
우도 있겠지만, 이 지역의 경우, 대부분 주민들이 고령화되었음을 감안
할 때, 오히려 다른 지역으로 이동한 주민은 고령층이라기보다는 중장년
층이 대부분이다. 더구나 이들이 이주자가 아닌 잠정적으로 이동한, 즉
자신들의 삶의 목적을 다른 지역에서 이루기 위해 이동한, 하지만 언제
든지 다시 원래의 삶의 터전으로 되돌아올 수 있는 이주자라면, 이들은
다른 지역, 대부분은 도시지역으로부터 새로운 가치관을 늘여오는 가치
운반자로 간주된다. 일반적으로 한사회의 새로운 가치는 사회적 일탈자
나 다른 지역에서 새로 이주해온 이방인 집단인 경우가 대부분이다.
　이 지역의 인구의 변화는 결국 이들에게 노동을 통한 생산방식의 변

화를 요구하게 되고, 이들은 노동 집약적 생산방식보다 문화적 전통을 통한 생산방식을 선택하게 할 수밖에 없다. 이러한 이 지역 주민들의 선택은 곧 새로운 생활공동체로의 이행이라는 변화를 받아들일 수밖에 없게 만들고 있다. 문화자원을 통한 생산의 극대화라는 문화산업적 변화는 전통적 삶의 공간에서 생산수단이 토지와 노동으로부터 자본과 지식으로 이동하는 결과를 가져오게 하였고, 그러한 현상이 이 지역에서 일어나고 있다.

인구의 이동을 통한 감소와 출산율 저하로 동해안 반촌지역의 인구는 노령화가 급속히 진행되고 있을 뿐만 아니라, 전통적 생활방식이 위협 받고 있는 실정이다. 이들 지역의 공통점은 이러한 산업화사회 주변에 밀려있으면서 지역 자체 내의 사회·문화적 자원으로 산업화에 의해 밀려난 삶이 방식을 대체할 새로운 생활양식과 가치체계를 확립해야 한다는 것이다. 이 지역의 경우 마을이 계속해서 전통적 가치관에 의해 통합된 사회체계를 유지한 채로 그들의 정체성을 유지할 수 있을 것인가? 아니면 토지와 가옥이라는 공간을 소유한 경제적 소규모 집단으로 축소되어 외부의 가치관에 흡수될 것인가에 대한 딜레마에 놓여있는 상황이다. 하지만 이 지역 반촌 마을은 공통적으로 풍부한 사회·문화자원의 활용을 통한 새로운 생존전략 구성, 새로운 공동체의 추구라는 공통적 목표를 향해 나아가고 있다.

참고문헌

공유식, 「세계화와 한국문화, 문화적 폐쇄성의 극복」『계간 사상』 봄호, 1995.

경상북도, 『경상북도 통계연보』, 2004.

박태영·이진숙·손정일·임성윤, 『고령화시대 농촌지역의 치매노인 복지대책』, 대구경북연구원, 2005.

보건복지부, 『인구추계결과』, 2001.

심현주, 「세계화시대에 민족문화의 전망」『종교교육학연구』 18, 2004.

영덕군, 『영덕군 통계연보』, 2004.

이진숙, 「포스트모던사회로의 이행과 핵가족」『가족과 문화』 2, 한국가족문화학회, 1997.

정태연·송관재, 「한국인의 가치구조와 행동판단에서의 이중성, 대학생, 성인 및 탈북자를 중심으로」『사회문제』 12(3), 2006.

최재진, 「전통사회의 붕괴과정」『한국사회학』 10, 1976.

한국도시행정연구소, 『2001 전국통계연감(중)』, 아람문화인쇄, 2001.

한국정신문화연구원, 「한국의 산업화와 사회변화」『한국의 사회와 문화』 12, 한국정신문화연구원, 1990.

한상복, 「한국인의 생활양식과 사고방식」『한국인과 한국문화: 인류학적 접근』, 심설당, 1982.

홍승직, 「한국인 가치관연구에 있어서의 문제점」『1963년 한국사회학회발표논문집』, 1963.

Beck, Ulrich & Beck-Gernsheim, Elisabeth: Das ganz normale Chaos der Liebe, Frankfurt am Main, 1990.

세계화와 반촌의 가치변화

I. 서 론

세계화의 소용돌이 속에서 우리 사회는 다른 어떤 사회보다도 급변하고 있다. '압축적 근대화'라는 국내적 사회현상과 전지구적 차원에서 전혀 다른 지역의 사람들이 동일한 시간대 속에서 상호 단일한 삶의 영향력을 주고받는 현상(안외순 2005:352)을 의미하는 세계화라는 범세계적 환경변화가 사회의 내면과 외면에 어떤 결과를 가져올 것인가에 대해 철학적으로 사유해 볼 여유도 갖지 못한 채 지금까지 우리는 급진하는 사회의 톱니바퀴에 따라 앞만 보며 뛰어 오기에 급급했다. 그러나 그 결과를 우리는 현재 물질적 부의 축적이라는 앞면과 정신문화의 혼란이라는 두 측면을 이중적으로 경험하고 있다.

발전의 논리에 정신적 토대를 둔 박정희정부가 들어서면서 1970년대부터 본격화된 우리나라의 근대화(Bell 1974, Beck 1986)는 주로 경제적 성장을 지향하는 공업화와 도시화에 초점이 맞추어졌고, 그 결과는 사회 전반의 외형적인 규모의 성장으로 가시화되었을 뿐 가치와 사고체계 등 비물질적인 정신적 가치나 문화 등의 발전은 뒤처져 이 영역에서는 전근대성과 근대성이 혼재되는 혼란이 나타났다. 그런데 이러한 근대화는 세계화라는 전지구적 현상을 통해 더욱 촉진되어, 세계화에 적응 가능한 영역들은 꾸준히 성장하고 있지만 그렇지 못한 영역들은 사회의 이면으로 밀려나고 도태되어 가고 있는 현실이다. 이렇게 볼 때 세계화와 가장 대칭적 위치에 놓여있는 농촌 각 지방에 산재되어 있는, 전근대적 가치를 지지하는 사회들은 세계화의 빛에 가려 잊혀지고 몰락해 가는 과정 중에 있는 대표적 경우라고 보아도 무방할 것이다(Thomas and Znaniecki 1974). 특히 반촌사회는 여기에 해당되는 가장 대표적인 사례일 것이다.

반촌지역이라고 해서 세계화를 피해갈 수 있었던 것은 아니다. 반촌은 혈연 중심의 사회로 대부분 입향조의 후예들과 그들에게 예속된 소작인들로 구성된 동족마을이다. 이들은 상호 혈연관계를 맺고 같은 성씨가 모여 동족집단을 형성하거나 서로 다른 여러 성씨들이 모여 마을을 이루기도 한다. 이러한 반촌사회의 구성원들은 그들 나름대로의 특수한 사회구조를 지니기 마련이고, 이러한 사회적 모델을 바탕으로 오늘 날 까지 그들의 독특한 사회를 유지해오고 있다. 하지만 오늘 날 세계화 추세 속에서 사회문화적 전통[1])에 기반해 자신들의 정체성을 지켜오던 반촌사회는 이제 이전과는 다른 새로운 사회문화적 환경 아래 놓이게 되었고, 반촌은 급격한 사회변동과 정체성의 혼란, 제도의 불안정과 같은 혼돈 속에서 기존의 가치체계를 유지하면서도 새로운 질서에 편승하여 나름대로 다양한 생존전략을 구상하고 실천하며 경제적 생활 공동체로 변화되어야 하는 과제를 안게 되었다. 안타까운 것은 이에 대

---

1) 일반적으로 전통이란 전해 내려오는 오랜 계통이나 역사로 규정되고, 유습, 습속이나 계승 등으로 의미된다. 전통의식은 전통의 보수성과 밀착되어 있다. 그러나 인간의 문화적 발전은 본질적으로 전통의 점차적인 도태에 의해 성취된다. 이를 토대로 전통사회를 정의하여 보면 전통사회란 관습에 얽매인 사회, 배타적이고 귀속적 신분이 지배적인 사회, 비생산적인 사회, 상호부조의 의무와 집단적 연대가 강한 사회 등으로 정의될 수 있을 것이다(최재진 1976:67).

한 학문적 조명이 매우 부족하다는 것이다. 그리 많지 않은 전통사회에 대한 사회과학적 연구 속에서도 반촌사회에 대한 대부분의 연구들은 주로 정치적이고 혈연적이며 문화공동체로서의 반촌의 변화과정과 기능적 측면(이수건 1979, 이학동 · 최종현 1992, 최재석 1996, 김일철 1998)에 주목하고 있으며, 좀 더 넓은 시각에서의 유교공동체에 대한 연구들은 주로 전통과 유교적 가치 등 문화적 관점(신인철 1990, 공유식 1995, 심현주 2004, 이철승 2007)에서 분석하는 데에 초점이 맞춰져 있다. 따라서 반촌사회가 시대적 조류와 사회경제의 변화 속에서 문화적으로 적응해 가는 양상에 대한 실증적 연구는 전무하다고 볼 수 있다.

이상과 같은 배경을 뒤로 하고 본 논문은 세계화의 조류와 근대화 과정 속에서 반촌사회가 변화에 적응하면서도 전통을 유지하기위해 어떤 기제를 발전시키고 있는가를 사회조직에 초점을 두고 살펴보고, 조직들의 경제적 세계화에 대응하기 위한 산업적 생존전략은 어떠한지를 실증적으로 살펴보고자 하는 의도에서 출발한다.

II. 연구목적과 연구방법

이 연구는 세계화의 확산 속에서 반촌사회에서의 전통적 가치관이 어떻게 변화되고 유지되는가를 분석하는 사회문화적 변동에 대한 연구이다. 구체적으로 이 연구는 우리나라에서 대표적으로 손꼽히는 반촌지역인 동해안의 호지말과 원구마을 그리고 웃나라골을 중심으로 하여 이 마을들이 세계화와 근대화의 틈 속에서 적응기제로서 어떤 사회조직들을 구성하고 전통가치를 지켜 나가고 있는지, 그리고 그들을 중심으로 운영되고 있는 산업적 적응전략은 무엇인지를 살펴보고자 하는 목적을 가지고 있다.[2]

본 연구는 현지조사방법을 활용하였다. 국내의 연구동향을 보면 동해
안 반촌지역의 사회문화적 변동에 관한 연구는 거의 전무하다. 특히 세
계화의 조류 속에서 반촌사회가 다양한 가치들을 어떻게 수용 또는 배
척하는지에 대한 연구는 없다. 그로 인해 본 연구는 탐색적 연구의 성
격이 강하다. 그런 한계 때문에 조사결과의 분석은 주로 주민들의 인터
뷰 내용에 대한 질적 분석과 반촌의 사회조직들에 관련된 현존문서의
수집 그리고 산업현황실태에 대해 수집한 자료의 분석과 주제관련 문헌
들의 분석을 통해 이루어졌다.

III. 세계화와 반촌사회의 전통적 가치에 대한 이론적 조명

1. 세계화와 변화양상들

현대사회를 '위험사회(Risikogesellschaft)'로 칭하며, 근대화의 부작용을 예
리하게 설파한 벡(Beck)은 세계화를 '민족국가사회(Nationalstaatliche Gesellschaft)'
에서 '세계사회(Weltgesellschaft)'로의 변화과정이라고 정의하였으며, 민족국
가사회를 '제1의 현대(Die erste Moderne)'로 세계사회를 '제2의 현대(Die zweite
Moderne)'로 명명하였다. 여기에서 벡은 국가가 없는 공존사회, 바로 이
것이 제1의 현대와 확연히 구별되는 제2현대의 특성이라고 강조한다.

---

2) 동해안 반촌지역은 해안에 인접해 있긴 하지만 해안이라는 지형적 연계성
에 의한 독특한 문화적 가치를 형성하고 있지는 않으며, 이들의 생활공간
은 주로 토지경작을 중심으로 하는 농경사회적 특성을 지니고 있다. 따라
서 이들의 생활변화는 지형적 영향보다는 산업화에 의한 일반적 가치변화
에 더 많은 영향을 받고 있어 연구대상으로 선정하기에 적합하다.

그런데 다른 시각에서 일반적으로 세계화란 전지구적 차원에서 전혀 다른 지역의 사람들이 동일한 시간대 속에서 상호 단일한 삶의 영향력을 주고받는 현상을 말하고, 이러한 세계화는 정보화에 절대적으로 힘입고 있는데, 이때 정보화란 정보의 생산, 저장, 분배에 관련된 산업이나 활동이 경제의 핵심활동으로 등장하고, 그 결과 컴퓨터나 통신기술을 비롯한 정보기술이 경제, 정치, 사회, 문화 등의 모든 생활영역을 지배하는 사회로 진입하는 현상이라고 정의되기도 한다(안외순 2005:352). 이렇듯 세계화에 대한 관점들은 단일하게 정리되지 않으며 다양한 의미를 갖고 있다.3)

세계화된 사회에서는 자본주의의 핵심적 국가들을 중심으로 하여 민족국가들 간에서 열이 주어지는 경제체제, 또 중심국가들을 위한 이데올로기가 보편화되는 제국주의적 성향이 나타난다. 이렇게 보면 세계화로 표현되는 자본주의적 세계경제체제4)와 이데올로기적인 문화보편주의(심현주 2004:190)는 지역성(Locality)과 전통을 존중하는 사회에게는 위협이 될 수 있음을 알 수 있다. 세계화를 통해 보다 뚜렷해지는 사회적 징후는 시장적 사고에 기초한 경쟁시장의 규칙이 사회운영의 핵심이 되는 점이고, 세계화는 이미 정보화로 세계가 지구촌이 되고 근대민족주의의 대두로 상징되던 개화기와는 달리 민족주의를 희석시키며 이른바 '국경 없는 세계'의 전개를 촉진하는 요인이 되기 때문이다(신인철 1990:190). 이러한 세계화과정에서는 문명 간의 충돌이 예언되고 있는데, 현재에는

---

3) 세계화의 개념에 기초해 볼 때 세계사회는 각 개인들의 정체성이 그들의 소속국가에서만 인정되는 사회가 아니라 전 세계 어느 곳에서도 인정되는 보편적 사회이다. 이 말은 개인의 정체성은 개인들의 사회적 활동과 가치에 의해 형성되기 때문에 국가의 정체성 혹은 국가의 이익에 우선하며 또는 국가의 소속에 의해 규정되지 않는다는 의미이다.

4) 세계화의 경향은 사상적으로 신자유주의의 이념을 배경으로 하고 있는데, 이것은 주로 자본의 금융적 축적전략을 통해 팽창된 금융시장에서 영역을 확장해간다.

문명 간의 충돌보다 서양문화와 비서양문화 간의 충돌이 예견된다(박상식 1995:13-14).

인간의 사회생활의 특징은 조직되어 있다는 점이다. 현대사회는 공동사회(Gemeinschaft)보다는 이익사회(Gesellschaft)적인 속성이 강하다(Toennies 1887). 이익사회는 친밀한 자연발생적 생활공동체인 공동사회와는 달리 의도적이고 계약적인 결합방식이 특징인 경제적 이익집단이다. 그런 속성을 감지할 경우에 이익사회에서 개인들은 세계화의 흐름을 통해 보다 강력한 가치인 서구적 합리성을 추구할 가능성이 크며, 상대적으로 약화일로에 있는 전통적 가치는 잊혀지기 시작할 것이다. 그리고 이에 따라 인구의 이동이 농촌에서 도시로 진행될 것이며, 전통산업보다는 3차산업이 우위를 점하게 될 것이다. 결국 전통사회의 지속은 불투명해질 것이라는 추론이 성립된다.

전통사회의 구심점 역할을 하는 것은 공식적, 비공식적 조직들이라고 할 수 있다. 오늘날에 전통사회는 주로 농촌지역에 남아있는 경향이 보이는데, 일반적으로 농촌의 사회조직은 세 가지로 유형화가 가능하다. 세비지 등(Savage · Isham · Klyza 2005:113-131)에 의하면 첫째, 농촌사회조직은 농업관련조직, 오락-취미 관련조직, 환경 관련조직으로 구분될 수도 있고, 둘째, 조직과 운영방식에 있어 자족적인 조직과 비자조적인 조직으로 나누어 질 수 있다. 그리고 셋째로 캠프튼 등(Kempton · Holland · Bunting-Howarth · Hannan · Payne 2001:557-578)에 의하면 지역적 조직과 비지역적 조직으로 구분된다. 그런데 이러한 유형화와 상관없이 토지에 기반하고 있는 조직체는 농촌경관과 관련된 인간 상호작용과 직접적으로 연관된 윤리적, 정치적, 사회적 활동에 초점을 두고 있는 공통점이 있다(박덕병 · 조영숙 2005:63-64). 그리고 이러한 공통점을 반영하면서 농촌인구들을 가장 광범위하게 포괄하고 있는 사회조직들은 우리나라에서 주로 노인회, 부녀회(부인회), 청년회(장년회) 등 주로 인구학적 범주를 중심으로 구성된 조직체들이다.

세계화의 진행추이를 보면 그 강도가 워낙 강하여 우리나라에서도 전지구적으로 통용되는 지배적 세속문화는 여과없이 받아들여지고 있고, 고유한 전통과 문화는 소홀시 되고 있다. 이는 결국 정체성의 위기를 낳고 있다. 따라서 세계화속에서 대응전략으로 전통이 기능하려면 사회가 우리 문화의 고유성을 확보하고, 그 보편성을 높임으로써 외부의 과도한 충격을 소화하고 우리의 정체성을 확립할 수 있는 사회조직들을 양성하는 것이 필수적으로 요구된다.

2. 세계화와 가치의 문제

가치란 값어치가 있다고 느껴지는 대상으로서 이에 대해서는 무관심한 태도를 표하지 않고 오히려 이 대상이 보호 증진되기를 바란다는 의미를 가지며, 이와 같은 가치의 대상에는 사물은 물론이고 이념 및 그에 관련된 제 행동까지도 포함된다(홍승직 1963:159). 가치는 사회성원들의 행동에 의미와 방향을 부여하는 중심적 지표와 같은 기능을 한다. 따라서 가치의 확립여부는 사회질서의 핵심요소가 된다(홍승직 1975:87-91).

세계화를 통해 경제적 통합 외에 인류의 보편적 가치가 확산되고 있다는 사실은 매우 중요하다. 세계화된 사회일수록 또는 세계화가 진행되고 있는 사회일수록 동일한 가치에 입각한 사회통합은 기능적 사회통합에 의해 대체되고, 기능적으로 분화된 사회는 상이성의 조직 원리로 주도된다. 상이성은 고도로 복잡한 네트워크에서는 어느 하나가 하부체계가 주도적 역할을 할 수 없으며, 주어진 상황에서 가장 최적의 정보를 소지한 기능체계가 전체의 조정역을 맡게 됨을 말한다. 이와 같이 조직된 현대사회의 사회통합은 위계질서에 입각한 전통적 방식으로는 가능하지 않다(정호근 2000:80). 이런 점에서 가치를 포함하는 문화의 세계화는 동서양의 이분법적 사고를 극복하기를 요구한다.[5) 그리고 이 시대에 요구되는 전통문화는 현재 인류에게 보편타당한 가치로 인정될 수 있는 것이어야 한다(정태연·송관재 2006:51).

한국은 500년간의 조선시대의 유교적 가치체계가 붕괴된 이후 지난 반 세기동안 많은 변동을 겪어왔다. 한국에서 발표된 가치에 대한 연구의 결과를 종합해 보면 대부분의 한국인들은 전통적 사회관이 현 시대에 맞게 시정되어야 한다고 믿고 있고, 8·15 광복 이후 많은 변화가 있었지만 전통적 관습 가운데에서 어느 것을 시정하는 것이 현 시대에 맞는 것인가에 대해서는 혼란스러워하고 있는 것으로 나타났다. 여러 차원의 가치관을 제 사회적 배경들과 교차시켜 보면 일반적으로 모든 가치차원에 있어서 첫째, 농민보다 도시인이, 둘째, 교육정도가 높을수록, 셋째, 연령이 낮아질수록, 넷째, 상류계층에 올라갈수록, 다섯째, 전통적 종교나 천주교인들보다는 기독교 개신교도나 무종교인이 전통에서 탈피하려는 의식을 강력히 기원하고 있는 것으로 나타났다(홍승직 1975:93-95). 그렇다면 이제 현대에서의 전통이란 것은 변화의 대상으로 인식됨을 알 수 있다.

3. 반촌사회와 전통가치의 계승

서구중심의 세계화에 대응하는 지역주의 전략은 현재 매우 확산되어 있다. 그런데 이를 고려할 때 가장 중요한 요소 중의 하나는 바로 문명별 '전통적 가치'라는 주장이 설득력을 얻고 있다. 한 사회의 전통적 가치와 문화는 표출양식에 있어서는 특정사회나 국가의 특성에 따라 특수

---

5) 지금 달라진 세계질서에서도 전통에 근거한 민족의 정체성이 여전히 서구적 가치에 대한 대항의 무기로써 유효한 가에 대해 의문을 던지면서 심현주(앞의 책, 198~199쪽)는 세계화시대는 하나의 민족 혹은 하나의 지역을 넘어선 인류 전체의 미래를 위한 윤리적 성찰, 즉 과연 유교적 명제가 주장하는 동아시아의 가치가 '세계주의'를 극복하고 '세계성'을 가져올 유효한 가치인가가 성찰되어야 한다고 말한다.

한 형태로 나타날지라도 그 안에 내포된 규범성이나 가치는 보편성을 지향하기 마련이기 때문이다(안외순 2005:353).

한국 사회의 전통적 가치에는 몇 가지 두드러진 특징이 있다. 그 중 하나는 도덕을 통한 인간완성을 강조하는 인간관이다. 이러한 인본주의는 근대적 물질주의와는 달리 물질적 가치보다 정신적 가치 혹은 인간적 가치를 더 강조한다. 또 다른 특징은 권위주의적 가치지향으로 인간관계나 사회윤리적 측면에서 서열을 중시하여 일상적인 삶의 수준에서부터 법제적 수준에 이르기까지 위계적 구조를 강조한다. 뿐만 아니라 한국의 전통적 가치체계는 집합주의적 특징을 가지고 있어서, 개인보다는 그 개인이 속한 집합체에 보다 큰 가치를 부여한다(정태연·송관재 2006:51).

오늘날 의식구조와 사회제도의 측면에서 전통사회의 성격이 두드러지게 남아 있는 곳은 농촌이다. 농촌사람 중에는 관습과 전통을 존중하고 이에 얽매인 사람이 적지 않으며, 아직도 전근대적인 전통적 신분에 위계를 인정하려는 전통적 지배관계가 남아있는 곳이 있다.

전통적 한국농촌에 대해 이해하고자 할 때 반상관계는 그 핵심을 이룬다. 이조시대는 엄격한 신분사회로써 신분 간의 이동이 폐쇄되고, 직업과 신분이 세습되는바, 귀속적 지위가 지배적이었고, 계급 내혼이 강요되었으며, 신분에 따라 생활정도가 규정되는 사회였다. 이후, 근대화를 통해 전통적 신분제도와 농지소유관계는 해체되기 시작했지만 우리 사회의 가족제도의 강력성으로 인해 신분관념은 쉽게 불식되지 않았다. 특히 반촌의 경우에 계급내혼을 택하려는 경향이 발견되고, 그를 통해 동족집단적 생산방식과 문화체계를 유지하려는 특징이 발견된다. 이들은 근대화과정에서 유입된 다양한 가치체계들 사이에서 갈등과 혼란을 경험하면서도 반상의 신분의식을 유지, 연장하고 관존민비사상을 온전하게 보존하며 동족의 재산을 관리하고 이식하며 파벌의식과 배타성을 조장하기도 한다(최재진 1976:74-75). 물론 오늘의 반촌이 전근대사회에서와 같은 영향력 있는 규범을 유지하고 있는 것은 아니다. 하지만 반촌사회에서 그들의 전통을 유지하고 사회변화에 적응하려는 노력은 주로 조직의 형성과 운영을 통해 발견됨이 일반적이다. 그렇기 때문에 반촌사회에서 얼마나 전통적 가치가 지지되고 그에 따라 사회가 운영되는가 하는 문제는 학문적 관심을 자극한다.

IV. 세계화에 대한 반촌 내 사회조직의 적응실태 분석

세계화로 인해 친밀한 정서적 공동사회에서 이익사회(Gesellschaft)적인 경제공동체로 변모해 가고 있는 우리나라 농촌의 모습은 반촌사회에 어느 정도 투영되고 있는가? 이 장에서는 이 질문에 대한 답을 규명하기 위해 경북 영덕군에 위치한 대표적 반촌사회인 호지말, 원구마을, 웃나라골을 대상으로 사회조직과 전통적 가치에 기반한 문화산업의 현황에 대해 조사한 결과를 제시하고자 한다. 호지말의 총가구수는 162가구(2004년)이고 원구마을은 117가구(2004년), 웃나라골은 128가구(2004년)이다. 이 지역을 조사지역으로 선정한 이유는 이들 지역이 지리적으로 도시화에서 비껴나 있으며 거주인구의 규모도 조사에 적합하고, 타 지역에 비해 상대적으로 반촌의 특성을 잘 보존하고 있는 대표적 반촌사회이기 때문이다.

1. 사회조직을 통한 전통적 가치의 유지실태

영덕군 영해면에 속해 있는 호지말은 지역적으로 일부는 도시화의 영역권에 들어있어서 같은 행정구역에 속한 원구마을이나 영덕군 창수면에 위치한 웃나라골에 비해 전출과 전입이 훨씬 잦지만 입人자 형국인 마을의 지리적 구조상 사회·문화적 권력의 소유자로서 새로운 사회에 대한 적응과 변동에 능동적으로 대처하기에는 한계를 안고 있었다. 호지말은 동성의 배타적 집단성격을 많이 지니고 있는데, 그에 비해 원구1리는 세 성씨가 주축을 이루고, 인량2리는 다양한 성씨들이 공존하고 있었다. 그래서 호지말이 세 동네 중에 제일 보수성이 강하고, 그래서 전통문화에 대한 보존도 잘 유지되고 있었다.

> ─이 마을은 죽 이어져 내려온 전통적인 생각, 생활방식을 탈피하기가 쉽지 않은 지역 같아요. 제례 같은 것도 밖에서는 좀 간소화해서 지내는데 그것도 일리가 있고 그렇게 해도 되겠다하고 생각 하지만 실제로 그렇게 하지는 못해요. 그런 식으로 하면 죄인이라고 하기도 하고, 옛날 어른들이 그렇게 하시던 건데 간소화하면 안 된다고 합니다(호지말 이장).

괴시1리에는 공식적인 마을조직보다는 비공식적이지만 마을의 운영에 없어서는 안 되는 몇 개의 조직이 있는 데, 그것은 우선 이장을 중심으로 한 공식적인 행정체제와 개발위원회 그리고 부녀회와 노인회이다. 부녀회와 노인회는 모두다 공식적으로 회칙을 가지고 운영되는 조직이라기보다는 전통적 관습을 유지하기 위한 비공식적 상조회나 마을모임 정도로 기능하고 있다.[6]

도농복합적 속성을 지닌 호지말에 비해 원구마을과 웃나라골은 순수 농촌적 성격이 강하다. 원구마을의 사회조직은 청년회, 원향회, 부인회, 노인회, 개발위원회 및 3성씨의 문중조직인 송림회로 구성되어 있다.

---

6) 괴시1리의 사회조직이 비공식적 성격을 띠고 마을의 경조사에 참여하는 것은 우선 부녀회의 인원이 17명 정도이고, 노인회도 노령화로 더 이상 마을회에 간여할 정도는 아니기 때문이다. 무엇보다도 중요한 것은 이들은 각 집안 마다 고유한 전통과 관습체계를 가지고 있기 때문에 다른 사람들이 관여할 수 없는 지역적 특성과, 부인회원의 충원이 쉽지 않다는 문제점을 안고 있었다.

원구마을은 백씨와 남씨와 박씨 이렇게 3성씨가 주축이 되는데 외부 지역에서 원구마을로 이사를 오고 싶어도, 마을 내의 토지 매입이 쉽지 않기 때문에 외부인이 정착하기란 매우 어려운 실정이다. 농사를 지을 토지를 확보하지 못한 상태에서 이주한 이주자를 그 사회의 진정한 사회구성원이라고 할 수는 없기 때문이다. 그렇기 때문에 호지말보다는 덜하지만 원구마을의 마을 중심부로의 외부인 정착이 쉽지 않다. 웃나라골의 사회조직은 부녀회와 장년회가 구성되어 있었다.

이상 3마을에서 가장 포괄적으로 마을구성원들을 아우르고 전통적 가치 지지대로서 기능하는 대표적인 조직들은 노인회, 부녀회(부인회), 청년회(장년회)였다. 이 절에서는 그 사회조직들의 구성원들과의 인터뷰를 통해 전통적 가치의 유지실태에 대해 살펴보았다.

1) 노인회

호지말의 노인회가 구성된 것은 우리나라의 중앙노인회가 조직되기 시작한 1975년경이었다. 실제적으로 노인회라는 공식적 단체라기보다는 노인들의 모임정도로 65세 이상 마을노인의 대부분인 약 100여 명이 자동적으로 노인회에 가입되어 있다. 호지말의 노인회는 회비도 없고 특별한 일도 하지 않지만 일 년에 한두 번 정도 동네를 청소하거나 야유회 및 단합대회를 한다. 그리고 동네의 일에 공식적인 영향력을 미치지는 않으며, 연령이 높다는 전통적 권위에 의한 의견 반영정도였다.

> ―노인회에서 의사결정역할을 안하면 동네일을 상의하는 제일 중요한 곳은 어디입니까?(조사자)
> ―동장이 있고, 그 밑에 개발위원회에서 다 결정합니다. 타성들 하고 함께 결정합니다(호지말 이장).
> ―거기에는 문중이라는 점이 중요하게 작용을 합니까?(조사자)
> ―아닙니다(호지말 이장).

하지만 이들의 개별 발언권은 여전히 높다고 한다. 공적인 영역에서의 영향력보다는 사적 영역이라는 전통적 영역에서의 권위주의적 영향력은 남아있다. 이들 노인회는 주로 공적인 모임보다는 시간적으로 많은 여유를 가지고 있으므로 마을회관을 중심으로 개별적인 모임을 종종 갖고 있었다. 실제적으로는 남씨 성의 노인을 중심으로 노인회가 운영되고 있었는데, 이는 마을회관이라는 공간을 차지하고 있는 성씨가 대부분 영양남씨이고, 수적으로 우위에 놓여있는 집성촌이기 때문이다.

- 지금도 이곳에 계신 분들은 옛날 생각들을 많이 가지고 계시지 않습니까?(조사자)
- 그건 그렇죠. 우리 세대보다 아래 세대로 가면 앞으로는 그게 없어질지는 몰라도. 지금 우리 마을 경로당에서도 그런 문제점들이 있어요. 경로당에 지금 와계시는 분들은 거의 다 이제 우리 집안들 남씨 집안 분들이 거의 다 모이고, 자손들은 뭐 어쩌다 한두 분 왔다가 잘 어울릴 수 없으니까 당신들이 누가 오지 말라고 한 것은 아닌데도 당신들 스스로가 못 옵니다. 아직까지는 많이 융화가 됐다 해도 완전히 서로 간의 거리감이 없어진 것은 아니지요(호지말 이장).

원구마을에도 노인회는 결성되어 있지만 특별한 활동은 하지 않고 일 년에 한번 정도 종가집 초가지붕을 이을 때 활동을 하는 정도였다. 그리고 웃나라골에는 노인회자체가 존재하지 않았다. 따라서 전통적 가치를 고수하는 조직으로 기능하는 것은 호지말 뿐이었고, 다른 곳에선 노인회는 실제적으로 노인들이 쉬기 위해 모이는 것이지 동네를 위해서 특별하게 활동을 하지는 않고 있었다. 하지만 호지말에서도 세대교체 이후에도 전통이 유지될 것인가에 대해서는 회의적으로 보였다.

- 이 마을 같은 경우에 아직까지는 지탱하고 있지만 앞으로도 전통이 유지되겠습니까?(조사자)
- 어른 분들이 팔순이 넘어서서 거의 90줄이시니까 어른들이 돌아가시면, 그나마도 좀 많이 바뀌겠죠. 많이 나아지지는 않겠지만요. 그게 사람에 따라 틀

린 게, 옛날에 전통을 고수하려고 하는 사람들이 있고, 완전히 없애려고 하는 사람들이 있고 충돌이 잦아요. 지금도 모이면 충돌이 잦다고 해요. 우리는 고수하기 보다는 좀 바꾸자. 틀은 그대로 유지하되 좀 바꾸자라는 생각을 가지고 있습니다. 하지만 못한다고 하는 사람이 아직까지는 있습니다(호지말 이장).

2) 부인회(부녀회)

반촌사회에서 독특한 점은 여성들의 조직과 사회활동에 폐쇄적인 전통적 가치에도 불구하고 본 연구자가 조사한 3지역에서 부인회(부녀회)는 모두 존재하고 있었다는 점이다.

호지말의 부인회가 생긴 지는 약 15년이 넘었다. 호지말의 부인회는 운영에 있어 성씨의 집단화 모습을 보여주지 않았다. 이러한 이유 중 하나는 부인회원의 경우 상대적으로 노인회보다 젊은 연령층으로 구성되어 있고, 이들은 지리적으로 가까운 영해면의 도시적 특성인 개방과 자유분방한 사고방식을 접하면서 노인회보다 더 개방적이기 때문이다. 그리고 다른 한편으로는 부인들은 남성위주로 이어져 내려오는 문중집단에 비해 혼인을 통해 관계를 맺게 된 집단이기 때문이기도 하였다. 이러한 것은 호지말 뿐만 아니라 산업화의 길을 걷고 있는 다른 마을에서도 나타나는 일반적 현상일 것이다.

　　－저도 부인회 들어 간지는 5～6년 밖에 안됐어요. 그 이전까지는 남씨는 부녀회 회원이 없더라구요. 그 전에는 또 부인회를 남씨 성에서 맡아서 했는데 그 때는 타성들이 못 들어오고 이쪽에서 거의 담당했던 것 같아요. 그런데 그 쪽 사람들이 나이가 많이 먹으니까, 타성들에게 넘겨주고 나서 타성들이 완전히 부인회를 형성을 하고나서는 부인회 회원들이 젊고 바깥에서 생활을 하다가 왔으니까, 한 마을인데 이래서 되겠나 싶어 제가 들어가고, 하우스 하는 집 새댁이 들어오고, 그렇게 둘이 들어갔습니다(호지말 부인회장).

노인회는 대부분 전통적 권력을 소유한 노인들에 의해 특정한 성씨에 의해 주도되는 성격을 지닌다면, 부인회는 그렇지 않았다. 하지만 신규가입을 원하는 사람의 생활방식이 기존회원들과 차이가 많이 날 경우는 가입은 암묵적으로 배제되고 있었다. 이는 부녀회가 개방된 마을조직이라고 하지만 아직까지는 어느 정도 마을의 전통성에 공감을 지니고 있는 구성원으로 이루어지고 있다는 것을 알 수 있게 해준다.

　　─그런데 부녀회 계신 분들이 대부분 타성이잖아요. 그러면 남씨 일이 있을 경우에 대부분 일반 동네에서 부녀가 해야 될 일을 남씨 문중에서는 다른 분들이 대신합니까?(조사자)
　　─오라고 청하지 않습니다. 그쪽에서도 올 생각을 안 해요. 왜냐하면 워낙이 곳 집안들이 집안끼리 지내기 때문에. 여기도 남씨 성을 가졌다 해도 또 가까운 집안이 있으니까 그 집안끼리 하거든요. …(중략)… (타성과는) 왕래가 좀 적죠. 자기들 같이 막 터놓고 왔다 갔다 하고 그런 것이 아니라 아직까지는 특별한 일이면 오고 그럽니다(호지말 부인회장).

　원구마을의 부녀회는 어버이날 행사와 기타 마을 일에 도움을 주는 것을 주목표로 하는 단체이다. 이 단체는 특별한 조직은 없고, 21명의 회원으로 구성되어 있다. 회원의 연령대는 청년회보다 높은 편이었다. 연령적 특성과 동네의 특성으로 인해 부녀회가 수행하는 기능은 호지말에서보다 제한적이었다.

　　─그럼 경조사 같은 경우가 있으면 부녀회가 도웁니까?(조사자)
　　─아니요. 부녀회는 성씨별로만 도와줍니다. 마을전체가 아니라. 젊은 사람 같으면 친구 간에 아내가 도와 줄 수 있는데, 동네 전체로는 하지 않습니다(원구마을 청년회장).
　　─부녀회 같은 경우에는 어버이날 잔치를 열어준다고 하던데요(조사자).
　　─동네에서 할 때에는 청년회와 부인회가 같이 했는데 작년 2년 동안은 면에서 했어요. 면에서 할 때는 우리 동네만하는 게 아니라, 윗동네하고 다 같이 합니다. 어른들께서 움직이시기 힘드니까 청년회가 모시고 가고 부녀회에서는 음식을 준비 합니다(원구마을 청년회장).

웃나라골 부녀회는 회원은 11명이고 주로 40~50대로 구성되어 있다. 이 조직은 70년대에 새마을 운동이 한창일 때 조직되었다. 당시는 마을 단위의 조직이지만 행정적 통제를 받고 있었기 때문에 상부 행정기관에서 지시된 일-예를 들면 불우이웃돕기나 마을행사 같은 일-을 수행했다고 한다. 일종의 행정적 통제를 받는 구휼조직의 역할을 수행한 것이다. 부녀회는 두 달에 한 번 정도 모이고, 부녀회의 주된 사업은 현재에도 마을 노인들을 위한 경로잔치와 불우이웃돕기이다. 대체로 마을에서의 일은 자발적인 것도 있지만 마을회의에서 정해 놓으면 그대로 하는 경우가 많은 피동적인 모습을 보이고 있었고, 역할에 비해 아직 마을의 중요한 일은 남성집단 위주로 이루어지고 있었다.

> -마을에서 부녀회의 위치는 어떤가요?(조사자)
> -청년회보다도 부녀회가 일을 많이 한다고 봅니다. 행사가 있다하면 부녀회가 꼭 나서야 되고요. 자금도 모자라면, 폐품을 모은다던가, 아니면 일을 해서 기금을 만든다던가(웃나라골 부녀회장).
> -마을에서 중요한 일을 결정하실 때 부녀회의 의견을 묻습니까?(조사자)
> -그럴 때에는 부녀회를 안 불러줘요(웃나라골 부녀회장).
> -그건 왜 그렇습니까?(조사자)
> -회장이나 이런 사람이 불러야 되는데, 남자들이 모여서 일을 결정하는 곳에 여자가 나서면 안 된다는 생각 때문이지요(웃나라골 부녀회장).
> -중요한 일 있으면 부녀회 의견을 들어달라고 부녀회에서 요구할 수는 없습니까?(조사자)
> -안 먹혀들어요. 아직도 옛날에 어떤 집 여자 별나더라 그런 말이 있어서. 그리고 여기는 아직까지도 타성이면 그냥 고개만 숙이는 정도의 인사만하고 지나가거든요. 여기는 아직 개방되려면 멀었어요. 개방은 여러 명이 나서서 해야 되지 하나 둘이 나서면 찍히고 동네서 옳은 일인데도 매장되고 상놈으로 통하게 됩니다(웃나라골 부녀회장).

성에 따른 이런 기능적인 구별과 차별은 외부사회에의 개방성과 상관없이-물론 정도의 차이는 있었지만-호지말이나 원구마을도 웃나라골과 그리 큰 차이를 보이지는 않았다.

3) 청년회(장년회)

호지말에서는 청년이나 장년인구들의 결속을 위한 단체의 활동이 눈에 뜨이지는 않았다. 웃나라골의 장년회는 12명의 회원으로 구성되어 있었다. 웃나라골 장년회는 회칙에 의해 움직여지는 마을조직이다. 정식명칭은 웃나라골 장년회이고, 장년회의 운영목적은 회원 상호간의 친목과 상부상조로 회원 간의 유대관계를 중요시 한다. 이는 이들이 마을의 대소사에 대한 관여보다는 회원 상호 간의 상조회 성격을 지니고 있음을 말해준다. 가입 조건은 웃나라골에 거주하는 장년으로, 회칙을 준수하고 회비를 납부할 수 있으면 된다. 장년회의 주요사업은 회원 간 경조사 및 마을 사업 동참으로, 마을 사업에 주도적 역할을 수행하고 있지는 않았다. 원구마을의 청년회는 20년 전에 처음으로 조직되었다가 없어지고 1998년에 다시 조직되었다. 청년회가 조직되기 전에는 그 역할을 수행했던 원향회[7]가 있었다. 당시 청년회를 조직하려고 했지만 사람이 없어서 만들지 못하고 있다가 청년회 조직 후 지금은 회원이 21명이 되었다. 현재 청년회원 연령은 최고령자가 41세, 제일 어린 회원의 나이가 23세이다. 이들 구성원은 모두 원구지역 출신자들이고, 외부에서 들어온 사람이 없다. 그리고 최근까지 이사를 온 사람이 청년회에 가입한 사람은 없다. 작은 집단인 청년회에서도 드러나듯이 원구마을은 토착 3성씨의 후손들이 확고한 뿌리를 내리고 있는 지역이다. 오랫동안 청년회와 같은 마을 조직이 이들이 서로 마을 내에서 세력균형을 유지하며 살아온 인위적인 제도적 장치라 할 수 있다.

---

7) 원향회는 40~60대로 구성되어 있는 데, 청년회가 없을 때 청년회의 일을 대신한 조직으로 현재에도 25명의 회원이 있다. 지금은 대부분의 일을 청년회가 하고 있고 원향회는 상징적으로만 존재한다.

　　―백씨와 남씨, 박씨 이렇게 3집안이 주축이 되는데, 일을 할 때도 이 3성
씨를 주축으로 합니까?(조사자)
　　―그런 건 아닙니다. 평일에 직장에 다니는 사람들이 못 나오지 농사짓고
자기 일을 하는 사람들은 거의 다 나옵니다. 성씨에 관련된 이런 문제가 가장
바꿔야 할 문제입니다(원구마을 청년회장).
　　―성씨에 대한 문제가 제기되기는 하나요?(조사자)
　　―이야기는 나와도 저희들이 어떻게 할 수가 없습니다. 어른분이 그러니까
(원구마을 청년회장).

　　청년회의 일은 부인회처럼 주로 어버이날 잔치를 개최하거나 수해
및 태풍으로 인한 피해복구사업들 등 마을일에 노동력을 제공해주는 역
할을 한다. 구성원들에게는 회비(12만 원)가 공식적으로 부과되고, 이외에
회원들이 충당하는 비용은 군과 같은 행정기관의 도움을 받는 것이 아
니라, 주로 군에서 개최하는 풀베기 경연대회 같은 것을 통해 조달하고
있었다.[8] 그리고 마을 내에서의 의사결정에도 어느 정도 권한을 가지고
있었다.

　　―동네에서 행사가 있을 때나 마을에 중요한 일을 결정을 해야 할 때에 청
년회의 의견을 마을에서 많이 반영을 합니까?(조사자)
　　―처음에는 어른들께서 결정을 하셨는데 요즘에는 청년회의 의견을 점점
많이 들어줍니다. 처음에는 많이 어려웠었는데, 요즘에서야 들어주지요(원구마
을 청년회장).

---

8) 실제로 원구마을 청년회는 전국 풀베기(퇴비)대회에서 우승하여 1,300만 원
　을 지원 받은 적이 있다. 그러고도 모자라면, 회원 단합대회 때에 각자 돈
　을 좀 더 내고, 외지에 있는 친구들의 기부로 경비의 조달이 이루어지고
　있었다. 재정규모는 2005년 상반기 기준 약 300만 원 정도로 이 기금으로
　각종행사 및 마을사업을 하고 있었다. 예를 들면 화장실을 짓고, 동네 앰프
　시설을 갖추는 일이었다(3,000만 원 소요). 이 돈은 주로 1~2달 동안 노동력
　을 제공하는 풀베기 사업을 통하거나 찬조금으로 채워졌다고 한다. 2004
　년에는 마을사업을 하지 않았지만 2005년에는 마을사업을 할 것이라고 하
　였다.

2. 사회조직들의 전통가치 지지대로서의 기능수행정도

전통가치는 한 민족의 구성원들이 그 민족으로서 생존할 수 있게 하는 토양이며 일체성을 보유하고 있다. 그렇기 때문에 전통가치의 소멸은 집단정체성의 혼란 또는 위기로 인식된다. 결국 전통가치의 강조는 전통에 기반한 지역집단의 정체성을 위협하고 있는 세계화에 대한 민족주의적 대응이라고 볼 수 있다.

호지말은 세 마을 중 가장 집성경향이 강할 뿐만 아니라 보수적 성격을 지니고 있어서 비록 소도시지만 영해라는 주변도시의 도시적 영향에도 불구하고 마을의 사회변동이 느린 편에 속한다. 그로 인해 생활면에서 두드러지는 전통질서의 강건함은 타지역보다 심했다. 이러한 데에는 동족집단의 규범체계로 기능하는 노인회의 역할이 가장 크다고 하겠다.

일반적으로 부인회에서 하는 일은 마을의 경조사에 참여하여 그 일을 도우고 해결하는 것이 주라면 호지말의 경우는 일반적인 부인회의 활동과는 조금 차이가 있었다. 문중에 어떤 일이 생길 경우에는 문중 내의 내규나 규범 때문에 소수이긴 하나 타성들의 구성원이나 부인회가 거기에서 일을 하기는 어려운 점이 있기 때문에, 대부분 이런 경우에는 성씨 문중에서 자체적으로 해결을 하는 경우가 일반적이었다. 특히 혼사나 초상의 경우는 집안끼리 치르게 되는 것이 대부분인 데, 특히 혼사보다도 초상의 경우는 집안 내규에 따른 의례성이 강할 뿐만 아니라, 다른 성씨와의 차별화라는 경쟁의식 때문에 부인회나 다른 성씨 사람들의 도움을 받는 데 어려운 점이 많은 것으로 나타났다. 자유분방한 타성들의 행태에 대한 배타의식이 집안 자체 내의 의례를 더 강화시킬 뿐만 아니라, 서로를 구별 짓는 미세한 일종의 잣대가 되고 있는 셈이다. 이들에게는 전통적 방식에 의해 집단성이 작용하는 마을 내의 물리적 공간은 사라지고 있지만, 아직 전통적 가치관이라는 내면의식의 구별은 여전히 존재하고 있는 것이 눈에 띄었다. 행위란 내면의 의식이 드러나는 것이고 그것이 실현되는 곳이 마을이라는 물리적 공간이라면, 실제적으로 호지말의 부녀회를 통해서 볼 때도 마을은 아직 전통적 행위공간이자 구성원들의 의미가 채워지고 실현되는 곳이었다. 따라서 호지말의 부인회는 마을 일에 주도적으로 노동력을 제공하고 운영에는 관여하지만, 문중 일에는 수동적으로만 관여하는 보편적 마을운영 집단이라고 할 수 있으며, 이는 마을의 사회변동 과정 중에 생겨난 일종의 세대와 세대, 전통과 현대성 사이에서 완충적 역할을 담당하는 집단으로 볼 수도 있을 것이다. 하지만 가장 개방성을 보인 웃나라골에서도 마을 의사결정에의 부녀회의 참여제한이 나타나고 있다는 것은 동족집단인가 아닌가를 떠나서 이들 지역이 모두 반촌이기 때문에 나타나는 한계로 보였다.

청년회를 보면 원구마을 청년회는 급격한 사회변동의 완충기 역할을 하고 있었다. 호지말에서 부인회가 이러한 역할을 하고 있었다면 원구마을에서는 기성의 전통적 방식을 고집하는 윗세대가 가진 전통적 가치관과 개방된 현실의 가치관을 적당히 조절해 나가는 기능적 단체로서의 역할을 청년회가 하고 있는 것이었다. 그리고 급격한 사회변동을 막고 행위의 영역을 조절하면서 그들의 고유한 세계의 가치관과 외부세계의 가치관을 혼합하는 중요한 역할을 수행하고 있었다.

원구마을 청년회가 마을운영과 전통유지에 있어서 실질적으로 중요한 역할을 담당하고 있는 것에 비해 웃나라골의 장년회는 현재 나라골에서 추진하고 있는 '나라골 테마마을(전통체험마을)'의 추진위원회가 마을운영의 중심에 서 있기 때문에 미미한 역할만을 담당하고 있었다. 이와 관련해서는 두 가지의 추론이 가능한 데, 한편으로 보면 장년회가 마을에서 충분한 역할을 수행하지 못하였기 때문에 전통체험마을 운영의 중추적 역할을 수행하지 못했다고 볼 수도 있고, 다른 한편으로는 전통체험마을이 가지는 마을에서의 비중이 크기 때문에 이장을 중심으로 한 마을 중심세력에 밀려 상대적으로 장년회의 활동이 위축되었다고 볼 수도 있다. 또한 이에는 웃나라골이 호지말이나 원구마을에 비하여 다수의 성씨로 구성된 마을이라는 종족적 특성도 작용하고 있다.

3. 세계화에 대응하기 위한 전략으로서의 산업화 현상

1) 경제적 위기에 대한 인식과 반촌사회의 변화욕구

호지말이나 원구마을은 노인회와 부인회 그리고 청년회의 기능에 힘 입어 전통적 가치의 유지가 아직 확고하며 외부사회의 영향력에 대해 배타적이다. 그러나 서구산업의 침투와 맞물려 경제적 여건에 대한 불 안감은 어느 지역에서든 커지고 있어 전통적 가치에 기반하는 동족공동 체보다는 경제적 이익공동체로의 변모에 대한 욕구들이 커지고 있었다.

> ─여기 분들이 제일로 위기감을 느끼는 게 무엇입니까?(조사자)
> ─농촌이 없어지는 거지요. 어떻게 살아갈 것이냐 하는 것입니다. 솔직한 말로 자식들을 도시로 내보내 놓으면 자기 집에서 보내는 것 보다 돈이 배로 드는 데, 학비보다 먹고 자고 하는 돈이 더 든다니까요. 우리도 지금 학교를 보내지만 학비는 사실 1년에 두 번 내면 되는데 하숙시키는 돈은 무시 못 하 거든요. 촌에서 돈은 안 나오는데. 그래서 시골사람들은 빚을 내서 내 자식한 테 들어가는 돈을 충당합니다(웃나라골 부녀회원).

세 조사지역 중에서 웃나라골이 전통가치의 유지를 위한 사회조직들 의 활성화 정도는 미약했으나 유일하게 세계화라는 사회변동에는 빠르 게 대처하고 있었다. 호지말의 경우에는 전통적 가치의 유지기제로 목 은제[9]라는 지역축제를 운영하고는 있었지만 웃나라골은 현실적 가치관

---

9) 호지말의 큰행사 중 하나인 목은제는 격년제로 5월에 열리는 데 2005년에 는 5월 13일에 열렸다. 목은제는 그 행사주체가 영덕군이기 때문에 괴시1 리의 사회조직 중 부인회는 봉사를 통해 참여하기도 하고, 부인회기금을

을 지향하면서 지역주의에 기반한 문화산업적 전략을 발전시키고 있는
점이 나타났기 때문이다.

나라골의 원래 주요 소득원은 벼농사나 과수작물(사과, 감), 양잠업이
대부분을 차지하고 있으며 그 외의 문화자원으로 마을에 자리하고 있는
8성姓의 종가와 문화유적이 있다. 그러나 현재 마을의 주소득원인 벼농
사와 과수농업은 세계화 추세 속에서 시행되고 있는 WTO 무역협정 및
FTA 협정 등 날로 치열해지는 가격경쟁 및 농업환경으로 인해 소득이
급격하게 감소하고 있는 실정이었다. 이러한 현실적 상황을 극복하기
위해 나라골은 마을의 지역적 특성과 사회문화적 자원을 관광자원화하
고 이를 소득으로 연결시킬 수 있는 전통테마마을을 구성하였다.

2) 세계화에 대한 적응전략으로서의 나라골 테마마을

2002년부터 농촌진흥청에서는 농가의 농외소득 증대를 위하여 전국
9개 마을을 대상으로 "농촌전통테마마을" 사업을 시작하였으며, 2003
년 18개 마을에 이어 2004년에도 18개 시범사업 대상지역을 추가 선정
하였다. 경북에서는 영덕군 창수면 인량리가 2004년에 시범사업마을로
선정되었다.

나라골에 이러한 전통테마마을 운영이 구체화된 것은 2003년 10월
농업기술센터로 부터 전통테마마을 사업권고를 받고 2004년 1월 12일
웃나라골 마을회관에서 주민 25명이 모여 사업설명회를 개최하면서 부
터이다. 그해 6월 22일 테마마을 운영규약을 제정하고 2005년 8월 1일
나라골 소재 인량초등학교 폐교부지를 교육청으로부터 매입하여 수리
를 끝내면서 부터 '나라골 보리말 운영위원회'라는 명칭으로 전통테마
마을이 운영되고 있다. 테마마을 운영은 29명의 테마마을 운영위원회를

마련하기 위해 실제로 영업을 하기도 한다. 물론 그 이익금을 마을에 다시
사용하기 때문에 영리적 목적은 아니라고 해야 할 것이다.

중심으로 운영되고, 기금은 나라골 주민의 출자를 통해 마련되었다. 운영 위원회는 적절한 시점에 이익금을 출자자들에게 배분하는 형식으로 테마마을을 운영하고 있다.

전통테마마을 운영을 위한 출자자는 나라골 마을 주민이거나, 나라골 출신을 중심으로 이루어지며, 마을 내에서 사업자금 마련이 완료되지 못할 경우 우선적으로 마을 출신 외부인의 참가를 허용해서 부족한 자금을 보충한다. 2005년 7월 현재 총 출자자는 76명으로 금액은 152,762,500에 이른다. 출자자 중 최소 출자금액은 50만 원이며, 최대 출자금액은 600만 원이다. 이중 웃나라골 출신이 약 3/2 정도로 아랫나라골 주민에 비해 테마마을 참여자가 더 많다.

전통테마마을의 운영목적은 급변하는 농촌현실에 능동적으로 대처하고 이러한 위기를 기회로 삼아 마을의 자연경관과 전통문화의 발굴, 전승 및 자원화로 새로운 생존 전략을 모색하는 데 있다. 1차적 농업생산물 의존도로 부터 탈피하여 지역 자원의 총체적 활용도를 높여 수익으로 이끌어 낼 수 있는 모델개발의 결과인 것이다. 이를 통해 농가소득 증대는 물론 건전한 도·농 교류 촉진으로 지역사회 활성화에 기여할 수 있을 뿐만 아니라, 기존자원의 개발 및 전통적 가치의 현대적 적응의 기회를 가질 수 있게 된 것이다.[10]

종합해 보면 나라골 테마마을은 마을의 전통과 웰빙을 추구하는 현대인의 취향을 결합시켜 차별화된 관광마을을 만들려는 문화산업적 시도이다. 웃나라골은 현재까지 다수의 고가 및 종택이 있고, 지리적으로 인근 대진해수욕장과 인접해 있으며, 영덕대게와 연계 지을 수 있는 장

---

10) 전통테마마을 운영회가 규정한 사업의 목적은 1. 마을의 환경과 전통을 보존하기 위한 공익적 사업추진, 2. 친환경농업의 실천 등 농업 경쟁력 확보 사업추진, 3. 건전한 도농교류를 실현하기 위한 농촌체험 프로그램 운영, 4. 마을 구성원의 화합을 위한 교육 및 각종 행사 지원, 5. 목적사업을 원활하게 수행하기 위해 체험활동을 수행하는 것이다.

점을 지닌 마을이다. 나라골 테마마을 사업은 곧 전통과, 자연, 문화, 웰빙이 결합된 현대적 문화산업의 일환이라 할 수 있다.

이 사업 내용의 중요한 핵심내용은 온고지신과 나라골, 신토불이, 보리말[11]로 요약되는데, 온고지신은 전통(전통가옥, 전통예절)을 상품화한 것이고, 나라골은 역사·지리적으로 인량리가 가진 장점의 부각을 통한 상품화, 신토불이는 무공해나 저공해 토종농산물 생산으로 웰빙을 추구하는 현대인들이 구매 수요를 충족시키려는 전략이고, 보리말은 다량의 보리를 재배하여 보리마을을 조성하고 보리관련 문화체험 및 건강식품을 상품화하고자 하는 것이다.

보리를 통한 계절별 마을체험 기획을 보면 봄에는 보리와 밀을 통해 보릿고개를 재현하고, 여름에는 여름바다와 연관된 해수욕과 보리밥, 가을에는 보리파종과 보리타작 그리고 겨울에는 보리밟기와 영덕대게와의 연결을 통해 마을에 관광객을 유치하고자 하는 사업을 펼친다. 이 중심에는 보리학당이 있고 음식과 공예, 놀이가 이루어진다. 충효당에서의 종택체험과 생활예절체험, 마을 논밭에서 농사체험과, 산책 그리고 해수욕장에서 일출과 해수욕 및 수산물 음식, 민박농가에서의 장작불과 고향집이라는 전통이 서로 결합되어 이 사업의 중심을 이루고 있다. 이러한 프로그램개발의 원칙에는 마을의 고유한 전통문화를 상징화하며 이를 통해 다른 마을의 문화사업과 차별화를 이루었고, 주변환경과 마을 특성을 살려 사계절 활용이 가능하며, 주민들이 직접 운영에 참여하여 소득을 높이고 환경친화적이어야 한다는 원칙이 자리하고 있다.

---

11) 보리말이라는 의미의 이면에는 보리(麥)와 동음이의어인 보리(菩提)가 범어 梵語로서 불생불멸의 진리를 깨달아 알게 되는 일, 또는 지혜라는 의미로 깨달음을 의미하는 데, 이런 의미 때문에 인량리 마을 출신인사 중에 현인과 인재들이 많이 나타났다고 하여, 현인을 배출하는 마을이라는 이미지를 보리라는 단어를 통해 부각시키기 위해 만든 이미지 단어이다. 실제로 인량리에서는 질 좋은 보리와 밀이 생산되고 있고, 이를 상품화시키고 있다.

사업의 결과를 살펴보면 전통테마마을 사업이 시작된 이래로 2005년 2월에 초기 테마마을 출자자 24명에게 배당금 15%가 지급되었다. 그래서 이 연구의 조사시점(2005년)에서는 사업이 긍정적으로 평가되고 있었다. 하지만 이 사업의 장기적 성과에 대해서는 지역주민들은 아직 확신을 하지 못하고 있었다.

> —우리 마을에도 작년에 손님이 한 500 몇 명 왔다 갔습니다. 테마마을 때문에. …(중략)… 테마마을에 와가지고 농촌체험을 하고 왔다 가기는 갔는데요. 그 사람들이 자기 스스로 알고 이렇게 찾아 왔으면 앞으로 전망이 있다라는 생각이 드는 데, 지금까지 오는 사람들은 기술센터에서 부탁해서 몇 명이 거기서 돈을 모아 여기 와서 체험시키고 보내는 겁니다. 일단은 자기네들 생각은 농촌을 알리기 위해서 한다 그러거든요. 그 사람들이 이 후에도 스스로 자기 돈을 들여서 와야 되는데 아직 잘 모르겠어요. 아직은 너무 성급합니다(웃나라골 부녀회원).
> —숙박은 폐교된 인량초등학교를 숙소로 씁니다. 앞으로 단체로 농촌체험을 한다 그러거든요. 이게 잘 되면 모르겠는데 올해 처음, 2004년도에 해본 결과로는 아직까지 왔다간 사람들이 다시 오려고 하는 그런 연락이 없습니다. 있으면 기대라도 하겠는데. 너무 성급한지는 몰라요(웃나라골 부녀회원).

실제적으로 웃나라골은 호지말에 비해 비록 멀지는 않지만 지역적으로 도시와 떨어져 있을 뿐만 아니라, 접근이 용이하지 않기 때문에 마을을 현대적 삶의 방식에 맞추어 변화시킬 수 있는 단독적 요인이 적다. 이러한 상황을 바탕으로 하여 장기적으로 전망해 본다면 웃나라골의 지리적 특성은 산업적 성취를 이루는 데에는 장점이자 단점으로 작용할 여지가 있다. 그러므로 마을의 지리적, 사회문화적 장점을 최대한 살려 전통과 현대적 체험 욕구와의 결합이라는 새로운 길을 통해 한편으로는 전통적 가치관을 보존하고, 다른 한편으로는 경제적 가치를 창출할 수 있게 된다면 이 사업은 전통가치를 보존하면서도 산업사회에 적응하는 성공사례가 될 수 있을 것이다.

V. 맺음말

세계화는 사회주의권의 해체와 탈냉전으로 미, 소 양극체제의 해체와 때를 같이했고, 미국이 유일한 초강대국으로 남은 중심적 다원화의 세계가 전개되었다. 서구적 특수가치의 보편화는 군소 국가들 또는 세계화의 부작용을 경험하는 소규모 사회들에게 대응전략으로서의 대안적 세계화에 대해 고민하게 하고 있다. 이런 맥락에서 대응책으로서 세계주의(globalism)의 건너편에 있는 지역주의(localism)는 관심을 불러일으킨다.

동해안 지역의 반촌은 산업화와 정보화라는 바다에 남겨진 '사회의 섬'과 같은 지역이다. 이전에는 사회의 중심적 가치를 생산하던 사회중심부였던 반촌지역은 세계화라는 새로운 시대를 맞이하면서 주변부로 밀려날 수밖에 없게 되었다. 이들의 가치체계는 주로 토지와 농업위주의 생활방식에 기반한 인간의 덕목에 기인한 것이었지만, 오늘 날의 가치체계는 정보와 자본에 기인한 생산성과 유동성에 기반한 것이기에 전통적 생활지침에 익숙한 이 지역 주민들에게는 새로운 생활 사회구조와 적응이 필요할 수밖에 없는 것이 사실이다. 본 연구는 조사를 통해 지금까지 이어져 내려오던 반촌사회 고유의 전통, 이를테면 관습과 의례 행위는 유지되고 있었으나 축소되는 과정에 있음을 확인하였다.

호지말과 원구마을 그리고 웃나라골은 각 마을 마다 전통과 현대 사이에서 나름대로 새로운 생존전략을 추구하며, 전통과 현대 사이를 오고가고 있는 마을이다. 이들 세 마을의 경우 가치관에 있어서 자발적인 변화를 통한 사회변동의 조짐은 크게 눈에 띄지 않고 있다. 이 지역 주민들은 여전히 민촌에 비해 전통적 의례나 행위규범을 중요시여기며 현실에 적응해나가고 있다. 이러한 적응과정은 급격하다기 보다는 서서히 이루어지고 있었다. 반촌지역의 사회체계를 유지시키면서 새로운 가치관을 수용하고 조정하는 마을의 조직들은 이 과정에서 중요한 기능을 하고 있었다. 이를테면 부녀회나 청년회와 같은 중장년층과 노인회와 같은 고령층은 변화를 수용하는 과정에는 생기는 가치의 충격을 완화시키는 완충적 역할과 외부세계의 가치로부터 자신들의 행위영역을 지키는 가치담지자의 역할을 수행하고 있었다. 그리고 이들 마을은 일상적 사회적 구조 속에서 자신들의 위치를 재정립하기 위한 경제적 변화를 모색하고 있다는 공통점을 발견할 수 있었다. 특히 웃나라골에서는 전통문화를 전략산업으로 육성함으로써 세계화라는 환경에도 적극 대응하고 있음을 볼 수 있었다. 그 결과에 대해서는 평가가 아직은 크게 부각되지는 않는다 하더라도 이는 분명히 반촌사회의 가치변화를 실증하는 부분이라 판단된다.

이 지역들은 계속해서 전통적 가치관에 의해 통합된 사회체계를 유지한 채로 그들의 정체성을 유지할 수 것인가? 아니면 토지와 가옥이라는 공간을 소유한 경제적 소규모 집단으로 축소되어 외부의 가치관에 흡수될 것인가에 대한 딜레마에 놓여있는 상황이다. 하지만 이 지역 반촌 마을은 공통적으로 풍부한 사회·문화자원의 활용을 통한 새로운 생존전략 구성, 새로운 공동체의 추구라는 공통적 목표를 추구하고 있다는 점에서 그리 부정적으로만 전망되지는 않는다.

참고문헌

공유식, 「세계화와 한국문화, 문화적 폐쇄성의 극복」『계간 사상』봄호, 1995.

김일철 외, 『종족마을의 전통과 변화』, 백산서당, 1998.

김철규, 「국제화와 한국 농촌 사회조직의 변화」『1993년 한국사회학회 전기사회학대회 발표문 요약집』, 1993.

김호기, 『한국의 현대성과 사회변동』, 백산서당, 1999.

박덕병 · 조영숙, 「농촌주민의 지역사회조직 참여실태 분석」『한국지역사회생활과학지』16(2), 2005.

박상식, 「세계화란 무엇인가?」『한국정치학회보』29(1), 1995.

신인철, 「글로벌세계화와 유교적 가치」『퇴계학보』100, 1990.

심현주, 「세계화시대에 민족문화의 전망」『종교교육학연구』18, 2004.

안외순, 「세계화, 정보화 시대 동아시아 전통가치의 계승과 변용: 유교와 자유주의를 중심으로」『동양철학연구』41, 2005.

이수건, 『영남사림파의 형성』, 영남대학교 출판부, 1979.

이학동 · 최종현, 「전통거주지 조영에서 나타난 안동지방 동족 반촌 마을권의 형성과정과 배경요인」『한국조경학회지』19-4, 한국조경학회, 1992.

이철승, 「세계화시대 유교공동체주의의 의의와 문제」『시대와 철학』18(3), 2007.

정태연 · 송관재, 「한국인의 가치구조와 행동판단에서의 이중성, 대학생, 성인 및 탈북자를 중심으로」『사회문제』12(3), 2006.

정호근, 「세계화와 차이의 윤리」『계간 사회비평』, 2000.

최재석, 「동족집단의 조직과 기능」『민족문화연구』2, 고려대학교 민족문화연구소, 1996.

최재진, 「전통사회의 붕괴과정」『한국사회학』10, 1976.

홍승직, 「한국인 가치관연구에 있어서의 문제점」『1963년 한국사회학회발표논문집』, 1963.

홍승직, 「가치관과 규범의 문제」 『한국사회학』 10(1), 1975.

Beck, Ulrich., *Risikogesellschaft. Auf dem Weg in eine andere Moderne*, Frankfurt a. M, 1986.

Bell, Daniel., *The Cultural Contractions of Capitalism*, London: Heinemann, 1974.

Kempton, W. & D.C. Holland, K. Bunting-Howarth, E. Hannan, C. Payne, "Local Environmenal Groups: A Systematic Enumeration in Two Geographical Areas", *Rural Society* 66, 2001.

Savage, A. & J. Isham, C. M. Klyza, "The Greening of Social Capital: An Examination of Land-based Groups in Two Vemont Countries", *Rural Society* 70(1), 2005.

Thomas, William I. & Florian Znaniecki, *The Polish Peasant in Europa and America*, Octagon Books, 1974.

Toennies, F., *Gemeinschaft und Gesellschaft*, 1887.

〈집필자 소개〉 (편집순)

‖ 이창기   영남대학교 사회학과 교수
‖ 이창언   영남대학교 민족문화연구소 연구교수
‖ 전혜숙   베트남 하노이 국립외국어대학교 교수
‖ 김태원   영남대학교 사회학과 강사

동해안지역 반촌의 사회구조와 문화

초판 인쇄 : 2008년 8월 04일
초판 발행 : 2008년 8월 14일

엮은이 : 영남대학교 민족문화연구소
펴낸이 : 한정희
편　집 : 김하림, 신학태, 김소라, 김경주, 장호희, 한정주, 문영주
영　업 : 이화표
관　리 : 하재일
펴낸곳 : 경인문화사

주　소 : 서울특별시 마포구 마포동 324-3
전　화 : 02-718-4831~2 ｜ 팩　스 : 02-703-9711
이메일 : kyunginp@chol.com
홈페이지 : 한국학서적.kr ｜ http://www.kyunginp.co.kr

값 16,000원
ISBN : 978-89-499-0573-0　94910
ⓒ 2008, Kyung-in Publishing Co, Printed in Korea
* 파본 및 훼손된 책은 교환해 드립니다.